年報　日本現代史　第 21 号　2016

東京裁判開廷七〇年

編集委員
赤澤史朗 粟屋憲太郎 豊下楢彦 森武麿 吉田裕
明田川融 安達宏昭 高岡裕之 沼尻晃伸

現代史料出版

特集にあたって

粟屋憲太郎

今年は極東国際軍事裁判（以下、東京裁判と略す）が開廷してから七〇年。日本のメディアでは、この点はあまり取り上げられていない。

「朝日新聞」本年五月二日号（東京裁判の開廷は五月三日）は、連載「戦後の原点　東京裁判　上」の冒頭で「裁かれた日本の戦争犯罪」として、裁判を概観し、吉田裕、日暮吉延の二人の専門家から談話をとっている。朝日の担当記者に聞くと、「戦後の原点」とは一九四六年をさすとのことであった。その後は不定期に掲載されている。

他方、裁判研究としては、この年報の特集が、今年はじめてのものである。収録論文の研究史上の特色は後述する。なお、私はすでに、N・ボイスター、R・クライヤー（粟屋憲太郎・藤田久一・高取由紀監訳）『東京裁判を再評価する』（日本評論社、二〇一二年、以下、『再評価』と略す）の「監訳者解題」で、同書が刊行された二〇一二年までの研究史を示しているので、本稿では、それ以降の研究で重要なものを指摘したい。

なお、筆者が「学術顧問」となっている上海交通大学東京裁判研究センターが、東京裁判開廷七〇年を記念して、本年一一月に第二回目の国際シンポジウムを開催する予定で、そのタイトルは「世界平和国際シンポジウム」となっている。成果を期待している。

それでは、本書に収録された論文について、かんたんにコメントしておこう。

まず、本誌の巻頭論文である中里成章「パル意見書――その思想的・政治的背景――」について。すでに中里は二〇一一年に『パル判事――インド・ナショナリズムと東京裁判――』（岩波新書）を刊行している。同書は、はじめて、南アジア近現代史の専門家が、パルの本格的評伝を書いたもので重要である。新書でかぎられた枚数で十分に書き込めなかった分を増補した本誌の論文は説得的である。本論文は、ポレミックであり、十分、納得できる。中里は、パルの評伝を掘り下げただけでなく、東京裁判に共通する法的問題、「法実証主義」、「罪刑法定主義」などを分析して有用である。筆者も中里の言説に同意する。法的問題については、前掲『再評価』をも参照するとよい。中里による評伝と本論文は、パルに全面的に賛成してきた日本の保守、右派論壇に対する決定的な痛撃となるだろう。

次は、永井均「『敗者の裁き』再考――第二次世界大戦後の戦犯問題をめぐる日本側対応――」。同論文を読んで驚いた。筆者も一九八〇年代にこの問題にアプローチしたが、当時は第一次資料が公開されていないため、十分な考察ができなかった（粟屋『東京裁判への道』講談社学術文庫、二〇一三年）。ここに提示された論文の資料水準は非常に高い。永井は現時点での利用できる資料を博捜し、日本政府・軍中央の動向に焦点を合わせた。とくに幣原喜重郎内閣の時、幣原首相は、連合国の対日戦犯裁判を評価、是認する立場にあり、日本の自主裁判の路線を廃し、「勝者の裁き」に委ねる方針を実現したことを、永井論文は提示していて、本論文の主要テーマとしていることは重要である。東京裁判を「勝者の裁き」として、糾弾している保守、右翼論壇はこの永井論文の指摘をどう判断するか、興味津々である。

なお、一九五一年のサンフランシスコ講和条約の第一一条に、日本は東京裁判と連合国のＢＣ級裁判の判決を受諾すると規定しているが、これも全権の吉田茂の「勝者の裁き」の受容といえよう。幣原内閣期からサンフランシスコ講和条約の間の日本政府の戦犯裁判への対応はこれで一貫していたのか、検討が必要である。

次に、宇田川幸大「序列化された戦争被害――東京裁判の審理と『アジア』――」を取り上げたい。本論文は、「一　検察側の追及と『通例の戦争犯罪』・植民地支配」、「二　審理と『通例の戦争犯罪』」、「三　判決書における『アジア』」の三部構成で叙述を進めている。

本論文の最大のメリットは、東京裁判のBC級段階（訴因五三、五四、五五）を、裁判の速記録を多用して、検察側の活動、判決文を分析したことにある。私も、前掲『再評価』の「解題」で、日暮吉延の『東京裁判』（講談社現代新書、二〇〇八年）を例にあげて、同書は、裁判で何が審判され、審理でいかなる歴史的事実が解明されたかについて、ほとんど触れられていないことを指摘した。東京裁判の法廷での状況に触れられていないのは重大な欠落である。もちろん、法廷の速記録を個人で全部読むことは、なかなか難しい。私も目下、新書版の「東京裁判」の刊行を準備しているが、速記録を個人で読破するのは困難である。本論文は、速記録を多用して、一つの研究スタイルを示している。速記録をすべて読むのは困難で、東京裁判に興味をもっている研究者の共同研究が不可欠である。

なお、近年、裁判研究のツールともなる二つの著書が刊行された。第一は、松元直歳『東京裁判審理要目』（雄松堂出版、二〇一〇年）がそれである。同書を使えば、公判廷の概略はだいたい理解できる。第二は、国士舘大学法学部比較法制研究所監修、松元直歳編・監訳『極東国際軍事裁判審理要録―東京裁判英文公判記録要訳』（原書房）である。現在まで四巻が公刊されているが、全体は七巻で、完結は二〇一八年であるという。

宇田川論文にもどれば、論文で使われた資料の多くが日本側、さらには、東京裁判に直接関係するものである。もう少し視野を広げた方がよい。例えば、免責された植民地朝鮮支配の問題である。敗戦時のアメリカの動きをみれば、日本については十分な情報と対日占領政策があったが、朝鮮についてはほとんどゼロであった。このため、朝鮮免責を明らかにするには、米国の対朝鮮占領政策の展開についての研究も踏まえて立論すべきである。

また、中国の動向については、中国の東京裁判政策を解明する必要がある。これについては伊香俊哉の研究がある。また、中国国民政府は蔣介石の独裁のもとにあった。このため、中国の政策決定を明らかにするためには、蔣の意向を究明する必要がある。アメリカのスタンフォード大学のフーバー・インスティチュートには、「蔣介石日記」がある。「日記」では、裁判開廷中で東京裁判の記述はわずか三ヵ所であると聞いた。蔣介石は、日本の中国侵略については南京事件だけをシンボルとして取り上げればよいと考えていたようだ。このため国民政府は、裁判の南京事件についての証人や関係資料をかなり多く日本に送った。しかし、他の虐殺事件については、蔣はあまり関心がないようだ。中国代表の梅汝敖判事と、向哲濬検事は、他の残虐事件の証拠資料を送るよう、たびたび本国に打電している。これらの資料は台湾の国史館にあり、私もその文書を全てコピーした。結局、蔣は、南京事件だけを重視し、被告選定では、土肥原賢二、板垣征四郎、松井石根、武藤章の編入だけを強調した。法廷では、向検事が日本の中国での阿片・麻薬流通を告発したが、中国での日本の侵略を全面的に告発することはできなかったのである。

なお、宇田川は論文冒頭で、大沼保昭らが唱えた、東京裁判は「アジア不在」などの主張に賛成しているが、その説明は説得的でない。本誌でも他の研究者はアジア軽視としている、私も同感である。いちいち「アジア」の意味を説いていては議論が進まない、用語は厳密なものを使うべきである。

最後に、高取由紀「カナダと東京裁判」を取り上げよう。高取はカナダ政府の多大な文書を駆使しながら、カナダ政府の姿勢を検討している。それは、まさに「無関心」、「消極的態度」、「事なかれ主義」であった。本論では、カナダ代表判事となったマクドゥガルの選出経緯と裁判でのマクドゥガルの言動、判決文作成の役割を分析した。彼は多数派判事の一人になっていた。高取のマクドゥガル評価はあまり高くない。また、彼は極東委員会のカナダ代表、E・H・ノーマンとも交際したが、双方の意見は異なっていた。ノーマンは判事のなかで、ウェッブ裁判長を支持していたのは意外であった。

裁判参加国の東京裁判に対する研究は大分ふえている。オーストラリア、ニュージーランド、カナダは自治領として英連邦に所属していたが、各国の意見はみな同じでなく、興味深い。とくにオーストラリアの対日政策の態度は非常に強硬であった。各国の裁判への対応の研究は今後も増えるだろう。

宋志勇「中国における東京裁判の研究動向」は、本誌の依頼原稿である。宋は、かつて中国での東京裁判研究はほとんどなかったのに対し、最近は飛躍的に増加していることを伝えているが、どの程度の研究水準とオリジナリティがあるのかは不明である。国内むけの論文でなく、国際的にも通用する研究が増えることを望んでいる、という宋の指摘は私も同感である。

なお、投稿論文である、中立悠紀「巣鴨戦犯全面赦免勧告への道程――吉田政権への戦犯釈放運動勢力の攻勢――」は、本年報の特集テーマとも深く関係し、実証的にも問題がないので掲載した。論文内容には触れないが、これまでのこの時期の社会運動に関しては、歴史学研究会編『太平洋戦争史』第六巻（青木書店、一九七三年）などにみられるように、反基地闘争だけが取り上げられていたが、本論文のような、「ナショナリズム」運動の高揚についても一方で重視する必要がある。一九五〇年代論に深く関係する問題なので、今後、中立も総合的視野で、新たな一九五〇年代論を展開できるよう努力してほしい。

東京裁判開廷七〇年　目次

執筆者紹介（掲載順）

中里成章［東京大学名誉教授］
永井　均［広島市立大学広島平和研究所教授］
宇田川幸大［一橋大学大学院社会学研究科特任講師］
高取由紀［前ジョージア州立大学准教授］
森　武麿［一橋大学名誉教授、神奈川大学名誉教授］
宋　志勇［南開大学日本研究院院長］
舟橋正真［立教学院史資料センター学術調査員］
中立悠紀［九州大学大学院地球社会統合科学府博士後期課程・日本学術振興会特別研究員ＤＣ］

I　パル意見書
――その思想的・政治的背景――

中里　成章

はじめに

東京裁判では、日本がアジア・太平洋地域で行なった戦争の責任が追及された。だが裁判は米国を中心とする連合国側の大国の主導で進められ、主たる戦場とされたアジアの声が十分に反映されたとは言い難い。確かに、一一名の裁判官の中には中国、フィリピン及びインドの代表が含まれていたし、中国やフィリピンを代表する検察官は日本軍の犯した残虐行為の立証に大きな成果を挙げた。しかし、東京裁判が計画され実施された一九四〇年代は、大国が厳しいパワー・ポリティクスを繰り広げながら、総力戦体制から冷戦へと移行していった時期である。アジアの側が裁判に主体的に関わることを可能にするような条件は乏しく、大局的に見ればやはり、東京裁判はアジア軽視だったと言うべきであろう。(1) 例えば、本稿で取り上げるインド代表判事にしても、ロンドンの英国政府（及びニューデリーのインド植民地政府）とワシントンの米国政府の間の複雑な外交交渉の結果加えられることが決まったのであって、そ

こにインドの人民や民族主義諸勢力の意思が反映される余地など残されていなかった。(2)

被告人全員無罪を主張する、インド代表判事ラダビノド・パルの別個意見書、いわゆる「パル判決書」は、日本の保守・右翼勢力に支持され、彼らの政治的プロパガンダのために利用されてきた。それと同時に興味深いのは、海外の研究者や日本のリベラル知識人の一部からも注目も集め、積極的な評価をかち得てきたことである。それは、アジア軽視の全体的な構造の中で、パルがただ一人アジアの声を代弁しているかのように見えたからにちがいない。(3)例えば、米国のコペルマンは、パルを欧米中心的な国際法の体系に対する第三世界からの批判者として捉えようとし、(4)日本の鶴見俊輔は、「[意見書は]東京裁判の諸判事のなかでただ一人……太平洋戦争について、西洋帝国主義諸国の影響から自由な第三世界の見方を代表するものでした。日本国民は当時第三世界の状況のなかに生活しており、パル判事のこの少数意見を、もし彼らが十分にこのときに知らされて考えるだけのゆとりがあったとしたら、共感をもって受け入れたことと思います」と述べている。(5)東京裁判後、多様なパルのイメージが形成されたが、これらのパル＝アジア(あるいは第三世界)代弁者論は、リベラルな立場からの評価であるだけに、それだけ批判的な検討の対象にされることが少なく、結果的に、東京裁判理解の躓きの石のひとつになってきたように思われる。

アジア・太平洋地域の民衆に多大の犠牲を強いた戦争の責任を問う国際法廷に、アジアの声が谺するのを聞こうとする気持ちはよく理解できるものである。しかし、岡倉天心が生きた世紀交替期ならともかく、第二次大戦後のアジアの諸国民国家・諸地域の足跡を見てきたわれわれは、「アジアは一つ」ではないことをよく知っている。近代アジアの思想はきわめて多様であり、また、それぞれの国や地域には革命も反動もあり、汎アジア主義も欧米崇拝もあった。パルの見解をアジアの声と等値することに無理はないのだろうか。パルははたして、第二次大戦後の国際政治において積極的な役割を果たしたような種類の、アジアの声を代表していたのであろうか。

筆者は旧著『パル判事』において、パルの思想的・政治的志向性に分析を加え、その結論として、パルはインド・

ナショナリズムの中でも右寄りの潮流に親近感をもつ植民地知識人だったとの考えを述べた。言い換えれば、パル意見書は、ネルーやガンディーとは異なるタイプのアジアの声を映し出していたと論じた。この結論を変える必要は感じないが、分析の内容に不満足な点が残らなかったわけではない。本稿では、旧著の各所に分散していた議論をひとつにまとめるとともに、パルの示す思想性や政治性の中でもっとも問題を孕んでいると考えられる二点、つまり、(一)パルの法観念と、(二)パルとアジア主義の関係についてもう少し突っ込んだ検討を行ない、パル意見書をインドひいてはアジアの近代史の潮流の中により明確に位置づけ、東京裁判におけるアジアの問題を解明する作業を一歩前進させることを目指したい。

パル＝ガンディー主義者説

日本の言論界の状況を考えると、本論に入る前に、パルの政治的・思想的志向性に関して国内で流布している説について、私見を述べておいた方がよさそうである。その説によれば、パルは熱烈なガンディー主義者だったとされる。

このパル＝ガンディー主義者説は、一九五二年にパルが再来日した際にパルと親しく接した下中彌三郎が、初めて唱えたと考えられる(6)。下中の影響力は強く、筆者には、上記の鶴見も下中から影響を受けているように見える。おそらく、アジアを軽視する東京裁判の枠組みに飽き足らなさを感じる人たちが、下中に引き寄せられるのであろう。南アジア近現代史研究の立場からすると、パル＝ガンディー主義者説は問題とするに足らない奇矯な説にすぎない。だがその背後に、東京裁判のアジア軽視へ差し向けられたもっともな批判があると考えられる以上、きちんと反論しておくべきであろう。

下中の説を一般にも広く知らしめたのは、二〇〇七年に刊行された伝記的研究、中島岳志の『パール判事』である。中島は同書で下中のアイデアを膨らませ、「パールは、このようなガンディーの思想や運動を熱烈に信奉する「ガンディー主義者」であった。彼は繰り返し自らを「一貫したガンディー主義者」と位置づけ、ガンディー主義への熱烈な賛意を示している」とか、「彼は生涯、「ガンディー主義者」を自認し、絶対平和主義の観点からさまざまな活動を展開した」と主張した。(7) 中島はマスメディアで広く発言しているし、その著書『パール判事』は著名な近現代史研究者たちに好意的に評価されたから、(8) 日本ではこの説を受け入れている人が多いはずである。

パルが熱烈なガンディー主義者だったとすれば、そのことは当然インド側の資料に明確に記されていなければならない。ところが、パル＝ガンディー主義者説を裏付けるような記述は、ベンガル語で書かれたパルの伝記にも、葬儀の時に遺族が配った略伝（ベンガル語）にも、カルカッタの法曹界で広く読まれている雑誌が掲載した追悼記事（英語）にも、法曹関係者の追悼文を集めた論集（英語）にもまったく見られない。(9) 筆者がカルカッタでパル関係者に行なったインタビューの結果も同様で、インタビュー対象者全員がパル＝ガンディー主義者説を否定した。(10) また、内外の研究者はパルの持つ思想性・政治性に関心を持ち、さまざまな立場から議論してきたが、(11) ガンディー主義者だったという結論に達したものは、中島以外には存在しない。要するに、パル＝ガンディー主義者説は日本社会でだけ流通している特異な説だと結論するほかないのである。

実は、パルがガンディー主義者でなかったことは、意見書やパルの著作を虚心に読めば容易に理解されることである。意見書にガンディーへの言及はなく、あるのはむしろ、ガンディーの後継者であるネルーへ向けられた批判だし、(12) 著書の中でもパルは、工業化を推進しなければ東洋諸国は西欧の圧力に対抗できないと主張し、西欧文明を厳しく批判し農本主義的な主張を展開するガンディーとは対極的な立場を採っていた。(13) そもそもガンディーは、日本の中国侵略を厳しく批判した人である。「ガンディーの思想や運動を熱烈に信奉する「ガンディー主義者」」が、なぜ東京裁判で日本の戦争指導者を無罪とし、その後も彼らと親しく交流したのか、説得的な理由が示されなければならないはずである。しかし残念ながら、中島の著書にそのような説明を見出すことはできない(14)。

パルの法観念

それではパルはいかなる思想や政治的信念を持つ人物だったか。パルは何よりもまず法律家だったから、どのような法観念を抱いていたのか、この点を見てみよう。それは意見書に明確に刻印されている。

パルが被告人全員無罪を主張したその法的な論理は、これまでの研究で十分明らかにされている。それは概ね次のようにまとめることができる(15)。

(一) 東京裁判は、連合国軍最高司令官が公布した極東国際軍事裁判所憲章に基づいて行なわれ、裁判官もこの憲章によって任命されたが、パルは、各裁判官は憲章が合法的であるか、最高司令官の権威の上にあるはずの「法」に照らして判断することができると考える。パルによれば、裁判官は個人の資格で東京裁判に加わっているのであり、したがって、裁判の倫理的正当性は裁判官の「道義的節操」に求められなければならないのである。

(二) パルは憲章の基本的な枠組み、特に「平和に対する罪」と「指導者の個人責任」との法理を「それらの諸行為のなされた当時に存在した国際法の諸規則に照らして」検討し、その当時の国際法によっては認められていなかったと結論する。つまり、裁判所の管轄権に関する被告弁護人団の異議の趣旨をほぼ認め、東京裁判は事後法による不法な裁判だとする。

(三) 個々の事実認定に関してパルは、被告人が「全面的共同謀議」を行なって侵略戦争を進めたか、あるいは、戦場で将兵が犯した「通例の戦争犯罪」に対して「指導者責任」を問われるべきか否かについて検討し、「全面的共同謀議」についても「指導者責任」についても、それを立証する十分な証拠は提出されなかったと結論する。

裁判官は、一段高いところにある「法」に照らして、連合国軍最高司令官マッカーサーが公布した極東国際軍事裁判所憲章の合法性について判断することができる。そのような高みから見た場合、東京裁判は事後法による不法な裁判であり、そればかりでなく、仮に合法だと認めたとしても、被告人の有罪を立証するに足る証拠は提出されておらず、全員無罪だ、というのがパル意見書の骨子である。東京裁判を不法な裁判と考えるのならば、初めから裁判官就任を拒否するとか、あるいは、所謂門前払いの形で無罪を宣告する選択もあったはずである。しかしそうはせずに、あえて個々の事実認定の問題にまで踏み込み、近代史上の難しい問題を独自の観点から論じて、日本に有利な解釈を示したところに、パル意見書の特色があるとも言えよう。

パルの思想性・政治性は、この言わば余論の部分（上記三）における個々の事実の解釈に鮮明に現れるが[16]、ここでは、もう少し抽象的なレベル、つまり、一—三を貫く基本的な考え方に着目して、パルの抱く法観念と考えられるものを取り出してみよう。筆者の考えでは、そこには三つの特徴があった。

第一は、パルが連合国軍最高司令官の権威の上にあるとした「法」とは何かという点に関わる。この問題については、パルがヒンドゥー法史の研究者でもあったことに着目して、それはヒンドゥー法の「リタ」（サンスクリット語）だったと解されている[17]。「リタ」とは、パルによれば、古代インドの根本的な法観念であって、宇宙の組織原理であるとともに、地上の世界を貫く神的な秩序でもある。したがってそれは、人間が従わなければならない「神の意志」ではなく、宇宙や人間社会に内在する「神的な理性」なのだ、とパルは言う。言い換えれば、ここでは「法」は、神が人に与え、「神の意志」を代行する地上の権力者が執行するようなものとは捉えられていない。だから、パルにとっては、連合国軍最高司令官の権威は問題とするには足らず、極東国際軍事裁判所憲章の妥当性は「神的な理性」＝「リタ」＝根本的な「法」に照らして判断されなければならないのである。

ただし留意すべきなのは、「リタ」の解釈がそこで展開されているところの、パルのヒンドゥー法史研究は、米国の法学者ロスコウ・パウンドの『法制史の解釈』の影響を強く受けた「社会学的法制史」だったことである。それは、当時の米国の最新理論から直接影響を受けたものであって、東洋思想とかアジア主義とかいう思想とはひとまず切れていた。[18] カルカッタの法曹界では、パルは晩年にいたるまで、パウンドの崇拝者として知られていたのである。[19]

この問題は、第二の特徴、つまり英米法曹界からの影響の問題にわれわれを導く。パルが活動したカルカッタは、当時のアジアでおそらくもっとも広くかつ深く西欧の影響を受けた大都市であり、カルカッタ高裁は、一七七二年にまで遡ることのできる古い歴史を有し、歴代の判事の中に比較言語学の祖ウィリアム・ジョーンズのような著名な人物を持つ、誇り高き裁判所だった。パルの時代には、判事の過半数は英国人で構成され、インド人判事や弁護士の間においても、ロンドンの法曹学院で教育を受けて法廷弁護士の資格をとった者が一段高い地位を享受していた。パルは英国で教育を受けたわけではないが、当時のアジアの法律家の中で、もっとも強く英米法の影響を受けた者の一人だったことは間違いないのである。

パルに対する英国法曹の影響をよく物語るエピソードとして、エドワード・クックをめぐるものがある。クックは一七世紀初めの英国の法律家・政治家で、「権利請願」の起草者として知られ、コモン・ローの至上性を強く主張した。クックは、ジェームズ一世が裁判官を集め、国王大権をふりかざして命令に従うように迫ったとき、ただ一人、正直で公正な裁判官がやるべきことをやるのみだと答えたという。パルはこの挿話がお気に入りで、カルカッタ高裁ではよくクックを尊敬すると語っていた。[20] この点から考えると、パルの東京裁判批判は、ヒンドゥー法の「リタ」の観念だけでなく、クックに体現される英国法曹界の伝統にも基礎を置いていたと解するのが妥当なように思われる。英国の誇る伝統や思想を逆手にとって英国支配を批判する戦術は、インドの知識人がよく用いるものだった。パルも同じ戦術に訴えて、東京における英米のやり方を批判したのでなかろうか。

第三は、パルの法実証主義（legal positivism）の問題である。法学には、法とはそこに現実にある法、つまり実定法だとする実証主義の立場と、実定法より高い次元に、神の意志や、理性、人間の本性などの、あるべき規範＝自然法が存在するとする立場とがあるとされる。意見書を読んで印象的なのは、パルが一貫して実定法こそ法であるという立場をとり、その実定法の適用においてもきわめて厳密に狭く解釈する姿勢を貫いたことである。例えば、東京裁判の諸原則については、「それらの諸行為のなされた当時に存在した国際法の諸規則」、つまり実定法としての国際法を厳密に解釈して考察し、東京裁判は事後法による不法な裁判だという結論を導き出した。だが法実証主義は多様な立場を包含するという。パルはどのような法実証主義者だったのか。法実証主義者は事後法を絶対に認めないのであろうか。

実は、二〇世紀を代表する法実証主義者の中にも、事後法を例外的に認める法学者が存在する。[21] 例えば、純粋法学を唱えたハンス・ケルゼンは、一九四四年、国際条約によって戦争犯罪人の「個人責任」を問う国際裁判所を設置する提言を行なった。[22] この裁判所は、国家の行為である戦争に対する責任を個人のレベルで問うわけだから、パルの目には事後法による不法な裁判所と見えたのは当然で、パルは意見書の中でケルゼンの提言は受け入れられないと批判している。[23] しかしケルゼンは、事後法を禁止する国際慣習法は存在せず、国内の実定法の領域においても、事後法を制定した例外的なケースが少なからず認められるから、事後法によって国際裁判所を設立しても差し支えないという見解であった。[24]

もう一人の指導的な法実証主義者、H・L・A・ハートは、法と道徳（あるいは政治）が明確に区別されなければならないとする、法実証主義の標準的な主張をする一方で、法と道徳が交錯する次元のあることを認めていた。[25] 例えば、戦後の西ドイツで問題になった裁判に、ナチ体制下で個人的な仇敵や自分の配偶者を密告した人物に関わるものがあり、被告は、ナチの法制では密告は合法的な行為だったと主張していた。興味深いことに、パルと違い、ハートはこの種の裁判について、被告人が無罪だとは言っていない。ハートの結論は、「われわれはその女性［夫を密告した妻］を新しい遡及法で処罰し、われわれは、われわれの原則に反することを、二つの悪［無罪判決と遡及法での処罰］のうち、より軽い悪として行なっていると、包み隠すことなく公表したらよいだろう」というものであった(26)。このケースでは、ハートは自然法に歩み寄り、実定法よりも道徳を優先し、事後法を認めたことになろう。

事後法禁止の規定がフランス、米国など多くの国の憲法に組み込まれているのは、国家権力の恣意的な行使から市民の人権を護るためであり、その意味でそれは非常に重要な原則である。しかしながら、指導的な法実証主義者の中には、ケルゼンやハートのように、それがいついかなる場合でも従わなければならない不変の原則というわけでは必ずしもないと考える者がいた。極端な状況の下で甚だしい不正義が行なわれた場合には、それを正すために事後法に訴えるのもやむを得ないとしたのである。

このように、ケルゼンやハートと比較したとき、パルの法実証主義の保守性が際立つのは否定しがたい。筆者が旧著で明らかにしたように、パルは所得税法とヒンドゥー法史を専門とする植民地テクノクラートで、国際法に関する本格的な知見は、東京裁判のインド代表判事に任命された後になってから獲得したにすぎなかった(27)。植民地インドにおいて、異邦人たる英国人と彼らを助けるインド人テクノクラートが「法の支配」（要するに、治安維持）を実現しようとするとき、法実証主義が実に都合のよいイデオロギーだったことは論を俟たない。パルの専門とした所得税法の分野においても、事後法禁止の原則を守ることに大きな意義があったはずである。だが国際法の場合はどうであろうか。筆者の専門は法学ではないが、国際法の領域にパル流の法実証主義を持ち込むことの当否が問われてもよいのではないかと思われる。

以上、パルの法観念に見られる特徴を検討した。そこに相対立する要素が並存していることを見て取るのは容易である。まず、パルの基本的な法観念は、インドのヒンドゥー法と英米法曹界の伝統と理論との二つを土台にして形成されており、それは「印洋折衷」と呼んでよいようなものであった。この種の折衷はアジアの知識人に珍しいものでは決してない。しかし、パルとパル意見書について過大な評価がなされ、それが無批判に受け入れられている現状を考えると、パルもまたアジアの多くの知識人と変わらない折衷的な知的世界に生きていたことを確認しておくことは、それなりに意義のあることでないかと思われる。[28] 次に、「リタ」こそ「法」であるという考え方と、実定法こそ「法」であるとする考え方とは両立するのか、という疑問が生じるのでなかろうか。前者は自然法的な「法」の捉え方であり、後者は法実証主義的な捉え方である。筆者には両者が矛盾するようにみえる。パルは二つの立場を使い分けていたのであろうか。

パルと政治との接点

家永三郎はその先駆的な意見書の分析で、パルの反共主義を指摘した。この家永の見解を批判して、米国の歴史家マイニアは、パルは特に反共でも容共でもなく、裁判官として、中国の共産化の脅威を強調する被告弁護団の主張が説得的だと判断したにすぎない、政治的なのはむしろ家永の方でないかと切り返した。[29] しかし、パル意見書を分析した研究者の中で、パルが非政治的で中立的な法律家だったと考える者はほとんどいない。筆者もまた、パルがかなり政治的な人物だったという結論に達した者の一人である。筆者の考えでは、パルの政治性の特質は次の六点にまとめられる。[30]

（一）パルの周辺にあった人たちは、パルは非政治的な人間だったと強調する。それが、パルがインド民族運動の主要な局面——スワデシ運動（一九〇五）、非協力運動（一九二一—二二）、市民的不服従運動（一九三〇—三四）、クイット・インディア運動（一九四二）——のいずれにも直接関わったことがなく、特定の政治的イデオロギーに深くコミットしたり、ましてや、政党の党員になったりすることもなかったという意味ならば、確かにその通りだったと言うべきであろう。このことは決してパルが政治に興味を持たなかったとか、政治的行動をしなかったということではないが、パルの政治性を考えるに際しては、パルが、一定の党派に忠誠を誓うようなことはせず、政治という舞台の周縁で自分なりのやり方で政治的判断と行動をするタイプの知識人だったことを押さえておくことは、重要だと思われる。

（二）パルとインドの主要政党との関係――（一）の枠内での関係のあり方――を見る上で、クイット・インディア運動から第二次大戦終結にいたる緊迫した時期に、パルがカルカッタ高裁判事代行やカルカッタ大学副学長の高い官職に就いていた事実は重い意味をもつ。この時期には、インド国民会議派の指導部と多くの党員が獄中にあったのに対して、ムスリム連盟、ヒンドゥー大協会、インド共産党などは英国の戦争努力に協力し、党勢を拡大していた。言い換えれば、パルは少なくとも会議派の熱心な支持者ではなく、況や熱烈なガンディー主義者だったはずがないのである。パルが会議派に接近するのは、独立後の一九五〇年代のことにすぎない(31)。会議派の内部には左から右まで多様なグループがあったが、パルはネルーのライバル、サルダール・パテールが率いた右派に近い立ち位置にあった。

（三）パルはむしろ、S・P・ムカジーという政治家と近い関係にあり、ムカジーを通じてカルカッタのヒンドゥー大協会グループに接近していた(32)。ヒンドゥー大協会はヒンドゥー至上主義のコミュナルな（宗派主義的な）政党で、ガンディー暗殺の犯人はこの政党と関係を持っていた。S・P・ムカジーは、パルを法律家として引き立てたカルカッタ法曹界の大立者、アシュトシュ・ムカジーの息子で、全インド的な名声を持つ政治家・教育家だった。会議派に飽き足らず、会議派からヒンドゥー大協会に転じ、比較的穏健な立場からヒンドゥー大協会の国民政党化を図ろうとしたが、強硬なヒンドゥー至上主義をとる主流と対立し、袂を分かって右派政党、人民連盟（ジャン・サン）を創設した。この人民連盟は、現在のインドの政権党、インド人民党（ＢＪＰ）の前身のひとつである。パルがヒンドゥー大協会のメンバーだったという証拠はないが、パルの保守主義や反共主義は、この右翼政党、ヒンドゥー大協会との親近性から十分説明できる。

（四）もう一つ重要なのは、パルがスバス・チャンドラ・ボースとインド国民軍にシンパシーを持っていたことである。[33] このことは、（a）パルのプレジデンシー・カレッジ時代の学友にボースの実兄サラト・チャンドラ、及び、後にボースとインド国民軍を強く支持することになるオナトナト・ラェという人物がいたこと、（b）一九四五年一一月にインド国民軍裁判に反対する大衆運動が起こったとき、警官隊と対峙する学生デモ隊にパルがきわめて同情的な態度をとったこと、（c）パルと親しかったオランダ代表判事レーリンクがインタビューで、「アジアをヨーロッパ人から解放するこの日本の戦争、「アジア人のためのアジア」というスローガンは、ほんとうに彼［パル］の心の琴線に触れるものだった。彼は、イギリスに対して日本とともに戦ったインド軍［インド国民軍］に関わったことさえあった」[34]と述べていることなどから明らかである。

（五）ただし、このボースとインド国民軍へのシンパシーは、「大東亜共栄圏」のプロパガンダに影響されたというよりもむしろ、ベンガルの知識人の間に既に広まっていたインド版の汎アジア主義とでもいうべきものの反映として捉えた方が、より適切な理解が可能になるように思われる。

（六）最後に、パルが東ベンガル地方出身のヒンドゥーだったことも軽視されてはならないであろう。一九四七年八月に植民地インドがインドとパキスタンに分離して独立したとき、パルの故郷である東ベンガルのクシュティア郡はパキスタンに編入された。愛郷心の強いパルはこの暴挙に鋭く反応し、短期間のことにすぎなかったかもしれないが、東パキスタンに実力で介入してヒンドゥー地域を作り出そうとする右翼的な運動に接近した。パル意見書に一貫して流れる反植民地主義・反帝国主義の主張は、パルが右寄りのナショナリストだった事実、及び、パルの学問的関心事であるヒンドゥー法史研究が、ヒンドゥー法などというものが存在するのかという、オリエンタリズム的な偏見に対する批判としての性格を持たざるを得ない事実と結びついていたが、それは、英国の分割支配の結果としての性格を色濃く持つインド・パキスタン分離独立によって一層強められたはずである。分離独立は東京裁判と並行して進行していた。

以上、パルと政治との接点を六点に要約した。これらのうち、（五）のインド版の汎アジア主義の問題は、右寄りのナショナリストであったパルを（二、三、六）、「大東亜戦争」や「大東亜共栄圏」の方へ引きつけてゆく（四）、思想的・政治的な動因として重要だったと考えられるが、拙著『パル判事』では十分に扱うことができなかった。実はそれは、海外においてもまだ研究が少ないインド近現代史研究の比較的新しいテーマに属する。以下、インドの汎アジア主義についてこれまでの研究が明らかにしていることを要約しながら、パルとの関係について私見を述べることにしたい。

大インド協会―インドの汎アジア主義

東京裁判も大詰めにさしかかった頃、パルは鵜澤総明弁護団長を弁護人控室に訪れて握手し、鵜澤が最終弁論で「東洋の思想」に触れたのを聞いて嬉しかったと述べたという。[35] 確かに鵜澤は、貴重な時間の相当部分を割いて、「八紘一宇」の字義の講釈をし、さらに続けて「東亜と謂ひ、大亜細亜と云ふ共栄圏の主張は文化思想であり、平和思想であり、共に生存すると云ふ仁愛思想である」と述べ、「大東亜共栄圏は亜細亜に発祥して日本に伝来し東流した平和思想を基礎として文化、経済、生存の亜細亜の自立を求める理想境以外の何物でもない」と嘯いていた。[36] なぜパルはこのような大アジア主義的な「東洋思想」の解説に感銘を受けてしまったのか。その理由は複数あったかもしれないが、もっとも重要なものとして、近代インドも相似形の思想を産み出していて、パルがそれを知っていたことが考えられる。以下に述べるように、カルカッタに「大インド協会」（the Greater India Society）という民間団体があり、パルはその中心メンバーと親しい関係にあったことが分かっているが、この大インド協会はまさにそのような思想の普及を使命とする団体であった[37]。

岡倉天心は一九〇一―〇二年にインドを訪れ、カルカッタのタゴール家の人々と交流し、一九〇三年、'Asia is one' という有名な宣言で始まる『東洋の理想』を刊行した。このことから推し測れば、岡倉のアジア主義の思想がカルカッタのベンガル人知識人に影響を及ぼしていたとの仮説が成り立ちそうにみえる。だが歴史的事実はもっと複雑で、インドにおけるアジア主義的な思潮の発生と成長は、日本からの一方的な影響に回収できるようなものではなかった。アジア主義的な思想は、日本に限らず近代アジアに早くから広く見られるものだが、インドもまたその例外ではなかったのである。

近代インドの社会思想が「アジア」を自覚的にその射程の中に収めたのは、一九世紀半ばでなかったかと思われる。一八五〇年代後半、シパーヒーの反乱の嵐が吹きすさぶ中でカルカッタで健筆をふるったインド人ジャーナリストの論説を見ると、「ヒンドゥー文明」は「中国文明」や「アラビア文明」や「ユダヤ文明」とともに「アジア文明」として括られ、しかも同時に、「イギリス文明」が代表する「ヨーロッパ文明」と対立し、それに優越するものとして捉えられている。そこでは「アジア文明」とは、「不適者生存」（the survival of the unfittest）を原理とするような、包容力に富む母のような文明であった[38]。

こうした萌芽を発展させ、それに明確な表現を与えたのは、ケショブ・チョンドロ・シェン（一八三八―一八八四）[39]である。シェンはカルカッタを中心に活動したブランモ主義の宗教指導者・社会運動家で、一八六六年、「イエス・キリスト――ヨーロッパとアジア」と題する講演で、英国人を含む聴衆を前に、「私はアジア人であることを喜び……そうだ、誇りに思う。イエス・キリストはアジア人でなかっただろうか」と発言して人を驚かせ、一八八三年の講演「アジアからヨーロッパへのメッセージ」では、「私はアジアの子。アジアの悲しみは私の悲しみ、アジアの喜びは私の喜びだ。アジアの端から端まで、一つの非常に大きな家（home）、一つの広大な民族（nationality）、一つの拡大された血族（an extended kinship）をなす。それを誇りとする」と述べた。[40]

このようにして始まるインドのアジア主義は、ヴィヴェーカーナンダ（一八六三―一九〇二）、タゴール（一八六一―一九四一）、チッタランジャン・ダース（一八七〇―一九二五）、ネルー（一八八九―一九六四）などに受け継がれて、多様な展開を示すことになる。大インド協会は、彼らの一人タゴールの影響を受けたベンガル人エリートが、一九二七年に設立した団体である。広い歴史的文脈の中で捉えれば、この団体の設立は、当時のインド、特にベンガルで盛んだった文芸復興的な動き――学問研究、インド諸語の詩・小説・演劇、美術、音楽、舞踊の諸分野にわたっていた――の中に位置づけられるものだった。[41]

大インド協会はその目的として、「大インド、及び中国、朝鮮、日本その他のアジア諸国におけるインド文化の研究」を行なうことを掲げ、『大インド協会雑誌』（Journal of the Greater India Society）と『会報』（Bulletin）を刊行し、一九四七～五四年の休止期間を挟んで一九五九年まで活動した。ここで「大インド」と名付けられているのは、セリンディア（Serindia. 中央アジア）、小インド（India Minor. インドとインドシナ）、インシュリンディア（Insulindia. 東南アジア島嶼部）を包摂する広大な地域で、『大インド協会雑誌』に掲載された論文が対象とした地域は、アフガニスタン、中央アジア、ティベット、蒙古・満州、ビルマ、シャム、カンボジア、チャンパ、マレーアジア、ジャワ、ボルネオ・セレベス、スマトラ、マレー半島、セイロン等に及んでいた。協会の会員には、カリダス・ナグ（Kalidas Nag. カルカッタ大学インド古代史・古代文化講座教授、パリ大学博士）、ロメシュ・チョンドロ・モジュムダル（Ramesh Chandra Majumdar. 古代史家、ダカ大学副学長）、シュニティ・クマル・チャタジー（Suniti Kumar Chatterji. 言語学者、王立アジア協会フェロー）、プロボド・チョンドロ・バグチ（Prabodh Chandra Bagchi. 東洋学者、ヴィシュヴァ・バーラティ副学長）、O・C・ガングリ（O. C. Gangoly. 美術雑誌『Rupam』編集長）など、当時のベンガルの最高の知識人が名を連ね、協会は、上記のS・P・ムカジーの斡旋で、カルカッタ大学構内に部屋を確保し、活動の拠点としていた。

大インド協会の名称となっている「大インド」という概念を提唱したのは、タゴールと、フランスのインド学者シルヴァン・レヴィであった[42]。二人は別々の道を辿って同じアイデアに逢着し、一九二〇年頃以降、密接に協力するようになった。一九二一年、レヴィはタゴールの招きで訪印し、タゴールが設立した学園ヴィシュヴァ・バーラティで数カ月を過ごし、インド人学生にインド学を講じた。このときレヴィに送った招請状でタゴールは、選りすぐりのヒンドゥーの学生を、古代にインド文明が拡大した諸国、つまり日本、中国、インドシナ、インドネシアへと招き入れ、彼らを歴史的使命感に目覚めさせてもらいたいと、インドの名において要請したという[43]。タゴールもレヴィも偏狭なナショナリストではなかったが[44]、二人の影響の下にインド学とその関連分野の学問を修めた若い世代の中から、「大インド」という概念をインド・ナショナリズムの主張に引き寄せて解釈する者が出現した。彼らがタゴールを名誉会長に担いで設立したのが、大インド協会である。

大インド協会は、当時飛躍的に発展しつつあった、ヨーロッパ、特にフランスの東洋学の学問的成果[45]、及び自らの手による東洋学研究に基づいて、アーリヤ化・ドラヴィダ化する以前の時期においては「大インド」で基層文化の共通性が見られたとし、インドによる「良い（benign）植民地化」・文明化のプロセスによって「大インド」が形成されたと主張した。そこでは「インドのヴァイキング」などという言葉が好んで使われ、インド人の進取の精神やマッチョなイメージが強調された。

大インド協会の実質的な会長として協会の活動を取り仕切ったのは、カリダス・ナグである。ナグはタゴール・サークルに属した人で、パリに留学してレヴィの指導を受けて博士号を取得するとともに、ロマン・ロランのインド研究の協力者としても働き、帰国後しばらくしてカルカッタ大学教授となった。ナグはまた、当時のカルカッタの言論界の指導者ラマノンド・チョットパッダェ（Ramananda Chattopadhyay（Chatterji）．ベンガル人中間層に大きな影響力を持った英語総合雑誌 ***'Modern Review'*** とベンガル語総合雑誌『プロバシ』（*Prabasi*）を刊行した）の女婿で、カルカッタ大学や大インド協会だけでなく、清新な文学運動を展開した「コッロル（濤声）・グループ」などにも関わっていた。(46) ナグの「大インド主義」は、『大インド―インドのインターナショナリズムの研究』と題するパンフレットによく現れている。(47) それによれば、冒険的なインド人が植民地化あるいは文明化を進めるプロセスの中で、前近代の東南アジアと東アジアが、インド文明――それはナグにとってはヒンドゥー教と仏教を合わせたものだった――の影響の下に平和的に統合されたとされる。

このような歴史観は、東南アジアや東アジアから見れば、インドの文化膨張主義以外の何者でもなく、インド内部の少数派にしてみれば、インド文明をヒンドゥー教と仏教と等置し、あまつさえ、仏教をヒンドゥー教に従属させている点で、憂慮すべきものだったはずである。逆に、右翼政党のヒンドゥー大協会にとっては――因に、ナグの義父ラマノンドは大協会のメンバーだった――、「大インド」に関する学者・芸術家たちの言説は、その宗派主義的な（コミュナルな）イデオロギーに好都合なものであった。大協会は「大インド主義」を政治的プロパガンダのプログラムの中に組み入れ、一九三二年には、インドの文明化の使命（インドが他地域を文明化するという意味である）というナグの理念の影響の下に、アジアが基本的に統一されていたことを追体験するために、インド文化使節団を近隣諸国に派遣することを決定した。(48) すると、アジア諸地域を結ぶ「革命」的ネットワークに属する民族運動活動家たちが、インド国内からの資金や支援を確保するために大協会との接触を求めるようになった。東京のラシュ・ビハリ・ボースもその一人だったという。(49)

「大インド主義」は植民地の知識人や政治家が主張したものである。したがって、国民国家の後ろ盾を欠いていたし、植民地支配者のイギリスの側もおそらく、それを帝国主義的政策を展開するために利用しようとは考えなかった。その政治的実践はごく限られた範囲で試みられたにすぎず、政治的に利用されることが少なかった代りに、政治思想として深化させられることもなく、アカデミックな学説や芸術的直観から生まれたヴィジョンの域にとどまったと言ってよい。しかし、アジア諸民族の統一・連帯を説く一方で、アジアにおける自国のヘゲモニーを当然視する矛盾を内包する点で、日本の大アジア主義と共通する側面を持つことは注目されてよいであろう。インド版汎アジア主義において、連帯と支配との間の矛盾が表面化することがなかったのは、日本の場合と異なり、政治的実践をほとんどともなわなかったからにすぎないように思われる。

それでは、大インド協会とパルはどのような関係にあっただろうか。残念ながら、パルが協会の会員だったかどうか明らかでないけれども、協会の中心人物ナグときわめて親しい関係にあったことは確かな事実である。例えば、一九五四年、ナグは広島で開催された世界平和者会議に出席するために来日し、衆参両院議長と面会したが、このときにインドから持参したパルのメッセージを手渡している(50)。その翌年、下中彌三郎がカルカッタを訪れて講演したときには、パルはナグとともに講演会に参加した(51)。そして、一九五七年、ナグが『アジアの発見』という著書を出版したときに、パルはわざわざ推薦文を寄せ、そこには次のように書かれていたのである。

> 西欧帝国主義の下で何世紀も日陰の存在に押しやられていたアジアが、それに相応しい世界の評価を授けられるのはまことに道理に適ったことである。アジアの連帯は神話ではなく、貴方のアジアの発見の一日も早い出版が待ち望まれていた。本書はすべての読者の心に、アジアの比類なき偉大さという意識を再び目覚めさせることであろう(52)。

これらの事実に、パルが古代のヒンドゥー法史を研究していたことや、大インド協会が部屋を持っていたカルカッタ大学の副学長を務めたことを考え合わせれば、パルが協会の活動と主張について知っていたことはほぼ確実とみてよいであろう。

東京裁判研究の観点から見てさらに興味深いのは、ナグが日本とコンタクトを保っていたことである。ナグはカルカッタ大学教授として、その生涯にわたって幅広く文化交流の仕事に携わったが、日本との関係について見てみると、一九二四年、タゴールが日本を訪れた際に同行し、一九四〇年二月、日本政府外務省の資金でカルカッタに「日本図書室」を開設し、一九四一年一一月、つまり日本参戦の直前に、『先史時代の日本』と題する本を外務省系の国際文化振興会（現国際交流基金）から出版している(53)。

『先史時代の日本』は、皇紀二六〇〇年を記念して国際文化振興会が企画した叢書「国際文化交流」（**International Cultural Relations**）の一冊として刊行された小冊である(54)。ナグは本書のほとんど全部を、日本、東アジア及びポリネシアの考古学的研究のサーヴェーに宛て、先史時代において既に日本と中国南部の間に密接な関係が存在したことを示唆している。だが本書の末尾ではそのような学問的態度を捨て去り、次のような言葉で論述を締め括った。「紀元前六六〇年に神武天皇が即位したときに、日本は先史時代から歴史時代へと移行した。それ故、全国民が……神武天皇から一二四代目にあたる今上天皇陛下の御代に、即位二六〇〇年を祝うのは時宜にかなったことである(55)」。日本に関心を示したインド知識人は数多くいたけれども、ナグは、日本の天皇制支配体制にもっとも理解を示した者の一人だったと言ってよいであろう。

以上、大インド協会とナグとパルについて略述したが、このような背景を考えると、パルが早くからインド版の汎アジア主義に触れ、おそらく影響も受けていて、それゆえに、鵜澤の「八紘一宇」の講釈に共感したと理解してよいように思われる。また、パルの触れたインドの汎アジア主義は、学問的・芸術的な言説にとどまっていたがゆえに、政治的リアリズムを欠き、そのためパルは日本の大アジア主義の欺瞞を見抜けなかったとも言えよう。いずれにせよ、パルの思想性と政治性を考えるとき、アジア主義の問題はかなり重要な位置を占めるように思われる。パルの日本無罪論の根底には、異なった背景の下に、別々の経路を通って発展したふたつのアジア主義の共振という問題が潜んでいたようである。(56)

おわりに

以上検討したところから明らかなように、パルというインド人法律家の中には、一般にインド的とかアジア的とか呼ばれるものが確かに根を下ろしていた。それは法観念にも政治思想にも見られた。しかし、同時に強調しておかなければならないのは、それらは東洋の深淵な哲学や、あるいは「聖雄」ガンディーの思想などではなかったことである。法観念においては、「リタ」というヒンドゥー法的な観念は、米国直輸入の「社会学的法制史」と抱き合わせになっていたし、政治思想においては、汎アジア主義はシルヴァン・レヴィに代表される当時のヨーロッパの東洋学研究と切り離しては考えられないものだった。このような世界は折衷的なものである。だが、それはアジアの知識人一般の実情の正直な反映でもあったであろう。一方、パルの思想や政治的行動の中に一貫性のなさを指摘することもまた容易である。要するに、パルは思想的に特に深いものや独創的なものを持つ人物だったわけではなく、当時のアジアのナショナリスト知識人の一つの類型を代表していたとみるのが妥当なように思われる。

このように限定された意味で「アジア」を背負った人物が、東京裁判という国際的な舞台で存在感を示し、その後も一定の影響力を保ち得た一つの大きな理由は、東京裁判がアジア軽視の裁判だったことにあった。(57) 特に問題になるのは、しばしば指摘されることではあるが、第二次世界大戦を文明対野蛮、デモクラシー対ファシズムの戦争と捉える連合国側が、東京裁判を前者が後者を裁く場として設定し、その結果、第二次大戦の持つ多元的で複合的な性格――アジアとの関わりで言えば、民族解放戦争としての側面――が見失われてしまったことである[58]。その空隙を埋めるかたちで、インドの観念的な汎アジア主義を背景に持つ、右寄りのナショナリスト法律家の日本無罪論が登場したというのが、アジアの視点から見た東京裁判の構図であった。もっとも検察は、指導的な大アジア主義者である大川周明と松井石根を訴追していたが、大川は免訴となり、松井についても、裁判の速記録を見れば明らかなように、その大アジア主義者としての側面を本格的に追及することはなかった。「大東亜戦争」は真正のアジア民族解放戦争だったのか。検察が真正面から問題にしていたら、東京裁判はどのような過程を辿り、裁判後の東京裁判論争はいかなる形をとっていただろうか。

（本稿執筆にあたり鈴木恒之・弘末雅士・馬場紀寿の三氏に参考文献についてご教示いただいた。ここに記して謝意を表します。）

注

（1）大沼保昭『東京裁判、戦争責任、戦後責任』（東信堂、二〇〇七）三二―三四頁等、同「東京裁判―法と政治の狭間」細谷千博・安藤仁介・大沼保昭編『国際シンポジウム　東京裁判を問う』（講談社学術文庫、一九八九：元版は一九八四年刊）五〇―五一頁。内海愛子は、アジアの人々が受けた被害の責任追及がなされた事例を多数挙げて、アジア不在説を採る大沼に疑問を投げかけている。しかし、個別事例の問題と裁判の全体的構造の問題とは区別されてしかるべきでなかろうか（内海愛子・大沼保昭・田中宏・加藤陽子『戦後責任―アジアのまなざしに応えて』（岩波書店、二〇一四）三五―四二頁）。

（2）中里成章『パル判事―インド・ナショナリズムと東京裁判』（岩波新書、二〇一一）九〇―一〇〇頁。

日暮吉延は、「インド」が代表判事を送ることを自ら要求したと述べ、そのような要求をした動機として「インドは判事席にインド人を座らせるという劇的行動によって内外に自立的存在であることを示そうとした」ことを挙げ、さらに、「インド外交のしたたかさ」にまで説き及んでいる（日暮吉延『東京裁判の国際関係—国際政治における権力と規範』（木鐸社、二〇〇二）二一九—二七頁）。「インド」という語で何を指そうとしているのか、日暮自身に混乱があるようだが、おおむね「独立インド」を指すと理解してよいであろう。しかし、植民地インドにおいて独立を準備する「中間政府」が成立したのは一九四六年九月、インドとパキスタンが分離「独立」したのは四七年八月、いずれも東京裁判が開廷した後の出来事である。インド外交の主体性を強調する日暮の議論が、そもそも成り立つはずのないものであることは明らかであろう。

なお、中島岳志は、パルは「インド中間政府」からの依頼で判事に就任したと述べているが、パルが就任を受諾した一九四六年四月に、「インド中間政府」が存在していなかったことも明らかであろう（中島岳志『パール判事—東京裁判批判と絶対平和主義』（白水社、二〇〇七）五〇頁）。

（3）パル意見書に関する日本語の文献は多数あるが、重要なものとして、家永三郎「十五年戦争とパール判決書」『評論一　十五年戦争』（家永三郎集第一二巻）（岩波書店、一九九八：初出『みすず』一〇二、一九六七）、長尾龍一「パル判事の論理」五十嵐武士・北岡伸一編『争論　東京裁判とは何だったのか』（築地書館、一九九七）、及び、戸谷由麻『東京裁判—第二次大戦後の法と正義の追求』（みすず書房、二〇〇八）第九章を挙げておきたい。また、N・ボイスター／R・クライヤー（粟屋憲太郎・藤田久一・高取由紀監訳、岡田良之助訳）『東京裁判を再評価する』（日本評論社、二〇一二：原著 Neil Boister and Robert Cryer, *The Tokyo International Military Tribunal: A Reappraisal* (Oxford: Oxford University Press, 2008)）の各所には、重要な指摘が散りばめられている。

（4）Elizabeth S. Kopelman, 'Ideology and International Law: The Dissent of the Indian Justice at the Tokyo War Crimes Trial', *New York University Journal of International Law and Politics* 23, no. 2 (1991), pp. 375–76, 426–31.

なお、東京裁判で少数意見を述べたオランダ代表判事B・V・A・レーリンクはパルを評価し、裁判後も長く親交を保った。その大きな理由は、パルがアジアの声を代表していると考えたからだと思われる。レーリンクは訪印した際にカルカッタのパル宅に泊まったばかりでなく（B・V・A・レーリンク（小菅信子訳）『東京裁判とその後―ある平和家の回想』（中公文庫、二〇〇九）七三頁（B. V. A. Röling and Antonio Cassese, *The Tokyo Trial and Beyond: Reflections of a Peacemonger* (Cambridge: Polity Press, 1993), p. 29)）、パルと共同で国際法研究叢書 'Contributions to the Progressive Development of International Law' を刊行した。レーリンクの主著 *International Law in an Expanded World* (Amsterdam: Djambatan, 1960) は、この叢書の第一巻である。本書でレーリンクは、国際法におけるヨーロッパ中心主義を批判し、よりリベラルで包括的なヴィジョンの下に国際法を漸進的に発展させ、アジア・アフリカ諸国の独立や核問題という、二〇世紀後半の新しい現実に対応していかなければならないと説いている。ただし、パルはレーリンクと肩を並べられるような傑出した法律家ではなく、このような洞察力と構想力を示すことはなかった。刑法、国際法、平和研究の諸分野に跨るレーリンクの仕事については、*Journal of International Criminal Justice* 8, no. 4 (2010) のレーリンク特集を参照。

（5）　鶴見俊輔『戦後日本の大衆文化史　一九四五～一九八〇年』（岩波現代文庫、二〇〇一：元版は一九八四年刊）四三、四五頁。鶴見俊輔「戦争裁判ののこしたもの」細谷・安藤・大沼編『東京裁判を問う』二四二頁も見よ。鶴見がパル意見書を積極的に評価する理由はもうひとつあって、それは鶴見も勝者による戦犯裁判に対して強い批判的な意見を持っていたからであった。

ただし、鶴見の戦犯裁判批判を考える上で留意すべきなのは、他方で鶴見が、オランダ代表判事レーリンクの東京裁判正当化の論理を受け入れていることである（鶴見『期待と回想』上下（晶文社、一九九七）上、二八六―八七頁）。レーリンクは東京裁判の基本的な法理のひとつである指導者（指揮官）責任論を、国家の違法な命令に対する部下や市民の不服従の義務と一対をなすものと理解し、東京裁判の意義を、国家を超えた世界市民の義務を打ち出した点に見出した（B・V・A・レーリンク「東京裁判と平和の探求」細谷・安藤・大沼編『東京裁判を問う』二三三―三四頁、大沼『東京裁判、戦争責任、戦後責任』五三―五八頁）。この市民的不服従の論理が、ベ平連の脱走米兵支援活動を支える論理に通じるものを持つことは明らかであろう。

なお、鶴見の戦争犯罪観、戦犯裁判観に深い影響を及ぼした出来事として、戦時中、鶴見が嘱託としてジャワの海軍武官府に勤務した時に起こった、非戦闘員の捕虜殺害事件がある。鶴見によれば、この事件で、鶴見のよく知る同僚の軍属が、上官の命令でポルトガル領ゴア出身のインド人捕虜二人を殺害した（鶴見俊輔・上野千鶴子・小熊英二『戦争が遺したもの―鶴見俊輔に戦後世代が聞く』（新曜社、二〇〇四）五三―五六頁：鶴見俊輔「戦争のくれた字引き」『鶴見俊輔集八　私の地平線の上に』（筑摩書房、一九九一）五〇五―九頁）。この殺人事件を含む一連の事件をめぐって、敗戦後、BC級戦犯裁判が開かれ、司令官は死刑となったが、鶴見は証言することはなかったという（鶴見・上野・小熊『戦争が遺したもの』五五頁。鶴見俊輔・関川夏央『日本人は何を捨ててきたのか―思想家鶴見俊輔の肉声』（筑摩書房、二〇一一）一二七頁も見よ）。

鶴見は事実関係をすべて明らかにしているわけではないので、この事件を特定するのは容易でないが、事件を引き起こしたと鶴見が記憶する「第二〇水雷戦隊」が、実は「第一六戦隊」だったとすれば、それは「ビハール号事件」だったことになる。ビハール号は英国の貨客船で、一九四四年三月九日、インド洋上において、通商路を破壊するための「サ」号作戦に加わっていた重巡洋艦「利根」に撃沈された。「利根」は船員船客一一一名を救助し、四〇数名を非戦闘員捕虜としてバタビアに上陸させたが、艦隊司令部がそれ以上の捕虜の受け取りを事実上拒否したため、六〇数名を艦上で殺害し海に投棄した。「利根」に救助された非戦闘員捕虜の中にはゴアのインド人が含まれていた。ビハール号事件については、青山淳平『海は語らない―ビハール号事件と戦犯裁判』（光人社、二〇〇六）一〇―一一、一〇六、一一六―一一七、一三五、二〇三頁等、巣鴨遺書編纂会『復刻　世紀の遺書』（講談社、一九八四：元版は一九五三年刊）四四七―五〇頁、及び、防衛庁防衛研修所戦史室『戦史叢書　南西方面海軍作戦―第二段作戦以降』（朝雲新聞社、一九七二）三二八―三三二頁を参照。

（6）下中彌三郎「序」『パール博士「平和の宣言」』（小学館、二〇〇八：元版は一九五三年刊）二三頁。

（7）中島『パール判事』四〇、二九八頁。

（8）小林よしのり『パール真論』（小学館、二〇〇八）一三七―三八頁等。

中島は『パール判事』で、パルがガンディー主義者だったばかりでなく、A級戦犯の道義的責任を認め、日本の平和憲法を支持したと主張したが、小林よしのりはそれに激しく反発し、中島と派手な論争を繰り広げる傍ら、加藤陽子、長崎暢子、原武史、御厨貴、山内昌彦ら、中島に好意的な研究者をマンガで嘲弄した。その結果、問題点が見えにくくなってしまっているが、『パール判事』の冷静な評価については、戸谷『東京裁判』三一八―二〇頁を見られたい。戸谷は、「じつのところパル反対意見書と大東亜戦争肯定論のあいだには、歴史観上つうじるところがすくなからずあり、この意味で、右派論壇はパル意見書をむしろ正しく読みこんでいる場合も多い。この事実は〔中島によって〕率直に認められるべきだった」と述べて、新奇さを追う中島を批判している。つまり、パル意見書に関する限り、中島や、中島を評価する著名な研究者たちよりも、デマゴーグと見られがちな所謂「右派論壇」の方がテキストを正しく読んでいる場合が多いというのである。小林の意見書の読み方にも多々問題があるが、小林と中島のどちらが相対的によくテキストを読んでいるかといえば、小林の方が上である。その意味で、筆者も戸谷の評価に同意する。中島の『パール判事』には、牛村圭「中島岳志著『パール判事』には看過できない矛盾がある」『諸君』四〇―四一、二〇〇八、などの批判的な論評があり、筆者にも書評がある（中里成章「書評　中島岳志著『パール判事』」『アジア経済』四九―八、二〇〇八）。これらの批判にもかかわらず、中島は持論を「海外発信」する道を選んだ（Takeshi Nakajima, 'Justice Pal (India)', in Yuki Tanaka, Tim McCormack, and Gerry Simpson, eds., *Beyond Victor's Justice?: The Tokyo War Crimes Trial Revisited* (Leiden: Martinus Nijhoff, 2011), pp. 140 ff）（中島岳志「パル判事（インド）」田中利幸、ティム・マコーマック、ゲリー・シンプソン編著、田中利幸監訳『再論　東京裁判―何を裁き、何を裁かなかったのか』（大月書店、二〇一三）二〇八頁以下）。

（9）Rebā, Nārīratna, *Padmabibhushane bibhūshita Srī Rādhābinod*（Kalikātā: Srī Shītalāchandra Pāl, c. 1970）; *Sanksipta jībanī*（Kalikātā: privately printed, 1967）; 'Obituary: Radha Binode Pal', *Calcutta Weekly Notes* 71, no. 10（16 Jan. 1967）; Lawyers Forum, *The First Dr. Radhabinod Pal Lecture*（Calcutta: B. N. Bajpayee, c. 1992）.

（10）例えば筆者は、パルの長男、プロシャント・クマル・パルのカルカッタの自宅を訪れ、十数時間にわたってインタビューする機会を得た。その際、父上はガンディー主義者だったか、という趣旨の質問をしてみたが、プロシャント・パルはにべもなくそれは違うと答え、それ以上は質問に取り合おうとさえしなかった。興味深いのは、プロシャント・パルが、中島からもインタビューを受け、後日『パール判事』を送ってもらったと語ったことである。なぜかは分からないが、中島は貴重なインタビューの機会を持ったのに、パル＝ガンディー主義者説が正しいのかどうか、確認を取らなかったようである（筆者によるプロシャント・クマル・パルとのインタビュー、カルカッタ、二〇〇八年九月二四日：中里成章「『パル判事』を上梓するまで」『アジ研ワールド・トレンド』一九三（二〇一一年一〇月号）五三―五五頁）。

著者はプロシャント・K・パルの他、三男のプロティプ・パル、女婿のデビプロシャド・パル、パルに実の息子のように可愛がられたというB・ラェ、カルカッタ法曹界の指導者C・ムカジー元ボンベイ高裁長官、パル判事記念講演会を催しその記録を刊行したB・バジペイーにもインタビューしたが、結果は同じであった。筆者によるプロティプ・ビジョイ・パルとのインタビュー（カルカッタ、二〇一〇年一一月二六日）、同じく、デビプロシャド・パル（カルカッタ、二〇〇九年九月八日）、ビモル・C・ラェ（カルカッタ、二〇〇八年九月二二日、二〇〇九年三月一三日）、チッタトシュ・ムカジー（カルカッタ、二〇一〇年一一月一七日）、及びビッショナト・バジペイー（カルカッタ、二〇一〇年一一月二一日）。

(11) Nariaki Nakazato, *Neonationalist Mythology in Postwar Japan: Pal's Dissenting Judgment at the Tokyo War Crimes Tribunal* (Lanham, MD: Lexington Books, 2016), pp. xxix-xxxi. 本書は拙著『パル判事』の増補改訂英語版である。頁数の表示は最終ゲラによる。

(12) 東京裁判研究会『共同研究　パル判決書』上下（講談社学術文庫、一九八四：元版は一九六六年刊）上、五〇五頁。本書は、極東国際軍事裁判所事務局が作成したパル意見書の全文和訳に若干手を加え、「東京裁判研究会」による解説、索引等を付したものである。奥付を見ると、著作権は「東京裁判研究会」の代表佐山高雄にあると表示されている。「東京裁判研究会」は、法務省大臣官房司法法制調査部に設けられた官製研究会「戦犯法的研究会」のダミーである。時の法務大臣は、A級戦犯として有罪判決を受けた賀屋興宣であった。「戦犯法的研究会」については、中里『パル判事』二一四―二一五頁を参照。

(13) Radhabinod Pal, *The History of Hindu Law in the Vedic Age and in Post-Vedic Times down to the Institutes of Manu* (Tagore Law Lectures, 1930) (Calcutta: University of Calcutta, 1958), p. 396; 中里『パル判事』六五―六六頁。

(14) 中島もガンディーの日本批判に言及しているが（中島『パール判事』四五―四六頁等）、ガンディー主義と被告人全員無罪論と間の矛盾を解く論理も史料も提示していない。

(15) 中里『パル判事』一一六―一一七頁。

(16) この点については、中里『パル判事』一三〇―五二頁を参照。

(17) Ashis Nandy, 'The Other Within: The Strange Case of Radhabinod Pal's Judgment on Culpability', in *The Savage Freud and Other Essays on Possible and Retrievable Selves*（Princeton, NJ: Princeton University Press, 1995）, p. 73；中里『パル判事』六四―六五頁。なお、ミリンダ・バナジーは、パルが首尾一貫した法哲学を持っていて、その根底に「リタ」の観念を据えていたとしているが、筆者にはパルの思想性の過大評価のように見える。Milinda Banerjee, 'Does International Criminal Justice Require a Sovereign? Historicising Radhabinod Pal's Tokyo Judgment in Light of his "Indian" Legal Philosophy', in Morten Bergsmo, Cheah Wui Ling, and Yi Ping, eds., *Historical Origins of International Criminal Law*, 4 vols.（Brussels: Torkel Opsahl Academic EPublisher, 2014-15）, vol. ii, pp. 67-117（本書は http://www.fichl.org/ で無料で公開されている）。

(18) Roscoe Pound, *Interpretations of Legal History*（Cambridge: Cambridge University Press, 1923）; Roscoe Pound, 'The Scope and Purpose of Sociological Jurisprudence, III', *Harvard Law Review* 25, no. 6（1912）; Julius Stone, 'Roscoe Pound and Sociological Jurisprudence', *Harvard Law Review* 78, no. 8（1965）; 中里『パル判事』六一―六四頁。

(19) 'Obituary', p. 32; Lawyers Forum, *The First Dr. Radhabinod Pal Lecture*, p. 34; 筆者によるデビプロシャド・パルとのインタビュー（カルカッタ、二〇〇九年九月八日）。

(20) Lawyers Forum, *The First Dr. Radhabinod Pal Lecture*, p. 22; 中里『パル判事』五四頁。

(21) Nakazato, *Neonationalist Mythology*, pp. xxvii-xxix.

(22) Hans Kelsen, *Peace through Law*（1944; New York: Garland Publishing, 1973）, part 2. 芝健介『ニュルンベルク裁判』（岩波書店、二〇一五）二五九、三三〇頁。

(23) 東京裁判研究会『パル判決書』下、二七三頁。

(24) Kelsen, *Peace through Law*, pp. 87–88.

(25) H. L. A. Hart, *The Concept of Law*, 3rd ed.（1961; Oxford: Oxford University Press, 2012）, chap. 9（H・L・A・ハート（長谷部恭男訳）『法の概念　第三版』（ちくま学芸文庫、二〇一四）第九章）.

(26) H. L. A. Hart, 'Positivism and the Separation of Law and Morals,' *Harvard Law Review* 71, no. 4（1958）, p. 620. ハートのこの論文は、ラートブルフの法実証主義批判への応答として書かれた側面を持つ。ラートブルフは、ドイツ法曹界に深く浸透した法実証主義――法は法である（Recht ist Recht. Gesetz als Gesetz.）というスローガンに代表される――がナチズムの無法な支配を許したとして、法実証主義を痛烈に批判した。グスターフ・ラートブルフ（小林直樹訳）「実定法の不法と実定法を超える法」『ラートブルフ著作集第四巻　実定法と自然法』（東京大学出版会、一九六一）。

長谷部恭男はハートの法実証主義について、「実定法である以上は内容の善悪にかかわらず、必ず従う必要があるという非常識な主張や、人の社会生活を支える以上は法として最低限求められる自然法なるものの存在を完全に否定する主張が法実証主義だと呼ばれることもあるが、ハートの立場はこれらとは異なる。より穏健で良識に適ったものである」と述べている（ハート『法の概念』五四四頁）。

(27) 中里『パル判事』五四―五五、六六―六八頁。リチャード・マイニアは、一一人の裁判官の中でパルがただ一人国際法の素養を持っていたと主張しているが、誤りである。リチャード・マイニア（安藤仁介訳）『東京裁判―勝者の裁き』新装版（福村出版、一九八五）一〇七―八頁（Richard H. Minear, *Victors' Justice: The Tokyo War Crimes Trial*（Princeton, NJ: Princeton University Press, 1971; reprint, Ann Arbor, Mich.: Center of Japanese Studies, University of Michigan, 2001）, p. 86）.

(28) パルの知的世界については、Nakazato, *Neonationalist Mythology*, pp. 128–34 を参照。

(29) 家永「十五年戦争」八六頁。リチャード・H・マイニア「パール判決の意義―家永教授への反論」『みすず』一九〇（一九七五）、一八―二二頁。家永＝マイニア論争に関する筆者の考えは、Nakazato, *Neonationalist Mythology*, pp. xx-xxvii で述べた。

(30) Nakazato, *Neonationalist Mythology*, pp. 117–19、中里『パル判事』八一―八八頁。

（31）中里『パル判事』一六九―七一頁。

（32）中里『パル判事』八二―八四頁。ムカジーについては、B. D. Graham, 'Syama Prasad Mookerjee and the Communalist Alternative,' in D. A. Low, ed., *Soundings in Modern South Asian History* (Berkeley : University of California Press, 1968) が有用である。

（33）中里『パル判事』三九―四六、七八―八一、八五―八六頁。チャンドラ・ボースとインド国民軍と日本については、Joyce C. Lebra, *Jungle Alliance : Japan and the Indian National Army* (Singapore : Asia Pacific Press, 1971)（ジョイス・C・レブラ〈堀江芳孝訳〉『チャンドラ・ボースと日本』〈原書房、一九六八〉）を見よ。レブラはハーヴァード大学で日本地域研究を学んだ人で、当時存命だった関係者多数にインタビューしている。日本語文献では、「尾関正爾談話記録」及び「平舘勝治　往復書簡・談話記録」長崎暢子・田中敏雄・中村尚司・石坂晋哉編『資料集　インド国民軍関係者証言』（研文出版、二〇〇八）一四二―八二、二四三―三一四頁、が重要である。尾関は元陸軍中佐で、参謀本部第二部第八課でインド工作を担当した。平舘はその部下である。最近の英語文献としては、Sugata Bose, *His Majesty's Opponent : Subhas Chandra Bose and India's Struggle against Empire* (Cambridge, Mass. : Belknap Press, 2011 ; Indian ed., New Delhi : Allen Lane, 2011) がある。著者はチャンドラ・ボースの甥の息子で、ハーヴァード大学の歴史学教授であった。史料集としては、T. R. Sareen, ed., *Indian National Army : A Documentary Study*, 5 vols. (New Delhi : Gyan Publishing House, 2004) があり便利だが、復刻されているテキストの信頼性にやや疑問があるとされている。

（34）レーリンク『東京裁判』七三頁（Röling and Cassese, *Tokyo Trial*, p. 28）。訳文は筆者のものである。パルの親友オナトナト・ラェは危険を犯して、戦時下のカルカッタ市内でインド国民軍のインパール作戦参加を伝えるビラを極秘で配布した（中里『パル判事』三八―三九頁）。しかし、パルがインド国民軍の運動に直接関わったという証拠はない。

（35）菅原裕『東京裁判の正体』（時事通信社、一九六一）二四二頁。中里『パル判事』一一二頁。

（36）極東国際軍事裁判速記録第三八四号（一九四八年三月二日）三一―三二頁。

（37）この節の以下の記述は、Nakazato, *Neonationalist Mythology*, pp. 125–28 と、二〇一三年一一月に大阪市立大学文学部で開催された研究会「植民地期におけるベンガル人のナショナリズムとアジア主義」で行なった口頭発表「パル判事とアジア主義―カルカッタの“Greater India Society”との関係を中心に」による。

(38) Nariaki Nakazato, ‘Harish Chandra Mukherjee : Profile of a “Patriotic” Journalist in an Age of Social Transition’, *South Asia* 31, no. 2 (August 2008), pp. 264–65 ; Nariaki Nakazato, ‘The Idea of India during the Mid-Nineteenth Century : A Study of the Political Discourse by Harish Chandra Mukherjee and the *Hindoo Patriot* Circle’, in Sabyasachi Bhattacharya, ed., *Indian Cultural Unity : A Reappraisal* (Papers read at a seminar held at the Ramakrishna Mission Institute of Culture ... to commemorate the 150th birth anniversary of Swami Vivekananda) (Kolkata : The Ramakrishna Mission Institute of Culture, 2015), pp. 262–63.

(39) ヒンディー語読みすれば、ケーシャブ・チャンドラ・セーン。英語綴りはKeshub Chunder Sen。ヒンドゥー教の改革派である「ブランモ主義」の一分派「インド・ブランモ協会」の指導者。シェンについては、差し当たり、中里成章『インドのヒンドゥーとムスリム』〈世界史リブレット七一〉(山川出版社、二〇〇八)五〇―五一頁を参照。

(40) Birendra Prasad, *Indian Nationalism and Asia* (*1900–1947*) (Delhi : B. R. Publishing, 1979), pp. 26–27.

(41) 大インド協会と大インド主義に関する主な文献に次のようなものがある。Lokesh Chandra, comp., *The Journal of the Greater India Society*, reprinted with preface and index by Lokesh Chandra in 7 vols. (New Delhi : Aditya Prakashan, 1987) ; E. S. Craighill Handy, ‘The Renaissance of East Indian Culture : Its Significance for the Pacific and for the World Author(s)’, *Pacific Affairs* 3, no. 4 (1930) ; T. A. Keenleyside, ‘Nationalist Indian Attitudes towards Asia : A Troublesome Legacy for Post-Independence Indian Foreign Policy’, *Pacific Affairs* 55, no. 2 (1982) ; Susan Bayly, ‘Imagining “Greater India” : French and Indian Visions of Colonialism in the Indic Mode’, *Modern Asian Studies* 38, no. 3 (2004) ; Carolien Stolte and Harald Fischer-Tiné, ‘Imagining Asia in India : Nationalism and Internationalism (ca. 1905–1940)’, *Comparative Studies in Society and History* 54, no. 1 (2012) ; Kwa Chong-Guan, ed., *Early Southeast Asia Viewed from India : An Anthology of Articles from the Journal of the Greater India Society* (New Delhi : Manohar, 2013).

(42) タゴールの大インド主義については、タゴール「ナショナリズム」『タゴール著作集 八』(第三文明社、一九八五)を参照。レヴィの大インド主義的な観点は、シルヴァン・レヴィ著、ルイ・ルヌー序、山口益・佐々木教悟訳注『インド文化史—上古よりクシャーナ朝まで』（原著 *L'Inde civilisatrice : Aperçu historique*）（平楽寺書店、一九五八）におけるインド古代史の叙述で展開されている。

（43） Lévi to Bloch, 4 September 1920, in Roland Lardinois and Georges Weill, eds., *Sylvain Lévi, le savant et le citoyen : Lettres de Sylvain Lévi à Jean-Richard Bloch et à Jacques Bigart, secrétaire de l'Alliance israélite universelle*（*1904–1934*）（Bibliothèque d'études juives 37, Série histoire 33）（Paris : Honoré Champion Éditeur, 2010）, p. 133.

（44） レヴィは共和主義者で、ドレフュス事件のときにユダヤ人知識人として発言し、それ以後、迫害されるユダヤ人のために積極的に活動したが、シオニズムには反対したという。Perrine Simon-Nahun, 'Sylvain Lévi, un intellectuel juif entre science et politique', in Lyne Basant-Boudon and Roland Lardinois, eds., *Sylvain Lévi, 1863–1935, études indienne, histoire sociale : Actes du colloque tenu à Paris les 8–10 octobre 2003*（Bibliothèque de l' École des hautes etudes, Science religieuses, v. 130）（Turnhout, Belgium : Brepols, 2007）.

（45） 藤原貞朗『オリエンタリストの憂鬱—植民地主義時代のフランス極東学者とアンコール遺跡の考古学』（めこん、二〇〇八）二二九—二三一頁等。

（46） Swapan Majumdar, 'Visvamanā Svādeshika Kālidāsa Nāga', in Kalidas Nag, *Dāyeri 1916–1919*（Calcutta : Papyrus, 1991）, pp. 7–12.

（47） Kalidas Nag, *Greater India : A Study in Indian Internationalism*, Greater India Society Bulletin No. 1（[Calcutta : Prabasi Press], 1926）, pp. 20ff.

（48） 「革命家」＝revolutionaries あるいは「革命的テロリスト」＝revolutionary terrorists はインド近代史特有の用語で、スワデシ運動（一九〇五年）の中から生まれ、その後も民族運動の中で影響力を保った、急進的な活動家グループを指す。彼らは、少数エリートの秘密結社が実行する捨て身の暴力＝テロリズムによって、イギリスの植民地支配体制を転覆しようとした。

（49） Stolte and Fischer-Tiné, 'Imagining Asia in India', p. 86.

（50） Kalidas Nag, *Discovery of Asia*（Calcutta : Institute of Asian and African Relations, 1957）, pp. 732–34.

（51）下中彌三郎伝刊行会編『下中彌三郎事典』（平凡社、一九六五）二七頁。下中は大アジア主義者で、一九三三年に大亜細亜協会が設立されたときに理事長となっている。

（52）Nag, *Discovery of Asia*, book jacket. 強調は原文のまま。

（53）目野由希「一九三〇年代におけるカリダス・ナーグと日本の文化交流」『アジア日本文化研究センター紀要』〈国士舘大学〉四（二〇〇九）、九一、九七―九八、一〇二頁。

（54）Kalidas Nag, *Prehistoric Japan*（Tokyo: Kokusai bunka shinkokai, 1941）.

（55）Ibid., p. 33.

（56）なお、大インド協会会員で、大インド主義の観点から歴史書を著したこともある歴史学者ラダクムド・ムカジー（Radhakumud Mookerji）は、ナチズムを支持した経済学者・社会学者ビノイ・クマル・ショルカル（Benoy Kumar Sarkar）ときわめて親しかったことが知られている（Benjamin Zachariah, 'At the Fuzzy Edges of Fascism: Framing the *Volk* in India', *South Asia* 38, no. 4（2015）, pp. 649-50, 654）。ナグの日本との関係や、大インド主義と大ヒンドゥー協会との関係とも考え合わせると、このことは、日本と同様にインドでも、アジア主義がファシズム（全体主義）と親和性を持っていたことを示唆するもののようにみえるが、インドにおけるファシズムの本格的な研究はまだ緒についたばかりであり、この点について立ち入った議論をするのは時期尚早のようである。インドにおけるファシズムの研究の動向については、*South Asia* 38, no. 4（2015）の特集 'Völklisch and Fascist Movements in South Asia' を参照。

（57）ここでは一応このように述べておくが、パルとその意見書の評価は、日本の国内状況と国際情勢とによっても規定されていた。Nakazato, *Neonationalist Mythology*, pp. 220-21；中里『パル判事』二二一―二二二頁。

（58）この問題に関する筆者の考えは、Nakazato, *Neonationalist Mythology*, pp. xxxi-xxxii で述べた。

Ⅱ　「敗者の裁き」再考
――第二次世界大戦後の戦犯問題をめぐる日本側対応――

永井　均

はじめに

一九四六年五月三日、東京・市ヶ谷にある旧陸軍士官学校の大講堂で東京裁判が開廷した。国際色豊かなこの軍事法廷は、ドイツのニュルンベルク裁判をモデルに作られ、東條英機大将など四名の首相経験者を含む二八名の国家指導者の戦争責任を厳しく追及した。戦勝国である連合国一一カ国から派遣された判事と検事が訴追をリードし、日本人はアメリカ人とともに弁護人の役割を担った。

「吾等ノ俘虜ヲ虐待セル者ヲ含ム一切ノ戦争犯罪人ニ対シテハ厳重ナル処罰加ヘラルベシ」。日本側が受け入れたポツダム宣言第一〇項には、このような表現で戦争犯罪人の処罰が明記され、この条文が東京裁判の法的基盤を提供した。戦争に敗れた日本の国民にとって、「戦争犯罪人（war criminals）」という言葉は抵抗があり、彼らに重苦しい印象を抱かせた(1)。わけても指導者にとっては、自身が訴追されかねない恐れもあって、戦犯問題は座視こそできないものの、極めて憂鬱な政治課題であった。(2)とはいえ、彼らが戦犯問題に無策だったわけではない。例えば日本政府の政策には、一九四五年九月一二日に閣議決定した戦争犯罪人に対する「厳重且公正ナル裁判」の実施という構想が含まれていた。(3)

ところで、東京裁判は、連合国が日本人戦争指導者の戦争責任を一方的に断罪した「勝者の裁き」として知られる。(4)それは、法廷の構成や事後法の問題などと絡めて、裁判の正統性への疑念や裁判批判の文脈で語られてきた。その一方で、「勝者の裁き」に代わり、日本人が自ら戦争犯罪人を裁いていれば、という仮定が話題に上ることもある。(5)もちろん、東京裁判の開廷から七〇年を迎えた今日にあって、我々は日本政府による戦犯訴追が実現しなかったことを知っている。(6)だが、前述のように日本政府は戦犯訴追を模索し、限定的ながら日本側が自国の将兵を裁いた歴史も現実に存在した。こうした史実は従来余り知られておらず、例えば、日本政府が「勝者の裁き」に対抗し、やがてこれを受容する立場に転じたこと、あるいは旧軍当局が実施した捕虜虐待事案の処罰途上の障害など、戦犯問題をめぐる日本側対応の過程と舞台裏、「敗者の裁き」の軌跡と構造は、いまだ十分には明らかにされていないように思える。小論では、東京裁判の開廷直前、敗戦からわずか九カ月の間に試みられた日本人の戦犯問題への向き合い方の一断面について、日本国内と外地双方の状況を視野に入れながら、政府・軍当局の動向を中心に考察したい。(7)

一　政府・軍中央の政策

1　自主裁判の模索

一九四五年九月一一日午後、東京・世田谷の邸宅で元首相の東條大将が自殺を図った。米軍将校が戦争犯罪人の容疑で逮捕に赴いたことを受け、ピストル自殺を敢行したのである。結果として未遂にとどまり、大将は身柄を横浜に移送され、米軍医師による手当てを受けて一命を取り留めた。日本を代表するコメディアンの古川ロッパが「何たる不態《〔ママ〕》な自決だ、而も死に損ったとは。その話を肴に飲み出す」と日記に書いたように、[8] 多くの日本人はラジオなどで大将の逮捕事件の顛末を知り、かつての国の指導者に冷ややかなまなざしを向けた。以後、戦犯問題は日本社会、とりわけ政府や軍関係者の行く末に暗い影を落とし始める。

　よく知られるように、これより先、ポツダム宣言の受諾をめぐる最高指導者の会議において戦犯問題が話題に上がったが、[9] 日本の運命を決する分岐点にあって優先順位や心理的な抵抗感などが重なったのだろう、具体的な議論には至らなかった。[10] 九月七日、東久邇宮稔彦内閣の参与だった賀川豊彦（キリスト教社会運動家）が、最高司令官ダグラス・マッカーサー元帥の軍事秘書ボナー・フェラーズ准将から「戦争犯罪者中、国際法ニ依ルモノハ日本側ニテ処罰方申出」を受けたように、終戦直後、連合国軍総司令部（General Headquarters, Supreme Commander of the Allied Powers 以下、ＧＨＱ）の高官から日本側による捕虜虐待事案など交戦法規違反者の調査と処罰を促す助言が複数あり[11]（彼らには米本国のマッカーサー批判を緩和する独自の狙いもあった）、また日本の外務高官がマッカーサーの副官から日本軍将兵の残虐行為の実態を知らされ、日本側で犯人を処罰する意向を先方に伝えるなどしたが、[12] 日本政府として具体的な措置を講じるまでにはいかなかった。諸種の戦後処理に追われていただけでなく、戦犯問題については日本に自由裁量権がなく、「一歩を誤れば敵に乗ぜらる、を以て慎重の考慮を要する」と判断され、[13] また閣僚個人にとっても「いつ自分に」戦犯指名が来るか分からないという不安があったから、いきおい対応に消極的になった。それゆえ、九月一一日に米軍が東條大将の逮捕に踏み切った瞬間こそが、「『戦争犯罪人』の相貌を具体的な表現で国民の眼にやきつけ」[14]、日本人指導者に戦犯問題への本格的な対応を強く迫る契機となったのである。

　東條大将の逮捕劇の翌日、九月一二日の朝一〇時に政府・軍の最高会議（終戦処理会議）が急遽開催され、戦争犯罪人の裁判問題が審議された。[15]「誰モ席上用意ナシ」（陸軍大臣の下村定大将の言葉）といった状況の中で、[16]会議はマッカーサーの副官の助言を受け入れ、日本側による自主的な戦争犯罪人の処罰実施を連合国側に申し入れることを決定する。[17]政府当局はすぐに自主裁判構想を総司令部に提案しようとしたが、報告を受けた天皇が難色を示したため、先方への打診を中止する。午後一時半、東久邇宮首相の奏上に対し、天皇は「敵側の所謂戦争犯罪人、殊に所謂責任者は何れも嘗ては只管忠誠を尽したる人々なるに、之を天皇の名に於て所断《〔ママ〕》するは不忍ところなる」と述べ、自主裁判への強い抵抗感と否定的な見方を示したのだった。[18]大日本帝国憲法は、司法権は天皇の名において法律により裁判所がこれを行うと規定していたから（第五七条）、天皇は自分の名の下で部下たちを裁くことなどできない、と強い拒否感を表明したのだろう。当初、占領軍との折衝に当たっていた横浜終戦連絡委員会委員長の鈴木九萬公使が東京の外務本省からの指示を受け、自主裁判に関する「帝国政府宣言」の発表について「直チニ」総司令部に申し入れる予定だったが、東京で「相当紛糾アリ」、[19]終戦連絡中央事務局（終連）の岡崎勝男長官から別途「指図アル迄一切ノ行動ヲ中止セヨ」と命じられ、総司令部への申し入れは一時差し止められた。繰り返しになるが、天皇の否定的な態度こそが、その理由だったわけである。

天皇が承知しなかったため、東久邇宮首相は恐縮し、再度協議して奉答する旨を述べて辞去した。[20]東久邇宮は木戸幸一内大臣の助言を仰ぎ、その後、下村陸相や重光葵外相、岩田宙造法相など政府首脳部と内大臣室の木戸のもとに急遽参集して、天皇から拒否された自主裁判案件について協議した。

内大臣室での話し合いによっても、午前の終戦処理会議の決定が覆ることはなく、東久邇宮は重光外相と岩田法相を帯同して再び天皇に内奏する。午後三時五〇分のことである。首相宮の希望で木戸も陪席した。この時、天皇は「昨日迄信認〔任—原注〕して協力せしものを自らの名にて裁判、処刑するの忍びざることを念ぜられた」が、重光外相と岩田法相は「我主権の問題に鑑み、又武士道の道義に従ひ自ら之を行ふ」ことを力説し、何とか天皇の了解を得た。[21] 岩田法相は、国内裁判が外国の裁判より「公正ナル結果」をもたらし、「結局容疑者ノ為ニモ有利ナルヘシ」と「勝者の裁き」への牽制作用も含めて考え、[22] 重光外相は本件交渉を日本の主権擁護の試みと位置づけるなど、[23] 両大臣は自主裁判構想の利点を容疑者と国家主権の双方を擁護する観点から主張し、天皇の説得に努めたものと推察される。両大臣の話を聞き、また重光から自主裁判構想をめぐるGHQとの交渉は成功の見込みがないことを確認し、自らの名による戦犯裁判を回避しうると感じたのだろう。天皇は譲歩し、「よく解つた。朕も之に賛成する。一旦決定した通りに取り扱つて差支ない」と賛成の意を表した。[24]

その直後の四時三〇分、東久邇宮首相は臨時閣議を招集し、戦争犯罪人の裁判に関する政府声明案を閣議決定する。この時、閣議決定された政府声明案は次のようなものである。

日本政府ニ於テハ俘虜抑留者ノ虐待其ノ他国際法規並戦争法規ニ違反セル行為ヲナセル者ニ対シ聯合国ノ提示スル表ニ基キ証拠ヲ審案シ厳重且公正ナル裁判ヲ行フノ決意アリ。[25]

東條元首相の逮捕を受けて策定された経緯や、政府関係者の議論などに鑑みると、政府当局が戦争犯罪人の範囲を従来の交戦法規違反者だけでなく、政治的責任者も含めて考えていたことは間違いない。[26] 興味深いのは、連合国側が提供する戦犯リストと証拠に基づいて裁判を実施するとあるように、国内裁判の対象は連合国側が指名した容疑者であった。訴追対象を連合国側が指名した容疑者に絞る表現が象徴するように、政府声明案は、勝者が突きつけてきた戦争責任の問題に自ら主体的に対処する覚悟の表明というより、連合国による戦犯裁判が不可避という厳しい情勢下で、総司令部側の示唆と日本人首脳部が抱く抵抗感との折り合いをつけながら策定された妥協的産物だった。

閣議決定しても政府声明はしかし、すぐには発表されない。なぜか。それは、日本側で戦犯裁判を実施するには手続きと時間を要すると考えられたからである。GHQと日本政府の連絡業務を担った岡崎終連長官は一二日当日、部下に次のように説明している。「政府トシテハ特別ノ裁判所ヲ構成シ度ク、之ガ為ニハ手続ト時間ガカカリ、一週間乃至二週間ノ時間ヲ要スベシ（国内ニモ発表シ、緊急勅令ヲ出ス必要アリ）」[27]。戦犯処罰のための国内法廷は従来存在せず、また当時、帝国議会も閉会中だったから、政府関係者は大日本帝国憲法第八条に基づき、天皇が緊急勅令を発して「特別ノ裁判所」を設置する案を想定していた。特別法廷設置の見通しがついた時点で政府声明を発表する手はずだったのだろう。ただ、そうだとしても、ポツダム宣言に記された戦犯処罰の問題を日本側が独断で処理できるわけもなく、それゆえ占領軍との交渉が不可欠と考えられた。前述のように、当初、総司令部があった横浜で折衝に当たっていた鈴木公使からGHQ高官に政府方針を申し入れる予定だったが、自主裁判に天皇が強い抵抗感を示したため、より慎重に外務大臣を通して打診が図られることになったものと思われる。交渉の大役を務めたのは重光外相その人であった。

九月一三日の午後、重光外相はリチャード・サザランド参謀長と面会し、戦犯裁判を「日本政府の手に於て米側提出の氏名及証拠に基きなすべきこと」を申し出た[28]。重光の提案に対し、サザランドは「戦争犯罪人ニ三種類アリ。第一種ハ東條前首相ノ如キ政治犯、第二種ハ戦争犯罪ノ責任者ニシテ比島ニ於ケル軍司令官ノ如キモノ、第三種ハ直接俘虜乃至抑留者ヲ虐待セルモノ」と説明し、「第三種ニ付テハ日本側ニ於テ裁判スルコト可能ナルヘキモ、第一種及第二種ニ付テハ不可能乃至 nearly impossible ナルヘシ」と所見を述べた[29]。日本側裁判について、残虐行為実行犯の事案は可能かもしれないが、政治的責任者と軍司令官の事案に関しては不可能だろうというのである。重光が「日本ハ今ヤ過去ヲ否認スルモノナルニ付、第一種及第二種ニ付テモ裁判処罰スルノ用意アリ」と反論するも[30]、サザランドは「日本自身で戦犯裁判をやることが出来るとは思はぬ」と納得しない。重光はさらに「日本は飽迄も立派に自分自身でポツダム宣言を履行せんと決意して居るので、戦犯裁判も必ず占領軍の納得の行く様にやる決心である、占領軍の提出する証拠は其の儘之を採用しても差支へはないと述べて、誠意を披瀝した」。重光の熱意に押されたのだろう、サザランドは「日本側の誠意は之を認むるから日本側に於て出来る裁判は日本側に於て開始しても宜しい」と言明したというが、重光には連合国側が一事不再理の原則を認めない懸念を払拭することができなかった。重光は、日本側の裁判後に連合国が再び同一事案を戦犯裁判にかければ「二重」裁判になってしまい「無益なこと」だと問いただしたけれども、先方から納得できる返答は得られなかった(31)。重光はその日の夜八時過ぎ、天皇に会談結果を奏上した(32)。

閣議決定した戦争犯罪人の裁判に関する政府声明案は結局発表されることはなかったが(33)、それは占領軍の反応が芳しくなく、また(天皇をはじめ)日本側の内部でも反対があったからだろう。この問題について、重光外相はサザランド参謀長との会談内容を含めて次のように書いている。「[サザランドは]精々俘虜の虐待等の刑事上のことは可能なるべきも戦争責任者の裁判を日本の手にて裁判することは不可能なるべしとして回答を保留したるも成功の見込なく、我司法当局も亦日本側に於て裁判することを忌避する意強く、依つて強いて押さざることとした(34)」。日本政府は自主裁判構想を積極的には推進しないが、総司令部が容認を匂わせた案件について具体的な措置を講じ始める。

2 捕虜虐待事案の優先処理

一九四五年九月一二日の終戦処理会議と首相(および外相・法相ら)の天皇への上奏、その直後の臨時閣議、翌一三日の重光外相・サザランド参謀長会談と重光外相による天皇への奏上、一四日午前の重光外相による閣議報告など、戦争犯罪人問題に関する日本側対応をめぐって事態はめまぐるしく推移していた。そんな中、九月一五日から一六日にかけて日本の指導者に、改めて戦犯問題について具体的かつ迅速な対応を迫る新たな事態が発生する。フィリピンでの日本軍の残虐行為が新聞各紙で大きく報じられたのである。ニュースソースは米太平洋陸軍の捜査報告書であった(35)。

中学二年生の藤田秀雄は記事に衝撃を受け、九月一八日の日記に「我々は思わず唖然とし、自が目を疑ひ、自分の目を怪しんだ」と書き、作家の高見順は「戦勝国の残虐は問題にされないで、戦敗国の残虐のみ指弾される」との反発を日記に書きつけ、俳優で講談師の徳川夢声も「フィリッピンの吾兵行状記を、活字で読むと、実に堪え難い厭さを感ずる」と抵抗感を日記帳に記した。(36) 記事を読んだ多くの国民の胸中も複雑で、戸惑いを隠せなかったようだ。(37) 彼らは報道された事件にショックを受け、あるいは占領軍（米軍）が進駐後、日本各地で行った自国兵士の暴行を覆い隠そうとしているのではないか、と発表の真意に疑念を抱いた。政府と軍当局にとって厄介だったのは、国民の批判の矛先が政府と軍当局に向けられ、速やかな善処を求める声が上がったことである。(38)

こうした状況下、東久邇宮は九月一八日に連合国記者団との初会見に臨んだ。(39) 外国人記者からの質問は、開戦経緯と天皇の関与、捕虜虐待問題など日本側にとって難しい問題に集中した。その席上で、東久邇宮が戦犯問題について次のように述べた点は注目に値する。

捕虜虐待その他戦争犯罪人は聯合軍の指示をまたず日本側で処断する方針で、既にこれを開始してゐる、処罰したもの、氏名その他は追つて発表する、陸海軍が解体した今日いかにして処罰するかといふ点については、復員中は陸海軍省は存置するから、陸海軍大臣が責任をもつてこれを行ふ、戦争責任者の捜査委員会を作るかという点については考慮する。(40)

このように、東久邇宮首相は、「戦争責任者」（政治的責任者）について捜査委員会設置を考慮中と慎重姿勢を示す一方、「捕虜虐待その他戦争犯罪人」を日本側で処罰するとの意向を示した。先の重光・サザランド会談の結果を踏まえた内容であり、戦争犯罪人に関する政府声明がその後も発表されない事実に鑑みると、記者会見上の首相発言が、政府声明に代わる、戦犯問題をめぐる日本政府の初めての態度表明となった。

東久邇宮首相が、捕虜虐待事案を優先的に処理する方針を示したことで、軍当局、特に戦時中、捕虜処遇の主管部局だった陸軍省は迅速な対応を迫られた。[41] かかる緊急事態にあって、陸軍当局は九月二〇日付の主要各紙で捕虜虐待の事実を調査する委員会を設置し、犯罪事実に厳罰で臨む姿勢を報知させる。[42] 実は、東久邇宮が記者団と会見した同じ九月一八日、陸軍次官の若松只一中将が総司令部を往訪してサザランド参謀長と面会し、日本側が捕虜虐待事案について真相究明に努め、厳しい態度で臨むことを伝えていたようである。[43] サザランドから了解を取りつけた上で、先の新聞報道に踏み切ったものと推察される。

九月二〇日、下村陸相が省内に設置したのは俘虜関係調査委員会であった（同じ頃、海軍省も同様の部局を設置した）。委員会の中心は、陸軍次官を委員長とし、全般の計画指導や占領軍との折衝を任務とする中央委員会であり、その下部組織として国内二カ所と戦前の植民地（朝鮮と台湾）、そして南方に地方委員会が置かれた。[44] 中央委員会にはフィリピンの捕虜虐待事案など八つの主要事件を扱う調査班が設けられ、早急に調査に乗り出した。[45]

俘虜関係調査中央委員会の主な任務は、「英米等より抗議のありし顕著なる事件につき急速に公正なる調査を為し、以て事実の真相を明にし、連合軍の要求あるときは其の結果を報告」することにあり、[46] 調査の結果、犯罪が認定され、また処罰の不足が認められた場合は「〔陸軍〕大臣ノ命ヲ承ケ速ニ之ヲ関係部隊長ニ通報シ事件ノ現地再調査、要スレハ厳重ナル処罰（加罰）ヲ要求」するものとされた。[47] このように、陸軍中央は真相主義と厳罰主義の二原則を基本方針に据えて戦犯問題への対処に努めようとした。

二　混乱する現地軍

1　カンボジア・クラチエ事件

敗北と勝者による軍事占領という、前例なき事態が日本国内を覆う中、外地に駐屯する現地軍も敗戦に強い衝撃を受け、大きな混乱状況に陥っていた。旧宗主国が不在のフランス領インドシナ（仏印）も例外でなく、統治権限の移譲までの空白期間、当初は日本軍が各地の治安維持に当たり、その後、北緯一六度以南に英軍が、以北に中国国民党軍が進駐し、一九四六年三月になってようやく宗主国フランスが統治権を回復する。(48)こうした戦後混乱期の狭間にあって、日本軍将兵がフランス人を殺害する事件が相次いで発生した。一九四五年八月二二日と二三日に、現在のカンボジア東部のクラチエ（Kratié）で起きた、いわゆる「クラチエ事件」である。(49)

八月二二日の事件は、日本側のいう「治安攪乱者略式処刑事件」を指す。日本の敗戦に係る反日的な流言飛語や兵器隠匿の容疑などによりカトリックのダヴィド神父、そしてクラチエ刑務所に収監中、他の収監者に脱獄を促した廉でジャン・セールが、カンボジア人刑務所長の立会いの下、K陸軍大尉の部下だったN陸軍軍曹やI憲兵軍曹らにより刑務所近くで処刑されたのだという。(50)

さらに、翌八月二三日には、激昂した日本軍将兵によるフランス人高官三名の殺害事件が起きた。同日早朝、安南（ベトナム中部地方）理事長官のジャン・エールウィンと一等行政官エドゥアール・デルサル、インドシナ保安隊監督官アベル・ギュスターヴの三名の乗った車が故障した。そのため、彼らはしばらくクラチエに留まって周囲を散策し、現地の住民らと会話を交わしていた。その様子を見た現地の日本軍関係者はフランス人が現地住民と接触することを快しとせず、H陸軍主計少尉が苦言を呈したところ、三名は「高飛車」な態度で日本の将校の命令を聞く必要はないと言い放ったという。H主計少尉は、フランス人高官のかかる態度に憤慨し、I憲兵軍曹やS陸軍少尉、B海軍機関兵曹長、N軍曹、T陸軍主計少尉らと協議・協力してこれら三名のフランス人高官の身柄を拘束、同日の夜半に飛行場近くの林の中で殺害したとされる(51)。

クラチエで相次いで起きたフランス人の殺害事件を知った現地の日本軍当局は、直ちに関係者を召喚し、事情聴取を開始した。敗戦という特殊な状況下、また東京で統一した日本側の戦犯政策が策定されていない中、外地では現場の判断で独自に対応を図っていたのである。

2 軍法会議での処断とその後

一九四五年九月二日、クラチエ事件の関係者で最高位だったK大尉は日本軍の拘禁施設に身柄を拘束され、「さしたる取調もないままに」、九月一一日、ダヴィド神父らの殺害事件について信集団（第三八軍）の臨時軍法会議で訴追された。大尉によれば、事件直後、日本軍当局の知るところとなって関係者に出頭命令が発せられる中、N軍曹やS少尉ら部下への責任追及を回避すべく、両名に対し「事件は私の命令で行はれた旨を陳述するよう指示した」という。軍法会議（判事団は裁判長の林秀澄憲兵大佐ら三名、検察官は相澤登喜男法務少尉）では、K大尉が「部下弁護の為になした聴取書」が証拠となり、同日（九月一一日）中に有罪を宣告、日本の刑法第一九九条と第五五条に基づき、殺人罪の廉で懲役一三年の刑に処せられた。公判中、同大尉は判事団から「非常識者、馬鹿者と罵られ」、自由な発言も証人申請も許されない、被告に不満の残る裁きとなり、審理の不十分さ、拙速の感は否めなかった(52)。

同じ九月一一日、K大尉の裁判に先立って、八月二三日に起きたエールウィン長官らの殺害事件の関係者（H主計少尉とT主計少尉、I憲兵軍曹の三名）に対する臨時軍法会議が開かれ、全員に有罪が宣告、それぞれ懲役一五年、八年、三年の刑が下った[53]。このほか、クラチエ事件の関係者のうち、唯一の海軍所属のB曹長も第一一根拠地隊の臨時軍法会議で起訴され、一九四五年九月一四日、殺人罪の廉で有罪となり、懲役七年の刑を言い渡された[54]。

クラチエ事件に関係して日本軍軍法会議で裁かれた将兵たちは、軍当局や軍法会議の関係者から「フランス側に引き渡さないため」に軍法会議にかける、あるいは「日本に帰ったら善処する」などと言われ、公判に臨み、刑に服したとされる。だが、一九四六年三月、インドシナの統治権を回復したフランスが日本人戦犯の捜査を開始すると、クラチエ事件で服役中のK大尉らの身柄は仏側に引き渡され、約半年後に戦犯裁判で訴追された[55]。しかも、前年九月に彼らを裁いた軍法会議の書類が、現地日本軍当局の手で仏側に提出されていた。彼ら被告への起訴状（一九四六年九月三〇日付）には、日本軍軍法会議の情報が参照されるなど[56]、日本側裁判の記録はフランス軍による戦犯訴追の補強材料となった。

ところで、K大尉ら七名のクラチエ事件関係者に対する戦犯裁判（被告のうちN軍曹は逃亡し、欠席）は、極東仏軍最高司令官がサイゴンに設置した軍事常設法廷で裁かれた最初のケースであった[57]。裁判は一九四六年一〇月七日に開廷し、即日六名全員に有罪判決が下り、日本軍の軍法会議で裁かれた五名のうち、K大尉に終身刑、H主計少尉とT主計少尉、B海軍機関兵曹長、I憲兵軍曹の四名に死刑が宣告された[58]。いずれも、軍法会議の判決より重い量刑であった。公判に先立ち、幸道貞治陸軍大佐がジャクマール弁護人に弁護資料を提出し、K大尉らのクラチエ事件はすでに日本軍の軍法会議で処断された事案ゆえ、「一事不再理の原則」によりフランス軍の軍事裁判で重ねて処断しえないと訴えたが[59]、判決に影響を与えなかった[60]。フランス軍は日本側の事前処罰に基づく一事不再理の原則を受け入れなかったのである。

三 「勝者の裁き」の受容

1 限界の予兆

カンボジアでクラチエ事件に関する臨時軍法会議が開かれた頃、東京では東條大将が自殺を図り、その直後、日本政府は戦犯問題について「敗者の裁き」を決行する意思を固めていた。総司令部との交渉の結果、軍法会議など既存のスキームで対処可能な事案(捕虜虐待など残虐行為を中心とする)について早急に対応が図られた。そして、東京の陸軍中央が最優先で処理しようとした事案、それはフィリピン緒戦期に米比軍捕虜約四万七千名が捕虜収容所への収容前後に死亡したとされる、いわゆるバタアン「死の行進」であった。当時、占領軍の主力である米軍が最も重視していたために対処が急がれたのであり、[61] 同時に本事案は戦犯問題をめぐる日本側対応の試金石となった。

調査の中心は、バタアン攻略戦の当事者でもある第一四軍司令部参謀、中島義雄大佐と和田盛哉中佐らが担った。彼らは戦争中の米国政府の対日抗議文と日本政府の回答文、さらに調査班による独自の調査を踏まえて、一九四五年一〇月一五日に調書を作成した。[62] 調書は捕虜収容所までの長距離歩行の過程と収容後における捕虜の大量死という事実自体は認めたが、死亡原因は多くの場合「困難ナル事情」に求められ、不可抗力の側面が強調された。また、責任の所在については現地軍(第一四軍)に限定し、捕虜の取り扱いを含む作戦全体の計画・立案・準備という軍中央の責任問題については棚上げした。加えて、捕虜処遇の指揮命令系統に関わる叙述や個人名が伏せられるなど、調査担当者が責任所在の明確化に消極姿勢だったことが窺える。

「死の行進」当時の第一四軍司令官の本間雅晴中将は、これより先、九月一一日の戦犯逮捕令を受けて九月一五日に米第八軍司令部に出頭し、横浜刑務所に収監されていた[63]。調査を担当した和田中佐が後年、「私は本間中将が起訴された問題の背景に重点をおいて、その実情を述べたので、自然に弁護調になることは止むを得ないことであった。而も、かつての上司であるのでペンの動きは自然に弁護に傾いたのである」と述懐したように[64]、調査は本間中将の逮捕と戦犯裁判における訴追の可能性を念頭に実施されたものであった。元上官の責任追及に直結することから、調査内容は弁明調に傾いた。ごく短時間での検証で、また日比両国の被聴取者の召喚にも限界があったとはいえ、調書に目を通した下村陸相も、「この記録は査問ではなく弁明書のようなものである」と指摘せざるをえないほど[65]、本事案の調査は真相主義とは隔たりがあった。

調査結果を踏まえ、陸軍首脳部は関係者の処分の検討に入った。彼らが処分対象に据えたのは本間中将である。調査の結果、「陸軍刑法に該当する罪は構成されていない。しかし、この事態に対して、敵に対して残虐な取扱いだと思わせる事件が起こつたことについては、軍司令官としての道義的な責任はある。刑事罰ではないが、道義的責任は、そのままでよいのか[66]」。首脳部はこうした見地から、本間中将の取り扱いについて検討を始めた。

俘虜関係調査中央委員会の副委員長であり、後日、本間中将に処分内容を伝達する役目を負った兵務局長の那須義雄少将は審議の様子を次のように書き残している。

この事件の要点は、大本営の命令に基き、比島派遣軍が酷暑その他の悪条件下における苦闘の結果バターン半島を攻略した直後において、ジヤングルから脱出して来た多数俘虜の輸送間に、俘虜に犠牲者多数を出したという点にある。然し仔細に事情を調査すれば、長期にわたる激戦の直後、酷熱下、輸送、衛生、給養手段の極度に窮乏化した状態にあつては、当事者の努力による成果には限界があり、本事件の如き事態の発生は不可抗力によるものと認めざるを得なかつたのである。果して然りとすれば、責任は、この作戦を実施せしめた大本営にあつて、作戦を実行した現地軍司令官にはない。しかしながら、他面において仮令最善の努力が払われたとしても、又心ならずも出した死者であったとしても、多数の死者を出したことに対し、一軍を代表して現地最高指揮官が道義的に行政的に責任を負うべきものであるという意味から、本間中将が退職した将官であったので、その礼遇停止の御裁可を願い、これが伝達されたのである。(67)

陸軍中央は、バタアン「死の行進」の責任を現地軍の長に求め、本間中将の「礼遇停止」を内部決定した。(68) 礼遇停止は予備役将校に科せられる行政罰で、陸軍懲罰令に規定され、一日以上、一年以内の期間、陸軍制服の着用を禁じ、軍人の待遇を停止する処分を指す。(69) 本間中将は、戦時中の一九四二年八月に第一四軍司令官を更迭、予備役に編入されていた。

俘虜関係調査中央委員会からの審議結果の報告を受け、下村陸相は一〇月一六日に本間中将の礼遇停止処分を決裁し、(70) 一八日に天皇に内奏した。(71) 天皇は難色を示し、「将官から一兵まで、みな国のために尽くしたのだから、それを罰することはできぬ」と、処分を「なかなかお許しにならなかった」。(72) 那須少将によれば、忌避感を示した天皇に対し、下村陸相は「このほかに本間を救う道はございません」と説得し、ようやく裁可を得たのだという。(73) 一〇月二一日、処分結果が本間中将に伝達された。(74)

下村陸相が天皇に訴えたように、陸軍中央は戦犯裁判で裁かれる本間中将の救済のために処罰に踏み切った。中将の妻・富士子夫人は夫のみに下された処罰を知って、その不公正さに憤って抗議したが、下村陸相は「あらかじめ日本政府において処置しておけば、それだけ先方の処罰は軽くなる」と弁解したという。(75) 陸軍中央は、米側の機先を制して日本側で事前に処罰することで、戦犯裁判で「一事不再理の原則」により本間中将の立場が有利になると期待したのだった。(76) このように、「敗者の裁き」のテストケースでは当事者本人を擁護する配慮が働き、自浄作用の難しさを示唆していた。しかも、中将はそれから約一カ月半後の一二月初旬に米軍に起訴され、マニラに身柄を移され、翌一九四六年一月に米軍事法廷で訴追されて死刑に処された。[77]

本間ケースの処理過程からも明らかなように、陸軍中央が当初描いた真相主義と厳罰主義の基本方針は早くも形式論に陥り、しかも日本側による処分が戦犯裁判での過重な処罰の一助となる現実に、アポリアとしての「敗者の裁き」が象徴されていた。

2　難問の回避

本間中将の処罰以後も、陸軍当局による捕虜虐待事案の処理は続けられた。しかし、海外はもとより、国内の事案でさえ、軍中央がその真相を把握することは容易でなかった。戦争はすでに終わり、軍隊も解体されつつある中（参謀本部と軍令部は一九四五年一〇月一五日、陸・海軍省は一一月三〇日にそれぞれ廃止された）、現場では関係者が刑事責任の追及を恐れて真実を話したがらず、調査に支障をきたし、現地軍の上層部も取り調べに抵抗感を抱いた。[78]その結果、証拠の隠滅や口裏合わせ、逃亡、書類の捏造などが試みられ、そのことが真相の究明を妨げた。[79]軍中央の対処方針——真相主義と厳罰主義——は、いざ実施段階になると掛け声にとどまり、捕虜虐待事案への対応は軍関係者の目にさえ「低調」と映った。[80]

ところで、軍法会議など既存の法制度を活用して対処可能だった捕虜虐待事案とは異なり、戦争中の政治的責任者に対して刑事制裁を科す法的な枠組みは存在せず、よりハードルが高かった。終連の岡崎長官が指摘したように（前述）、東久邇宮内閣では緊急勅令による特別法廷の創設を想定したようだが、総司令部（そして日本の司法当局）[81]が難色を示し、また東久邇宮内閣自体が一九四五年一〇月五日に総辞職したこともあり、具体化を見なかった。本格的な検討は次の幣原喜重郎内閣に託された。

戦中・戦後に国民を悲惨な状況に追い込んだことへの公憤はもとより、戦時中の日本軍の残虐行為が大きく報じられ、また連合国による対日戦犯裁判にまつわるニュースも出始めていたこともあり、戦争責任の問題は当時、日本国内でのホットイシューとなっていた。そんな中、政府当局は「戦争責任者」をどう捉えていたのか。一〇月九日に成立した幣原新内閣は、組閣当時、「戦争をはじめることに賛成した者」と説明し[82]、幣原首相自身が議会で「五年前戦争ヲ主張シ企図シテ、遂ニ開戦ニ至ラシメタ人々」と定義したように[83]、太平洋戦争の開戦責任を主な論点と考えていた。幣原内閣はまず開戦経緯を含めて戦争の実相を調査すべく一〇月三〇日に「敗戦ノ原因及ビ実相調査ニ関スル件」を閣議決定し、翌一一月下旬には大東亜戦争調査会を設置した[84]。調査の結果、明らかになった「戦争責任者を如何に処分するか」。特に「新法律でも作つて制裁を加へる必要があるか、または単に社会的に抹殺するだけで足れりとするか」――新内閣は、こうした戦争責任者の処罰問題も併せて検討しなければならなかった[85]。しかも、東久邇宮内閣時代に戦争犯罪人を日本政府で裁判することについて閣議決定し、昭和天皇の裁可まで得ていたから、素通りはできなかった[86]。かくして、一一月初旬から、内閣書記官長の次田大三郎を軸に「戦争責任裁判法」の検討が開始される。次田らは検討を重ねたが、一一月二二日に内閣法制局との会合で「戦争責任者裁判法及位勲拝辞に関する勅令の案について協議したが、なほ研究を要する」と判断される[87]。戦争責任裁判に関連する次田日記の記載は、この日を最後に途絶え、第八九回帝国議会を目前に新法律の制定が見送られたことを示唆していた。

周知の通り、結局、「戦争責任裁判法」は制定を見ないが、それはなぜなのか。東久邇宮内閣の副総理格・近衛文麿国務相の側近だった高村坂彦によれば、次田書記官長が幣原首相に、戦争責任者に対する「自主的裁判の為の特設裁判所の設置」を進言したところ、幣原は「国内で血で血を洗うことになる」として反対し、制定の運びとならなかったのだという[88]。幣原首相は組閣当初から、戦犯裁判は「聯合国の権能に属する事柄であり、これを逮捕、審判、処置することは自由である」と語り[89]、また日本政府としては「刑法上の犯罪でなければそれを捕縛する訳にはいかぬ」、「政治的責任といふ意味ならば国民全体が責任を負ふべきで現在特定の人をどう処分するといふやうな考はない」[90]と発言していたように、日本側による自主的な戦争犯罪人の裁判には否定的だった。こうした考えをより明確に示したのが、第八九回帝国議会（会期は一九四五年一一月二七日—一二月一八日）である。

例えば一一月二八日の衆議院本会議で、斉藤隆夫議員が戦争責任問題をめぐる政府の態度を問いただしたことに対して、幣原首相は次のように答えている。

特定ノ政治家ガ戦争ノ責任ガアルカドウカト云フコトヲ、政府トシテ表明致シマスコトハ適当ナコトデナイト考ヘマス、唯一般論ト致シマシテハ、戦争責任者ノ追究ニ付キマシテ国民ノ間ニ血デ血ヲ洗フガ如キ結果トナルヤウナ方法ニ依ルコトハ好マシクナイト考ヘマス、既ニ戦争責任者ノ一部ニ付キマシテハ、聯合国側ニ依リマシテ逮捕審問ヲ受ケツ、アル次第デアリマス、其ノ他ノ人々ノ中ニモ自ラ責任ヲ痛感シ、自発的ニ公的ノ地位乃至社会的ノ地位ヨリ隠退シツ、アル向キモ少クナイコトハ御承知ノ通リデアリマス、尚ホ政府トシテハ斯クノ如キ自発的ニ責任ヲ痛感シテ隠退ヲ決意セラレル向キニ対シマシテハ、其ノ方法ヲ容易ナラシムベク具体的措置ヲ講ズル所存デアリマス[91]。

この答弁からは、幣原首相が連合国の対日戦犯裁判を評価、是認する立場にあり[92]、刑事制裁については戦犯裁判に任せ、政府は戦争責任を自覚する者が自発的に社会から身を引く環境整備を担う考えだったことが分かる。前者について、岩田法相も当時、日本側が自ら戦犯裁判を実行する考えに否定的であった。例えば、議会召集前の一一月一三日に外務省関係者に語ったところによれば、「我方限リニテ裁判ヲ実行スルコトモ、刑罰ノ軽重ニ関スル非難、又ハ無罪有罪ニ関スル非難ヲ来スヘキニ付キ、聯合国側ヲ援助シテ協力スル誠意ヲ示ス方特《マヽ》策カト考ヘラル」[93]。このように、岩田法相は（東久邇宮内閣時代の見解を改め）、有罪・無罪の是非や量刑の問題など判決がもたらす波紋を考慮し、裁きは連合国の戦犯裁判に任せ、日本当局は協力の側に回る方が得策だ、と考えるようになっていた。

他方、後者について、政府は一一月二八日の議会に先立って「位、勲章等ノ返上請願ニ関スル件中『特別ノ事情アル場合』ニ関スル件」を閣議決定し、位階や勲章などの栄典を有する者で、自身の行為に顧みて「恐惧責任ヲ痛感し、「謹慎ノ微衷ヲ表シ公的生活ヨリ引退スルコトヲ切望」する者に栄典返上の道を拓いた。[94] 岩田法相も語るように、刑事制裁ではなく、「道義上、社会上ノ責任制裁」の方が望まれたのである。[95] これら主要閣僚の発言から、当初、次田書記官長らが検討していた「戦争責任者裁判法及位勲拝辞に関する勅令の案」は、前者の裁判問題を占領軍に委ね、後者を日本政府が担当し、棲み分けを図る方向で決着を見たものと推察される。

戦犯問題について、幣原首相が政治的責任者の刑事制裁に否定的だったのは法的、内政的な配慮からであった。[96] 一二月一日の貴族院本会議での答弁は、幣原首相の姿勢をより明瞭に伝えている。開戦責任を負うべき人物を裁く特別法廷の設置を訴える松村義一議員の主張に対し、幣原は「戦争責任者ヲ追及シテ之ヲ裁判ニカケ、之ヲ処刑致スト云フコトニ付キマシテハ、更ニ考量ヲ要スル点ガ多々アル」と述べて、次の三つの理由から強く反対した。

第一に、首相は「寛容ヲ以テ」冷静に問題を直視すべきだと論じた。「戦争責任者」は「何モ国ヲ売ル考ヲ以テ戦争ヲ始メタモノデハナイト考ヘラレマス、昔カラ罪ヲ憎ンデ人ヲ憎マズト云フコトガアリマス」。寛容と冷静な判断こそが大事だというのである。

第二に、開戦時はもとより、現在も戦争責任者を処罰する法律がないという事実である。この時、幣原は「爾後ニ法律ヲ制定シテ既往ニ遡及シテ適用スルト云フコトハ、少クトモ刑事関係ニ於キマシテハ許サレナイ思想デアル」との信念を示した。これは、罪刑法定主義の観点から遡及法を禁じる大日本帝国憲法第二三条を念頭に置いた発言であろう。

第三に、刑罰上の不遡及の原則を破ることにより、これが先例となって将来の政争等で「国民相互ノ間ニ血デ血ヲ洗フト云フヤウナ恐ルベキ事端ヲ開ク」恐れが生じることに強い懸念を表明した。そして次の如く付言し、政治的責任者の処罰がはらむ深刻な問題に警鐘を鳴らしたのだった。「今度ノ戦争責任者処罰ノ如キ極メテ稀ナコトデアルカラ差支ナイト云フ御説デアリマセウガ、此ノ途ヲ一旦拓イテ、而モ其ノ濫用ヲ戒メルト云フコトハナカ〳〵事実上容易ナコトデハアリマセヌ、外ノコトニ付テハ兎モ角モ、刑罰上ノ不遡及ノ原則ト云フモノハ之ヲ容易ニ破ルベキモノデハナイ」[97]。

このように、幣原首相は罪刑法定主義の逸脱が内政問題に与える衝撃への危機感、また政治的責任者を擁護する立場から[98]、法の不備を盾に特別法廷案に反対した。換言すれば、前述した「戦争責任裁判法」のような「遡及的ニ刑罰法ヲ作ルト云フ考ハ、只今ノ所政府ニハナイ」のであり[99]、幣原内閣は第八九回議会を通じて戦争責任者(政治的責任者)について「日本政府自身は裁判を行はず」[100]との立場を鮮明にしたのである。以上のような、政治的責任者の処罰という難問を「勝者の裁き」に委ねる幣原内閣の立場からすれば、「勝者の裁き」の報復イメージを払拭する一助として[101]、一九四六年二月から三月にかけて東京裁判の検察内部で議論され、不採用に終わった日本人判事・検事の参加問題に[102]、日本側からの主体的な働きかけがなかったことも首肯しえよう[103]。

ところで、幣原内閣は政治的責任者の処罰を「勝者の裁き」に委ねる一方、捕虜虐待など従来の交戦法規違反の日本側処理は「前内閣ノ方針ヲ踏襲」して継続した[104]。だが、捜査や検挙に当たる旧軍内部では、同僚に同情を寄せる擁護論が強く作用する。一九四六年二月初旬の旧軍首脳部の議論はその象徴だろう。当時、B29搭乗員二七名の処刑事件について、岡田資陸軍中将ら旧東海軍幹部が殺人罪の嫌疑で捜査を受け、メディアの注目も集まったが[105]、二月四日の旧陸軍首脳会議では、容疑者に対する日本側裁判は「手心ヲ加ヘル必要アリ」、「表ニハ堂々、裏ニハ現地軍ヲ庇護セネバナラヌ」といった擁護論が支配的であった[106]。他方、「犯罪アリトセバ断乎裁判スベキ」とし、連合国の戦犯裁判や「特定個人ノ利害ヲ考ヘズ公正ニヤル」といった自浄作用の発揮を促す意見も一部あったが、退けられた[107]。

いまや日本側の当初の方針は機能不全をきたし、「敗者の裁き」の限界は明らかであった。こうした状況下、「敗者の裁き」の幕引きに格好の理由が与えられる。総司令部が日本側の自主裁判を認めない意向を示したのである[108]。本間ケースをはじめ、それまで戦犯問題をめぐる日本側処理を黙認してきた総司令部は[109]、米本国からの照会を機に態度の明確化を迫られた。二月二一日、ワシントンの戦犯担当部局は日本側による戦犯訴追をめぐる報道に関心を示し[110]、本案件に係る総司令部の立場を照会したのだった[111]。東京の総司令部はマッカーサー最高司令官とも相談の上[112]、三月初旬までに日本側の戦犯訴追を認めない決定を下す[113]。戦犯裁判はポツダム宣言に基づき連合国側が実施する、との判断であった[114]。

かくして、「敗者の裁き」の難題に直面していた日本政府・軍当局は、皮肉なことに彼らが忌避していた「勝者の裁き」の受容に解決の糸口を見出すのである。

おわりに

大戦に敗れ、国土が他国に占領された日本に対し、容赦なく突きつけられた戦争犯罪人の処罰という重い問い。戦犯問題の処理をめぐって、主導権は冒頭から総司令部が握り、日本側は劣勢に立たされた。占領軍の出方や戦争犯罪人の意味づけ、裁きの方法など多くの不確定要素もあって事態の見極めが難しく、日本政府はしばらく静観を続ける。しかし、元首相の東條大将が米軍に逮捕されるに及んで、もはや座視は許されず、政府は急遽対応に動いた。

日本の指導者たちは、連合国が問題にしていた戦争犯罪人の範囲を、捕虜虐待など従来の交戦法規違反者だけでなく、（戦争を準備・計画・実行した）政治的責任者をも包含していることを正しく理解していた。東條元首相の逮捕は、こうした理解の正しさを裏書きする連合国側からのシグナルであった。東條元首相の逮捕劇の直後、日本政府は総司令部高官の助言を頼りに、先方の戦犯リストと証拠に基づき、日本側で戦争犯罪人を処罰することを閣議決定する。それは、「勝者の裁き」への忌避感と牽制意図が織り成す妥協策であったが、総司令部が諾否を留保したため、むしろ日本側がその主体性を試される状況となった。

日本側はまず、総司令部が容認に含みを持たせた捕虜虐待事案を中心に対応を図った。日本軍人による暴行や殺害事案であれば、日本の国内刑法や軍法会議など既存の法制度での処理が可能だったからである。軍中央は真相主義と厳罰主義を原則に対処に努めたが、現実には責任回避や同胞への擁護論などが強く作用し、当初の基本方針の遂行を妨げた。しかも、連合国側は一事不再理の原則を認めることなく、日本側で処罰した旧軍将兵たちを躊躇なく戦犯裁判で訴追した。クラチエ事件関係のK大尉やH主計少尉、バタアン「死の行進」関係の本間中将ら少なくとも一〇名の将兵が同じ事案で再度、戦犯裁判にかけられ、日本側の処罰内容が考慮されるなどして、より過重な判決を宣告された。(115)

他方、政治的責任者の扱いはなお難しかった。東久邇宮内閣時代からの懸案事項として、一時「戦争責任裁判法」が検討されたが、後継の幣原首相は法の不備という罪刑法定主義の観点から強く反対した。新しい法律で特別法廷を設置して裁判を実施したとしても、有罪・無罪の是非や量刑の問題など判決がもたらす波紋が予想されたし、戦中・戦後の人的連続性から現職閣僚でさえ戦犯容疑者に指名されかねなかった。ポツダム宣言の受諾の結果、日本政府は連合国による戦争犯罪人の処罰に協力する立場にあったから、(116)幣原内閣は戦犯裁判を連合国の専権事項と捉え、日本当局は協力に徹する方が賢明だと判断したのであろう。結局、「戦争責任裁判法」に象徴される政治的責任者の自主的な処罰構想は放棄され、日本人の難題は東京裁判に委ねられることになる。逆説的ながら、「勝者の裁き」の受容こそが「敗者の裁き」という難問のブレイクスルーとなった。

一九四六年五月、東京裁判が開廷の時を迎えた時、日本の政治指導者たちは自身で同胞の戦争責任を追及する立場を離れ、「勝者の裁き」を受容し、これを下支えすることで、「敗者の裁き」の難問を回避することができたのである。

［付記］本稿は科学研究費補助金「連合国による対日対独戦犯裁判の実態分析」（基盤研究B、研究代表者・伊香俊哉教授、研究課題番号15H05159）の研究成果の一部である。

注

（1）竹山昭子『玉音放送』（晩聲社、一九八九年）九八―一〇七、一一一―一一四頁。

（2）例えば、東久邇宮内閣の副総理格だった近衛文麿国務相が、敗戦直後から「いつ自分に」戦犯指名が来るかということを極度に恐れ、戦犯問題の話題に乗り気でなかった態度などは、その一例である（「牛場友彦氏談話記録」第一回、第二回の記録、木戸日記研究会旧蔵資料、国立国会図書館憲政資料室所蔵。高村坂彦『真実の上に立ちて―戦争と占領時代』白文堂、一九五四年、九九頁）。

（3）「政府声明案」（『公文類聚』第六九編・昭和二十年・巻六、国立公文書館所蔵）。閣議書の付箋には「戦争犯罪者に対する裁判に関する政府声明」と書かれている。同声明は一九四五年九月一二日に起案され、同日に閣議決定された。

（4）東京裁判に対する日本政府の公式見解は、サンフランシスコ平和条約第一一条により「裁判を受諾」しており、「国と国との関係において」裁判について不法、不当なものとして異議を述べる立場にはない、というものである。例えば、岸田文雄外相は二〇一五年三月の国会で次のように答弁している。「我が国は、この平和条約第十一条により当該裁判を受諾しており、国と国との関係において、当該裁判について異議を述べる立場にはないと考えています」（「第百八十九回国会衆議院外務委員会議録第二号」二〇一五年三月二五日、五頁）。以下、国会（帝国議会）議事録の参照・引用に際しては、「国会会議録検索システム」（http://kokkai.ndl.go.jp/）を利用した。

（5）例えば、「東京裁判　歴史観に陰影」（二村まどか准教授へのインタビュー、『朝日新聞』二〇一六年五月二日付）参照。
（6）粟屋憲太郎「東京裁判の影」（細谷千博ほか編『東京裁判を問う』講談社、一九八四年）、柴田紳一「日本側戦犯自主裁判構想の顛末」（軍事史学会編『第二次世界大戦（三）—終戦—』錦正社、一九九五年）、保阪正康「日本人による東京裁判の『幻』」（『新潮45』一九九七年九月号）などを参照。
（7）本稿は、永井均「戦争犯罪人に関する政府声明案」（『年報日本現代史』第一〇号、二〇〇五年）、同「『敗者の裁き』という隘路」（『フィリピンと対日戦犯裁判』岩波書店、二〇一〇年）をもとに、新たな資料と知見を加えて成稿したものである。
（8）古川ロッパ『古川ロッパ昭和日記・戦後篇』（晶文社、一九八八年）一一頁（一九四五年九月一一日条）。
（9）東郷茂徳『時代の一面』（原書房、一九八五年）三五六—三六九頁。
（10）米内光政海相の手記「八月十四日御前会議ニ於ケル聖上陛下御発言要旨」（伊藤隆編『高木惣吉　日記と情報』下巻、みすず書房、二〇〇〇年）九二七頁。「ポツダム宣言受諾に関する御前会議記事　保科善四郎手記」（外務省編纂『日本外交年表竝主要文書』下巻、原書房、一九六六年）六三一頁。池田純久『陸軍葬儀委員長』（日本出版協同株式会社、一九五三年）一六二頁。
（11）「鈴木九萬日記」一九四五年九月一〇日条、大阪経済法科大学アジア太平洋研究センター所蔵。同資料の閲覧・利用を許可して下さった内海愛子教授に謝意を表する。以下も併せて参照。鹿島平和研究所編『日本外交史』第二六巻（鹿島研究所出版会、一九七三年）三四頁。内政史研究会編『鈴木九萬氏談話速記録』（一九七四年）一三一頁。
（12）一九四五年九月三日、終戦連絡中央事務局の岡崎勝男長官とシドニー・マッシュビア大佐とのやりとりを指している（Sidney F. Mashbir, *I Was An American Spy*, New York : Vantage, 1953, pp. 332–334）。
（13）木戸日記研究会（校訂）『木戸幸一日記』下巻（東京大学出版会、一九六六年）一二三一頁（一九四五年八月三〇日条）。
（14）朝日新聞法廷記者団『東京裁判』第一輯（ニュース社、一九四六年）一〇頁。

(15)「東久邇宮日誌」一九四五年九月一二日条、防衛省防衛研究所戦史研究センター所蔵。伊藤隆・渡邊行男編『続重光葵手記』(中央公論社、一九八八年)二四九頁。
(16)美山要蔵「新日本之道」一九四五年九月一三日条、防衛省防衛研究所戦史研究センター所蔵。以下、「美山要蔵日記」と略記する。
(17)宮内庁編『昭和天皇実録』巻三四、八五頁(一九四五年九月一二日条)。「戦犯問題に対する御宸念〈下村定氏への聴取記録〉」一九六七年一月七日聴取、靖国偕行文庫所蔵。
(18)『木戸幸一日記』下巻、一二三四頁(一九四五年九月一二日条)。
(19)「鈴木九萬日記」一九四五年九月一二日条。
(20)同前。御厨貴・岩井克己監修『徳川義寛終戦日記』(朝日新聞社、一九九九年)三〇〇頁(一九四五年九月一二日条)。
(21)『続重光葵手記』二五七—二五八頁。
(22)「(中村豊一公使と岩田法相との会談(一九四五年一一月八日)記録)覚」(『本邦戦犯裁判関係雑件』第二巻〔外交記録 D'1.3.0.2〕外務省外交史料館所蔵)。
(23)伊藤隆・渡邊行男編『重光葵手記』(中央公論社、一九八六年)五五二頁。
(24)同前。『昭和天皇実録』巻三四、八六頁(一九四五年九月一二日条)。
(25)前掲「政府声明案」。
(26)外務省条約局第二課「戦争犯罪人処罰問題ニ関スル研究」一九四五年九月一一日(『本邦戦争犯罪人関係雑件』第一巻〔外交記録 D'1.3.0.1〕外務省外交史料館所蔵)も参照。
(27)「鈴木九萬日記」一九四五年九月一二日条。
(28)『続重光葵手記』三〇〇頁。重光外相がサザランド参謀長に口頭で申し入れたと見られる文書は「昭和二〇、九、一三、重光大臣ヨリ『サザランド』参謀長ニ対シ口頭申入文」(前掲『本邦戦犯裁判関係雑件』第一巻所収)で、その内容は次の通り。"The Japanese Government are determined to mete out stern and fair justice to the war criminals espe-

cially those who were guilty of the maltreatment of prisoners of war and internees, and other acts contravening international law and laws of warfare on the basis of the lists and evidences to be produced by the Allies."

(29) 「九月十三日戦争犯罪人ニ関スル重光前大臣『サザランド』参謀長会見録ノ一部」（『連合軍の本土進駐並びに軍政関係一件　連合軍側と日本側との連絡関係』〔外交記録マイクロフィルムA'-0055〕外務省外交史料館所蔵）。

(30) 同前。

(31) 『重光葵手記』五五三頁。

(32) 「東久邇宮日誌」一九四五年九月一三日条。『木戸幸一日記』下巻、一二三四頁（一九四五年九月一三日条）。『昭和天皇実録』巻三四、八八頁（一九四五年九月一三日条）。

(33) 政府声明案の閣議書表紙の「施行」日欄が空白で、内閣報道室の日誌にも関連記載がなく（法務大臣官房司法法制調査部『戦争犯罪裁判概史要』一九七三年、三〇頁）、当時の新聞でも関連報道を確認できないことから、政府声明案は発表されなかったと見てよい。

(34) 『続重光葵手記』三〇〇頁。

(35) 『毎日新聞』『東京新聞』一九四五年九月一五日付、『朝日新聞』『読売報知』『日本産業経済』一九四五年九月一六日付を参照。Also see *Nippon Times*, 16 September 1945.

(36) 藤田秀雄『戦中戦後　少年の日記　一九四四~四五年』（同時代社、二〇一四年）一六一頁（一九四五年九月一八日条）。高見順『敗戦日記』（文藝春秋新社、一九五九年）三一七頁（一九四五年九月一六日条）。徳川夢声『夢声戦争日記』第五巻（中央公論社、一九六〇年）二一五頁（一九四五年九月一七日条）。

(37) 粟屋憲太郎編『資料日本現代史2　敗戦直後の政治と社会①』（大月書店、一九八〇年）二〇七—二一〇頁。

(38) 『読売報知』一九四五年九月一六日付。『朝日新聞』一九四五年九月一七日、一九日付。『日本産業経済』一九四五年九月一八日付。『毎日新聞』一九四五年一〇月七日付。*Nippon Times*, 17 September 1945.

(39) 前掲『資料日本現代史2』三三四—三三六頁。『日本産業経済』一九四五年九月一九日付。『朝日新聞』一九四五年九月二一日付。

(40) 『朝日新聞』一九四五年九月二一日付。
(41) 記者会見後、日本側の「要措置事項」に捕虜虐待事案が挙げられ、特に注目すべき質問事項に「日本軍ノ戦争犯罪人及残虐行為ヲ行ヒタル者並俘虜虐待者ニ対スル取調べ及之等ニ対スル具体的措置」が含まれていたように、残虐行為問題の処理は喫緊の課題と位置づけられていた(前掲『資料日本現代史2』三四〇―三四一頁)。
(42) 『読売報知』『毎日新聞』『日本産業経済』一九四五年九月二〇日付。『朝日新聞』は一九四五年九月二一日付で報道している。
(43) 「下村定日記」一九四五年九月一八日条、国立国会図書館憲政資料室所蔵。Interrogation of Tadakazu Wakamatsu, 27 May 1946, Legal Section (LS) Papers, GHQ/SCAP Records, microfiche, LS-31072, 国立国会図書館憲政資料室所蔵。『ポツダム宣言受諾関係一件 連合国人俘虜及び被抑留者関係』[外交記録マイクロフィルムA'-0118] 外務省外交史料館所蔵。
(44) 陸軍大臣「俘虜関係調査委員会設置ノ件達」一九四五年九月二〇日、威集団総参謀長より陸軍次官宛電報、一九四五年一〇月一八日(軍務課外政班『俘虜ニ関スル書類綴』第一号、防衛省防衛研究所戦史研究センター所蔵)。
(45) 「美山要蔵日記」一九四五年九月二七日条。
(46) 俘虜関係調査中央委員会副委員長の藤井喜一中将(陸軍省法務局長)に対する尋問調書による。See Interrogation of Kiichi Fujii, 7 April 1948, LS Papers, LS-31069 (Japanese version), LS-34238 (English version).
(47) 俘虜関係調査中央委員会委員長「俘虜関係調査委員会業務実施ニ関シ準拠スヘキ事項」一九四五年一〇月五日(前掲、軍務課外政班『俘虜ニ関スル書類綴』第一号所収)。
(48) 難波ちづる「第二次世界大戦後におけるフランスのインドシナ復帰―戦時期の清算と対日本人戦犯裁判」(『三田学会雑誌』第一〇四巻第二号、二〇一一年七月)四二頁。
(49) クラチエ事件と事後処理に関する叙述に際しては、吉村昭「八人の戦犯」(『文藝春秋』一九七九年六月号)、毎日新聞社東京本社社会部『罪―届かなかった十五通の遺書』(河出書房新社、二〇〇二年)、坂田良右衛門「無実といわれる犯罪により日本軍法会議および戦争裁判において刑を受けたため官、恩給資格等を失つた小貫元大尉に係る事件の法律的考察」（憲政資料室収集文書、書類の部1429−11、国立国会図書館憲政資料室所蔵）なども参照した。

(50)「起訴状（昭和二十一年十月七日公判）」（『BC級（フランス裁判関係）サイゴン裁判・第三号事件』〔法務省移管文書、平11法務05367−100〕国立公文書館所蔵）。同資料については、国立公文書館の新井正紀氏からご教示を得た。記して謝意を表する。このほか、小貫金造「日仏両軍事裁判の矛盾」（巣鴨法務委員会編『戦犯裁判の実相』〔復刻版〕戦犯裁判の実相刊行会、一九八一年）五〇四頁、および小貫金造の笹川良一宛書簡、一九五二年四月五日付（伊藤隆編『「戦犯者」を救え―笹川良一と東京裁判②』中央公論新社、二〇〇八年、三三五頁）も参照。

(51) 同前「起訴状（昭和二十一年十月七日公判）」。

(52)「小貫元大尉の日本軍法会議の判決文（写）」（前掲、坂田「無実といわれる犯罪により日本軍法会議および戦争裁判において刑を受けたため官、恩給資格等を失つた小貫元大尉に係る事件の法律的考察」所収）。前掲、小貫「日仏両軍事裁判の矛盾」五〇四頁。前掲、小貫金造の笹川良一宛書簡、一九五二年四月五日付（前掲『「戦犯者」を救え』三三六頁）。

(53) 同前、小貫「日仏両軍事裁判の矛盾」五〇五頁。法務大臣官房司法法制調査部『戦犯釈放史要』（一九六七年）六頁。

(54) 同前『戦犯釈放史要』六頁。

(55) 前掲、難波「第二次世界大戦後におけるフランスのインドシナ復帰」四二頁。前掲、毎日新聞社東京本社社会部『罪』八七頁。前掲、小貫「日仏両軍事裁判の矛盾」五〇五頁。前掲、小貫金造の笹川良一宛書簡、一九五二年四月五日付。

(56) 前掲「起訴状（昭和二十一年十月七日公判）」。

(57) 茶園義男編『BC級戦犯中国・仏国裁判資料』（不二出版、一九九二年）二七四―二七五頁。クラチエ事件の裁判以前、二件のケースがサイゴンで裁かれているが、いずれも窃盗容疑、禁止武器携帯容疑の軽微な犯罪であり、サイゴンの軍事常設裁判所ではなく、軽罪裁判所において訴追されたのだという（難波ちづる「国立公文書館所蔵の『サイゴン裁判』関連資料について」『北の丸』第四一号、二〇〇八年一〇月、八一頁）。

(58) クラチエ事件裁判に関する「判決謄本」（前掲『BC級（フランス裁判関係）サイゴン裁判・第三号事件』所収）。前掲『戦犯釈放史要』六頁。
(59)　幸道大佐「クラチエ事件弁護資料」(ジャクマール弁護士宛)一九四六年七月二三日(同前『BC級(フランス裁判関係)サイゴン裁判・第三号事件』所収)。
(60)　一九四七年一月二日、H主計少尉とT主計少尉、I憲兵軍曹の刑が執行、同年一月二五日にはB海軍機関兵曹長も先の三名同様に銃殺刑に処された(四名の死刑執行に立ち会った日本軍関係者の手記、同前『BC級(フランス裁判関係)サイゴン裁判・第三号事件』所収)。
(61)　有末精三『終戦秘史　有末機関長の手記』(芙蓉書房、一九八七年)一七七頁。
(62)　「美山要蔵日記」一九四五年九月二七日条。中島大佐、和田中佐らが作成した調書は、俘虜関係調査中央委員会「『バタン』作戦終了後ニ於ケル米、比軍俘虜取扱ニ関スル調書」(一九四五年一〇月一五日)である(永井均編『戦争犯罪調査資料―俘虜関係調査中央委員会調査報告書綴』東出版、一九九五年、五―四六頁)。
(63)　A. C. Waters to Provost Marshal (Subject: Confinement), 15 September 1945, Sugamo Prison Records, microfiche, SP–01372, 国立国会図書館憲政資料室所蔵。
(64)　和田盛哉「戦争裁判の回顧(上)」(『偕行』一九九八年一月号)一六頁。
(65)　同前、一五頁。
(66)　「米・マニラ裁判事件番号第一〇号　本間雅晴事件資料」(供述者は中島義雄元大佐、一九六四年一月二〇日、二一日)井上忠男資料、靖国偕行文庫所蔵。
(67)　那須義雄「史実ニ対スル記録資料」防衛省防衛研究所戦史研究センター所蔵。
(68)　前掲、和田「戦争裁判の回顧(上)」一六頁。Ralph A. Jones, Memo on interrogation of Tadakazu Wakamatsu, 29 May 1946, LS Papers, LS–31072.
(69)　「陸軍懲罰令」(『陸軍刑法、陸軍懲罰令』武揚堂、一九四二年)一二頁。
(70)　「下村定日記」一九四五年一〇月一六日条。
(71)　同前、一九四五年一〇月一八日条。『昭和天皇実録』巻三四、一二〇頁(一九四五年一〇月一八日条)。

(72) 角田房子『いっさい夢にござ候―本間雅晴中将伝』(中央公論社、一九七二年)二五一頁。前掲、和田「戦争裁判の回顧(上)」一六頁。

(73) 同前、角田『いっさい夢にござ候』二五一頁。前掲、有末『終戦秘史 有末機関長の手記』一七九頁。「『バターン』作戦直後ニ於ケル俘虜ノ取扱ニ関スル件」一九四五年一〇月二二日(前掲、軍務課外政班『俘虜ニ関スル書類綴』第二号所収)。

(74) Omori Prison Guard Journal, 21 October 1945, Sugamo Prison Records, SP–01190. 本間中将の獄中日記、一九四五年一〇月二一日条(前掲、角田『いっさい夢にござ候』二五二頁)。

(75) 本間富士子「悲劇の将軍・本間雅晴と共に」(『文藝春秋』一九六四年一一月号)二一二頁。

(76) 前掲、角田『いっさい夢にござ候』二四八頁。陸軍幹部は米軍が重視するバタアン「死の行進」の責任問題が天皇まで波及することを憂慮しており、本間中将を処罰することで天皇の責任回避を図る狙いもあった(前掲、有末『終戦秘史 有末機関長の手記』一七七頁。同前、角田『いっさい夢にござ候』二五〇頁。楳本捨三『東條英機とその時代』宮川書房、一九六八年、三一三頁)。

(77) R. R. Baxter to Off concerned, Hq. 1st Cav. Div. (Order AG 000.5 AGPD), 11 December 1945; Admission and Personal Data of Prisoner (Homma Masaharu), n.d., Sugamo Prison Records, SP–01372.『毎日新聞』一九四五年一二月一三日、一四日付。なお、本間裁判の公判中、同中将の日本側処罰に関する日本政府の公文書が検察側の証拠として提出され、検察側立証の補強材料になった(Prosecution Exhibit 17, 5 January 1946: CLO, Tokyo to GHQ, SCAP, C.L.O. No.1338 (1.2), 24 December 1945, LS Papers, LS–35484; Record of proceedings, USA vs. Masaharu Homma, 5 January 1946, pp. 260–262, LS–30678)。本間中将は一九四六年四月三日の未明、銃殺刑に処された。

(78) 例えば、前掲、那須「史実ニ対スル記録資料」、東野利夫『汚名―「九大生体解剖事件」の真相』(文藝春秋、一九七九年)、不破博「東部軍終戦史」(一九六七年、防衛省防衛研究所戦史研究センター所蔵)、「米横浜裁判事件番号第三二八号 大城戸ケース資料」(一九六〇年一〇月、井上忠男資料、靖国偕行文庫所蔵)などを参照。米軍機搭乗員約四〇名を裁判に付すことなく殺害した事件をめぐり、西部軍首脳部が講じた隠蔽工作――九州帝国大学医学部で生体解剖した搭乗員八名について、九州から広島に移送後、原爆死したとする口裏合わせを含む――はその一例である。

(79) 俘虜情報局「米国憲兵司令官一行ノ実施セル調査概況」一九四五年一〇月一七日(前掲、軍務課外政班『俘虜ニ関スル書類綴』第三号所収)。

(80) 「宮崎周一日記」一九四五年一一月一五日条、防衛省防衛研究所戦史研究センター所蔵。それゆえ、下村陸相は一九四五年一一月前後に国内の軍管区司令官に対し、「内地俘虜取扱問題ノ調査ヲ特ニ厳正公明ニスヘキ旨ヲ布達」し、事件の真相と責任関係について、正直かつ明確に報告するよう命じた(「下村定日記」一九四五年一一月一五日条、Interrogation of Tadakazu Wakamatsu, 20 April 1948, Judge Advocate Section (JAS) Papers, GHQ/SCAP Records, microfiche, JAS-00469, 国立国会図書館憲政資料室所蔵)。

(81) 『重光葵手記』五五一頁。『続重光葵手記』三〇〇頁。

(82) 『朝日新聞』一九四五年一〇月八日付。

(83) 一九四五年一二月一日の貴族院本会議での説明(「第八十九回帝国議会貴族院議事速記録第四号」一九四五年一二月一日、三四頁)。

(84) 戦争責任問題をめぐる幣原内閣の立場については、前掲の柴田論文のほか、功刀俊洋「幣原喜重郎―『平和外交』の本音と建前」(吉田裕ほか『敗戦前後―昭和天皇と五人の指導者』青木書店、一九九五年)、同「大東亜戦争調査会の戦争責任観」(『歴史評論』第五五七号、一九九六年九月)、冨田圭一郎「敗戦直後の戦争調査会について―政策を検証する試みとその挫折」(『レファレンス』第六三巻第一号、二〇一三年一月)も参照されたい。

(85) 『読売報知』一九四五年一一月四日付。

(86) 太田健一ほか編『次田大三郎日記』(山陽新聞社、一九九一年)一二一―一二三頁(一九四五年一一月五日条)。

(87) 『次田大三郎日記』一三七頁(一九四五年一一月二二日条)。次田や法制局が検討した「戦争責任裁判法」の関連資料と見られるものに「民心ヲ安定シ国家秩序維持ニ必要ナル国民道義ヲ自主的ニ確立スルコトヲ目的トスル緊急勅令(案)」がある(牧野伸顕関係文書、書類の部、五三三―五、マイクロフィルムR三九、国立国会図書館憲政資料室所蔵)。同勅令案については、前掲、粟屋「東京裁判の影」、および前掲、柴田「日本側戦犯自主裁判構想の顚末」が分析を加えている。

(88) 前掲、高村『真実の上に立ちて』一三九頁。「戦争責任裁判法」が制定されなかったのは下村陸相の反対による、との指摘もある(同前、柴田「日本側戦犯自主裁判構想の顚末」三四五頁)。

(89) 『朝日新聞』一九四五年一〇月一〇日付。

(90) 『朝日新聞』一九四五年一〇月一一日付。

(91) 「第八十九回帝国議会衆議院議事速記録第二号」一九四五年一一月二八日、一一頁。

(92) 容疑者指名や逮捕など連合国側の戦犯政策について、幣原首相は「聯合国側トシテモ厳正公平ナル立場ニ依リ之ヲ行フモノト確信致シテ居リマス」と信頼を寄せていた(内閣書記官『第八十九回帝国議会　内閣総理大臣答弁資料』[総理府移管文書、2A-42-79]国立公文書館所蔵)。なお、内閣法制局では、連合国の対日戦犯裁判は「占領ニ伴テ帝国ノ統治権ニ加ヘラレタル重大ナル制限ノ結果」で、大日本帝国憲法第二三条の罪刑法定主義に反しないと判断していたようであり、日本政府が「降伏文書ニ署名シ之ヲ布告シタ以上憲法ノ精神ニモ違反スルトハ称シ難イ」と捉えられていた(「帝国ト聯合軍トノ関係問題」[井手成三関係文書、2A-41-寄933]国立公文書館所蔵)。このような法制局関係者の見方が、「勝者の裁き」を是認する幣原首相の立場を支えた可能性もある。

(93) 「覚(昭和二十年十一月十三日司法大臣室ニ於テ司法大臣談)」(前掲『本邦戦犯裁判関係雑件』第二巻所収)。

(94) 総理府章勲局編『章勲局百年資料集』上巻(一九七八年)八九七頁。なお、一九四五年一二月七日には、勅令で「位、勲章等ノ返上ノ請願ニ関スル件」が公布・施行されている。

(95) 「第八十九回帝国議会衆議院議事速記録第三号」一九四五年一一月二九日、四三頁。

(96) 他方で、幣原首相は捕虜虐待など残虐行為事案の日本側処罰について肯定的であった(「終戦後における我国に関する国際諸問題並に国内管理諸問題についての内奏資料」一九四五年一〇月、『ポツダム宣言受諾関係一件　善後措置および各地状況関係(一般及び雑件)』第二巻[外交記録マイクロフィルムA'-0115]外務省外交史料館所蔵。「第八十九回帝国議会貴族院予算委員会議事速記録第四号」一九四五年一二月一六日、一九頁)。

(97) 前掲「第八十九回帝国議会貴族院議事速記録第四号」三四頁。

(98) 天皇から直接、「どうも、こう多数の戦争犯罪人が指示されることは実に可愛想《ママ》で気の毒に思ふ。若し自分一人がその罪を引受けて、それですむものならば自分は辞するところではない」と伝えられたことも（『小林一三日記』第二巻、阪急電鉄、一九九一年、三三八頁、一九四五年一二月一七日条）、幣原首相の態度に影響を与えたかもしれない。

(99) 「第八十九回帝国議会貴族院昭和二十年勅令第五百四十二号（承諾ヲ求ムル件）特別委員会議事速記録第三号」一九四五年一二月一日、六頁。

(100) 一九四五年一二月一四日の法務審議室設置に関する打ち合わせ会における岡崎終連長官の発言（豊田隈雄『戦争裁判余録』泰生社、一九八六年、七一頁）。第八九回議会の召集前後に（一九四五年一一月中旬から一二月初旬にかけて）数次にわたる戦犯逮捕令が発せられ、現職の枢密院議長・平沼騏一郎や木戸内大臣、近衛元首相ら終戦後も日本政治を指導してきた重鎮が相次いで戦争犯罪人に指名されたこともあり、幣原内閣の自主的な戦犯裁判への忌避感はより強固になったに違いない。

(101) United Kingdom Liaison Mission in Japan to Foreign Office, 8 February 1946, FO 371/57423, The National Archives, Kew, UK.

(102) 日本人判事・検事の参加問題については、粟屋憲太郎『東京裁判への道』上巻（講談社、二〇〇六年［関連論考の初出は一九八五年］）、日暮吉延『東京裁判の国際関係―国際政治における権力と規範』（木鐸社、二〇〇二年）、高取由紀「東京裁判におけるアメリカと英連邦」（杉田米行編『アメリカ〈帝国〉の失われた覇権―原因を検証する12の論考』三和書籍、二〇〇七年）などの先行研究も参照されたい。

(103) Memo by Carlisle Higgins on the Indictment, 26 February 1946, International Prosecution Section（IPS）Papers, GHQ/SCAP Records, microfilm, IPS 7, Roll 9, 国立国会図書館憲政資料室所蔵。

(104) 前掲「第八十九回帝国議会貴族院議事速記録第四号」三四頁。一九四五年一二月初旬、日本政府は総司令部に対して、捕虜虐待者を軍法会議の後継裁判所である復員裁判所の裁判に付し、「自主的ニ処分スル方針」を伝えている（終戦連絡中央事務局発聯合軍最高司令部宛書簡、一九四五年一二月三日、前掲、軍務課外政班『俘虜ニ関スル書類綴』第三号所収）。なお、本稿では、旧陸軍の事例を紹介しているが、旧海軍（第二復員省）でも、戦犯指名を受けていない被疑者について、国内法の違反者として旧海軍当局で裁判する方針を採用していた。例えば、一九四六年に入って、アンボンやマーシャル諸島クェゼリン関係の「俘虜虐待等戦争犯罪ニ関係アリト認メラルル者」の事案の裁判手続きが進められ、それ以外の被疑者で「国内法トシテ当然裁判シテ可ナルモノ」も裁判に付す方針であった（「戦争犯罪人ニ関係アル者ニ対スル復員裁判ニ関スル件」『戦争裁判雑参考資料』〔平11法務05855-100〕国立公文書館所蔵）。

（105）第一復員大臣（幣原喜重郎首相）「捜査指揮ノ件達」一九四六年一月一七日（第一復員高等裁判所『東海地区捕獲飛行機搭乗員ニ関スル被告事件』**LS Papers, LS-34375**）。『朝日新聞』一九四六年二月四日、六日付。

（106）第一復員省総務局「B－29関係等ニ就キ既方針ノ検討ニ関スル件」一九四六年二月四日、および添付の会議記録メモ（渉外課外政班『俘虜ニ関スル書類綴』防衛省防衛研究所戦史研究センター所蔵）。

（107）俘虜関係調査部（俘虜関係調査中央委員会の後継機関）の部長・坪島文雄陸軍中将の意見であった（同前、一九四六年二月四日の会議記録メモ）。坪島中将は戦争に「勝タウガ敗ケヤウガ、ヤルベキコトハヤル」、「自ラ粛軍ヲスル」などと、犯罪があれば裁く立場を鮮明にした。坪島は「真実、公正を基本方針として、衝に当った。事実の歪曲や虚偽の作為はいずれ馬脚を表すと考えた」のだという（坪島茂彦『草水—坪島文雄の生涯』私家版、二〇〇〇年、二一一頁）。

（108）旧陸軍の大山文雄法務局長は、「連合国の戦争裁判などに俟つまでもなく、犯罪者は日本の手で裁くべきであり、兼ねてこれによつて重ねて、戦犯に問われることを避けるとの前述の方針から、早急にそのような手続が進められつつあり、その一部はすでに処分済のものもあつたが、昭和二十一年二・三月頃になつて、連合国側から禁止され、殆んどその目的を達しなかつた」と述べている（北博昭編『東京裁判　大山文雄関係資料』不二出版、一九八七年、二〇二頁）。

（109）日本当局が従来、そのように理解していたことについては、前掲「終戦後における我国に関する国際諸問題並に国内管理諸問題についての内奏資料」、「『刑事裁判管轄権ノ行使』及『朝鮮人其ノ他ノ者ニ対シ言渡サレタル判決ノ再審査』ニ関スル『カーペンター』法務部長トノ会談録」一九四六年二月二一日（前掲『戦争裁判雑参考資料』所収）などを参照。

（110）前述のB29搭乗員処刑事件をめぐる岡田中将の捜査関連、あるいは総司令部の「刑事裁判権行使に関する覚書」（一九四六年二月一九日）に基づく占領軍法廷の設置により、日本側戦犯裁判が否認されたとの報道（***Pacific Stars and***

Stripes, 19 February 1946；『毎日新聞』二月二〇日、二一日、二三日付）などが注目されたものと考えられる。

（111）Teletype conference between Tokyo and Washington［hereafter Telecon］, 21 February 1946, IPS Papers, IPS 2, Roll 2.

（112）Telecon, 28 February 1946.

（113）Telecon, 7 March 1946. 一九四六年三月七日、日本側戦犯裁判を禁止する方針をワシントンに報告した東京裁判の検察局関係者は、同時に、戦犯裁判――資料の文脈上、当然、東京裁判が念頭に置かれていただろう――への日本人（判事・検事）の参加も認めない旨を伝えている（Ibid.）。事実、三月八日、駐日英国連絡公館がロンドンの英外務省に対し、東京裁判の英国検事の見解として伝えたように、この頃、東京裁判の起訴に日本政府が参加する問題は却下されたと見られる（United Kingdom Liaison Mission in Japan to Foreign Office, 8 March 1946, FO 371/57425, The National Archives, Kew, UK）。

（114）こうした総司令部の判断は日本側にも伝えられた。以下を参照。前掲「『刑事裁判管轄権ノ行使』及『朝鮮人其ノ他ノ者ニ対シ言渡サレタル判決ノ再審査』ニ関スル『カーペンター』法務部長トノ会談録」。「回答（終連見解）」（浴中佐「日本側戦犯裁判実施ニ関スル件連絡」一九四六年三月四日、別紙第二、『事件関係調査資料綴　其の二』［平11法務06021-100］国立公文書館所蔵）。「日本側戦犯裁判ニ関シ陸軍ヨリ問合ノ件」（前掲『本邦戦犯裁判関係雑件』第二巻所収）。前掲『戦犯釈放史要』七、九頁、前掲『戦争犯罪裁判概史要』三一―三二、四六八頁。

（115）「日本軍法会議戦争裁判競合受刑者等一覧」一九六〇年八月三一日（『日本軍法会議、戦争裁判競合受刑者等一覧、外地戦争裁判不起訴免訴無罪者等の復員状況一覧ほか在中封筒』［平11法務07351-100］国立公文書館所蔵）。同資料によれば、懲罰にかけられた本間中将（礼遇停止）は米軍マニラ裁判で死刑、その他の九名は日本軍の軍法会議で禁錮一〇カ月から終身刑の判決を受けた後、各国の戦犯裁判で再度訴追され、六名が死刑、二名が終身刑、一名が禁錮三〇年の判決を受けた。なお、同資料は『戦犯釈放史要』に掲げられた九名分（五―七頁）に、東久邇宮元首相が連合国記者団に文書で伝えた一名分の情報（*Stars and Stripes*, *The Times*, 9 October 1945）を加えたものと推察される。

（116）戦争裁判課長「戦争犯罪と日本政府の立場」一九四九年三月二八日（前掲『本邦戦争犯罪人関係雑件』第一巻所収）。

Ⅲ　序列化された戦争被害
——東京裁判の審理と「アジア」——

宇田川幸大

はじめに

極東国際軍事裁判（以下、東京裁判）は、アジアの人びとの戦争被害をどのように扱ったのか。本稿の目的は、日本以外の他のアジア諸国・諸地域の観点から、東京裁判の審理の特徴や問題点を明らかにすることである。

東京裁判とアジアの関係については、これまでも議論が重ねられてきた。特に重要な論点は、裁判における「アジア不在」の問題である。内海愛子は、朝鮮・台湾に対する植民地支配や、日本が占領した地域の民衆が蒙った被害を、戦犯裁判が殆ど裁いていないと指摘している。内海の研究は、一連の戦争裁判に欧米帝国主義の残滓がみられることを示すものであった(1)。一方、大沼保昭は、主に当該期の国際法に内在する問題点や、裁判に参加した判事国の構成から「アジア不在」を問うた。即ち、①裁判が植民地主義体制を容認してきた伝統国際法の最後の段階で行われていたこと、②一一人の判事のうち、アジア出身の者は三人に過ぎず、「人的被害の面からいえば合計で一割にみたない国々が、判事席の七割以上を占めたこと」である。大沼は、裁判の歴史的意義と限界を浮き彫りにするためには、判事を送ることができなかった国の視点も確保しなければならないと指摘している。(2)内海や大沼が問うたのは、戦争裁判を根底で規定した、帝国主義・植民地主義そのものの問題性であった。(3)これらの議論は、戦争裁判の性格を吟味する上で、重要な視座を提供するものであった。しかし、こうした問題提起は、その後の東京裁判研究で充分に反映されなかった。

一九八〇年代以降、アメリカでの資料公開を受け、裁判研究は大きく進展した。被告人の選定過程や裕仁天皇の免責経緯など、裁判をめぐる重大な事実関係が次々と明らかにされている。(4)だがこれらの研究は、裁判資料を用いて「一五年戦争」の「秘史」を明らかにするという側面が強く、審理自体には必ずしも充分な関心が向けられなかった。重大な戦争犯罪が裁判で如何に免責されたのか、関係者が戦前・戦中の重要事件について検察側に何を語ったのか、こうした論点は早くから検討されている。しかし、裁判審理自体の特徴・問題点を、裁判記録から読み解く作業は遅れる傾向にあった。裁判研究は、天皇・天皇制研究や「一五年戦争」研究の延長として行われていた、といえるかもしれない。二〇〇〇年代に入ると、国際政治のなかで裁判を解釈しようとする研究や、連合国側の裁判政策を検討する研究などが進み、(5)関係史料の発掘も更なる進捗をみせた。だが、審理自体の検討は遅れたままだった。このような研究状況もあり、「アジア不在」の構図が、実際の裁判審理でどのような形で現れたのかについても、充分な実証研究が行われなかった。検察側の追及方針のなかで、何が重視され、逆に何が軽視・無視されたのか、この点についても検討の余地が残されている。特に、植民地支配や日本軍の残虐行為に関して、検察側がどのような追及準備を行っていたのかについては、未解明の点が多い。

近年では、審理に注目した共同研究も現れており、筆者もそうした研究に積極的に関わってきた。共同研究は、全審理過程を分析対象とし、日本軍による性暴力や捕虜虐待が、裁判でどのように審理されたのかを明らかにしている。[6] だが本共同研究には、日本軍による残虐行為に関する追及・反証の全体像を明らかにするという課題が残されている。

戸谷由麻も日本軍の残虐行為に関する審理を検討している。[7] しかし戸谷の著作は、裁判が国際刑事法の発展に寄与したという点を評価しようとするのに急で、検察側の追及を過大評価する傾向にある。裁判審理全体の特徴・問題点も充分に踏まえられていない。戸谷の著作は、大沼保昭が鋭く指摘しているように、「今日の立場からみてその後こういうふうに発展したんだからいいんじゃないか」という「典型的な後付け史観」[8] となっている印象が強い。また梶居佳広も、日本軍の残虐行為に関する検察側の立証を検討しているが、[9] 戸谷の著作と同じ問題点を抱えている。即ち、裁判審理全体の特徴・問題点を充分に把握・検討しないまま、検察側がアジアにおける日本軍による戦争犯罪の追及に力を入れていたという点を「再評価」しようとしているため、結果として検察側の追及が過大評価されているのである。裁判研究において最も重要な課題の一つは、「アジア不在」論で提示された論点を踏まえ、裁判審理を読み解き、「アジア不在」の諸相を具体的に示すことである。

そこで本稿では、以下の五点を課題としたい。①検察側政策決定過程における、日本軍の残虐行為に関する議論を検討すること、②検察側・弁護側が、植民地支配について如何なる議論を行っていたのかを検討し、裁判で植民地支配の問題が欠落してゆくプロセスの一端を示すこと、③日本軍の残虐行為に関する審理過程を検討すること、④判決書でアジアの戦争被害がどのように判定されたのかを解明すること、⑤①～④を踏まえ、東京裁判の審理の持つ特徴と問題点を、「被害を蒙ったアジアの人びとにとっての裁判」という観点から浮き彫りにすること、以上の五点である。

なお、本稿では「通例の戦争犯罪」（残虐行為）を主な分析対象とする。[10] これは、裁判とアジアの関係を追究するには、まず、彼らの戦争被害の直接の原因となった残虐行為が、どのように裁かれたのかを解明する必要があるためである。日本の敗戦後、アジア諸地域では日本軍の残虐行為に対する憎悪や責任者の処罰を求める声が高まった。このような声が、様々な位相で現在にまで引き続いていることも重要である。こうした「アジアからの問い」を、裁判はどのように受け止めたのか。かかる課題に応えるには、「通例の戦争犯罪」に関する重点的な分析が不可欠である。(一次資料の引用に際しては、読み易さを考慮し、旧漢字を新字体に改めた。「／」は改行されていることを示している。〔 〕は筆者による注記である。)

一 検察側の追及と「通例の戦争犯罪」・植民地支配

検察側は「通例の戦争犯罪」や植民地支配についてどのような追及準備を行っていたのか。ここでは検察側の政策決定文書や戦犯容疑者への尋問などから明らかにしたい。

(1) 検察側の政策決定過程と「通例の戦争犯罪」

連合国側は何を重点的に追及しようとしていたのか、ポツダム宣言からその一端を窺うことができる。「吾等ノ俘虜ヲ虐待セル者ヲ含ム一切ノ戦争犯罪人ニ対シテハ厳重ナル処罰ヲ加ヘラルヘシ」、宣言はこう明記している。数ある戦争犯罪のなかで、連合国捕虜の問題が唯一固有名詞として明記されていた。いわゆるバーンズ回答(一九四五年八月一一日)と降伏文書(同年九月二日)も連合国捕虜の解放と保護を求めている。「バタアン死の行進」など、戦時中に行われた捕虜虐待への怒りが、こうした連合国側の基本姿勢に反映されていた。[11]

検察側の政策決定過程で、最も高い位置を占めたのも捕虜問題である。一九四六年三月二日のスタッフ会議で、コミンズ・カー検察官(イギリス代表)は、捕虜への暴行、民間人抑留者、そして各占領地域の住民への暴行が、個々の犯罪の連続として生じたのではなく、一つの重大な戦争犯罪として引き起こされたことが示されるだろうと指摘した。各地域の戦争犯罪は、日本側の「一般方針」に依った一続きのものである、これが検察側の認識だった。(12)

しかし、検察側は捕虜・民間人抑留者・現地住民の三者の被害を、均しく追及しようとしていたわけではなかった。検察側の主たる関心は、捕虜問題に置かれていたのである。「Ill Treatment of Prisoners of War」、「POW Camps」、「POW and Atrocities」など、「通例の戦争犯罪」に関する議論は、その殆どが捕虜問題に特化した項目で扱われている。(13) 中国（中華民国）から向哲濬検察官が派遣されていたこともあり、南京事件については多くの議論がなされている。松井石根（元中支那方面軍司令官）も、事件の責任を指摘されて被告人に編入されている。(14) しかしこれ以外に、アジアの現地住民に対する犯罪が個別に議論された形跡は殆どない。民間人抑留者に関する個別の議論はなされているが、捕虜問題に比べるとかなり少ない。(15) 第一一回執行委員会（一九四六年三月二七日）では、起訴状の項目について議論されているが、ここで「通例の戦争犯罪」として挙げられている項目は、「POW COUNT」、「MURDER ON THE HIGH SEAS」の二つである。(16) 他にも、「通例の戦争犯罪」を「Class B offences, mainly against P.O.W's of all nationalities」という項目で記しているケースもある。(17)

このように、検察側の主たる関心は、連合国捕虜の虐待について、その責任者を追及するという点にあった。現地住民への犯罪は、中国のように検察官を送り込めた地域は別として、政策決定過程で軽視されていたのである。

また、検察側が捕虜問題に関する情報収集で、かなりの「収穫」を得ていたことも重要である。なかでも田中隆吉（元陸軍省兵務局長）の果たした役割は大きかった。田中が検察側に提供した主な情報を整理すると以下のようになる。①ドゥーリトル飛行隊処刑事件、②東海軍区事件、③日本の捕虜管理機構、④捕虜問題について議論した陸軍省局長会報（一九四二年五月初旬）、⑤泰緬連接鉄道建設、⑥陸軍省軍務局の役割。(18)

田中は、「田中について」（一九四六年三月一八日）と題するメモも検察側に提供している。このメモには、一九四二年五月の局長会報で、東條英機（元首相・陸相・参謀総長）が「彼ら（近く日本に到着する予定の捕虜）には強制労働をさせるべきである。日本の力を示すためには、朝鮮、台湾、満州、さらには支那に捕虜収容所を設置し、彼らに強制労働をさせることが絶対に必要である。労働力不足のこの時節に捕虜を働かせれば、一挙両得である」と述べていたことが記されている。[19] 田中は、これ以降、捕虜は「俘虜ノ待遇ニ関スル条約」（一九二九年七月二七日。以下、引用文を除きジュネーヴ条約と記す）に従って処遇されず、強制労働を余儀なくされたと述べている。検察側の捕虜問題を厳しく裁くという方針は、こうした決定的な証言によって基礎固めがなされていったのである。

（2）植民地支配責任の不問——南次郎と小磯国昭への追及

ここでは、南次郎（元陸相・朝鮮総督）と小磯国昭（元首相・朝鮮総督）に対する追及を検討することで、日本の植民地支配責任が看過されてゆく様子を具体的に明らかにしておきたい。[20]

まずは南について確認しよう。検察側はノーバート・A・ノーラン（対敵諜報部隊特別情報員・カナダ代表）による報告（一九四五年一月二五日）から、南に関する情報を入手している。この報告書は、「彼は朝鮮総督として、朝鮮人の若者に日本陸軍の志願兵に来るよう求めた。日本人の名前に似せるため、彼らの伝統的な一文字の名字に、一文字か二文字加えて本来の名前を変えるという、朝鮮人の規定を作った」と指摘している。[21] これは朝鮮での陸軍特別志願兵令（一九三八年）や創氏改名（一九四〇年）を指したものだった。また、南に関する情報を綴った検察側のファイルには、田中隆吉への尋問も含まれている。田中は、朝鮮総督時代、南が朝鮮を軍事作戦のための基地と称して、日中戦争を支えたと述べた上で次のように語っている。「朝鮮総督だった間の南のもう一つの顕著な仕事は、朝鮮人が日本軍に志願することを許可する基礎を築いたこと、そして、朝鮮人の名前を日本名に変えさせたことである」。[22]

しかし、これらの情報は南の追及に全く反映されなかった。南に対する尋問では、満州事変に関する質問が大部分を占め、総督時代については、朝鮮軍の作戦内容に関する僅かな質問しか行われていない。[23] 実際に法廷で行われた南への追及も、主に、満州事変前後に南が陸相としてどのような行動をとったかを問うものであった。南の朝鮮総督時代の出来事は、「陸相時代後の南の活動」の一部として扱われている。朝鮮総督時代の出来事として問題になっているのは、①南の日中戦争に対する見解、②ナチス・ドイツから「鷲印大十字勲章」を受けたこと、③朝鮮への米英人捕虜（合計二〇〇〇人）の抑留を承認したこと、などである。[24] 特別志願兵令や創氏改名など、植民地支配の根幹に関わる事件は全く追及されていない。検察側の主たる関心は、朝鮮総督としての南にではなく、満州事変時の陸軍大臣としての南に向けられていたのである。

次に、小磯への追及を検討しよう。小磯と朝鮮支配の関係について最も重要な情報を含んでいるのは、R・H・ギリランド中尉が作成した、「小磯国昭（大将・首相）について」（一九四五年一二月一一日）である。この文書は、小磯の経歴について確認した上で、「朝鮮軍は、一九四二年の彼の朝鮮総督任命をリードしたようだ。[25] 彼の朝鮮での施政は、『虎』と呼称されるほどに、極めて冷酷なものだと報告されていた」と記している。しかし一方でこの文書は、「もし、確実な事実を確定できるなら、彼は、戦争犯罪人となりうる人物とみなされるかもしれない。捕虜と民間人抑留者の計画的な飢餓は、彼が首相になってすぐに始まった。彼はマニラ戦地区のフィリピン市民の殺害命令にも責任があるかもしれない」とも述べていた。[26] 戦争犯罪人への編入に関連して、小磯について掲げられている事件は他にはない。この文書に関する限り、連合国側の追及の矛先は、植民地支配ではなく、捕虜問題やフィリピンでの残虐行為に向けられていた。

また検察側は、満州事変に対する小磯の責任も重要視していた。一九四六年三月一八日の執行委員会では、小磯を、満州事変と「満州国」建設について被告人に含めるべきである、という意見が出されていた。[27] 小磯は、満州事変勃発時には軍務局長を、「満州国」建設時には陸軍次官を務めている。

尋問では、①首相在任時の最高戦争指導会議、②首相在任時の捕虜問題、③満州事変と「満州国」の独立、の三点を中心に質問がなされている。[28] 残虐行為については、「最高戦争指導会議で、日本に居た捕虜への食事量を減らす命令を出したか」、「誰がマニラを焼き払う命令を出したか」といった質問が行われている。小磯はこれらの内容を否定するか、知らないと答えている。[29] なお、尋問ではごく僅かながら、小磯の朝鮮総督時代に関するやりとりもなされている。

〔尋問官〕「朝鮮の虎」という名称があったことを知っているか。

〔小磯〕その噂は聞いたことがある。なぜそのような名称―「朝鮮の虎」―で呼ばれたのか、全く見当もつかない。そのように見える私の顔の見かけ〔が原因ではないか〕。私は朝鮮の人々をできる限り親切に扱い、何人かの日本の政治家から批判すらされた。当時、朝鮮人官吏の標準〔待遇〕は、日本人官吏よりも低かった。私はその違いを取り除いた。

〔尋問官〕どうやって?

〔小磯〕朝鮮人官吏に追加手当を支払うための追加予算を要請した。[30]

小磯の回想によれば、「朝鮮の虎」と呼ばれたのは自身の見かけが原因だと述べた際、検察官や同席していた速記者は、「声を立てて笑つてゐた」とのことである。[31] 上記のやり取りはここで終わっている。

法廷でも、検察側は小磯の植民地支配に対する責任を全く追及しなかった。検察側が主な論点としたのは、①満州事変、②首相在任中の東アジア政策、③「小磯の俘虜との関係」であった。「朝鮮総督としての小磯」が追及されたのは、「英国の俘虜が一九四二年八月十三日に朝鮮に到着し、公衆の面前に出され体面を恥《ママ》づかしめられた」という点と、一九四二年一月一日までに、朝鮮を「供給地」として、満州の陸軍部隊が約一一〇万人に増加した、という点についてであった。(32)

以上のように、検察側は、朝鮮統治に関する情報をある程度得ていながら、それを看過したのである。法廷において、朝鮮は「空間」としては言及されているが、彼ら自身の被害が論点とされたわけではなかった。また、この点に関連して重要なことは、弁護側も、植民地支配に関する対策を殆ど行っていなかったということである。清瀬一郎（弁護団副団長・東條担当弁護人）による弁明案（一九四六年三月四日）の「人道犯罪」の項目には、「朝鮮台湾統治問題（鮮台人徴用、皇民化運動、朝鮮台湾徴兵問題、憲兵政治等）」との記載があったが、(33)この後、本問題について詳しく検討された形跡はない。小磯と南の弁護対策では、満州事変などについての裁判対策は綿密に行われているが、植民地支配に関する対策は殆ど見当たらない。(34)管見の限り、小磯と南の弁護関係資料のうち、植民地支配に言及した文書は一件だけである。(35)事実上、東京裁判では、裁く側と裁かれる側の双方が、「植民地支配責任を問う／問われる」という意識に欠けていたといえよう。また台湾の植民地支配が、検察側の政策決定過程で検討された形跡はない。法廷でも、台湾の植民地支配は論点にならなかった。

二　審理と「通例の戦争犯罪」

前記のような政策決定を経て、どのような審理が展開されたのだろうか。ここでは、残虐行為に関する審理の内容を検討しておきたい。紙幅の関係上、関係する全ての証拠・証言を紹介することはできない。また、法廷に提出された「通例の戦争犯罪」に関する証拠・証言の内容については、既に捕虜問題と性暴力の観点から、詳細な共同研究が進められている。[36]

そこで本章では、各地域の犯罪がどのような方針に基づいて審理されたのかを、検察側と弁護側の認識が最もよく示されている、各段階の冒頭陳述、検察側最終論告、そして弁護側最終弁論を重点的に検討することによって明らかにする。最終論告と最終弁論は、法廷に提出された証拠・証言を参照・引用し、検察側と弁護側双方が最終的な見解を記したものである。これらは、検察側と弁護側の認識を集約したものとして位置付けられる。

（1）「通例の戦争犯罪」の審理――検察側の立証方針と弁護側の反証方針

検察側立証段階では、「通例の戦争犯罪」に関する証拠が、主に四つの地域ごとに提出されている。即ち、①中国での残虐行為、②フィリピンでの残虐行為、③フィリピンを除く東南アジアでの残虐行為、④日本国内での残虐行為、である。これらの証拠書類は、検察側立証段階の「満州事変」、「支那事変」、「戦争法規違反、残虐行為」、「個人追加証拠提出」の各フェーズで提出されている。[37]

（1）―1　中国関係

中国に関する証拠は、「満州事変」、「支那事変」、「戦争法規違反、残虐行為」、「個人別追加証拠提出」の各段階で提出されている。

中国の戦争犯罪追及の最大の特徴は、中国で生じた民間人の被害を中心に立証しようとした点である。中国側の方針は、残虐行為の立証に際して向検察官が行った、「中国ニ於ケル一般人其他ニ対スル残虐行為及ビ阿片其他ノ麻薬使用ノ件」という冒頭陳述によく表れている。向は、以下のように述べる。自身が陳述する内容は「一般人ニ対スル諸多ノ残虐行為及ビ人道ニ対スル諸多ノ罪ノ全面中其一部ノミ」である。提出証拠によって「一般人ニ対スル加害行為」が殺人・虐殺、拷問、「凌辱」、そして財産の掠奪・劫奪・不法破壊を含んだものであることが明らかになるであろう、このように陳述している。一方、南京事件については、現場の将校と東京の「統帥首脳部」の了知・同意の下に、「中国民衆ノ凡ユル抗戦意識ヲ永久ニ滅却セント企図」したものであった、と断じている。[38]

こうした方針の下、中国での残虐行為については、対民間人犯罪に関する証拠が多く提出されることになった。これらの証拠は、江蘇省（南京事件が中心）や湖北省など、全部で一四の地域を対象にしている。特に南京事件の立証は重視され、中国関係の犯罪のなかで最も多くの証拠・証言が提出された。

なお、これらの証拠には、近年戦争犯罪研究でも注目されている、日本軍の性暴力に言及したものも含まれている。だが、これらは性暴力として個別に扱われたのではなく、放火・殺人など他の犯罪と併記されていることが多い。[39] 性暴力を個別に扱う意識の欠如、ひいてはジェンダー視点の弱さや欠落が示唆される扱いである。

（1）—2　フィリピン関係

フィリピンでの戦争犯罪は、「戦争法規違反、残虐行為」段階で問われている。フィリピンでの戦争犯罪に関する追及方針は、ペドロ・ロペス検察官（フィリピン代表）による「一般C級犯罪及び比律賓に於けるB級C級犯罪に対する比律賓陪席検事の冒頭陳述」で述べられている。[40] ロペスは、日本軍の戦争犯罪が偶発的なものではなかったことや、日中戦争以来、犯罪がアジア太平洋全域で繰り広げられていたことを強調している。

ロペスの陳述は、前半部がマニラ戦における残虐行為など、対民間人犯罪を扱い、後半部が「バタアン死の行進」などの捕虜問題を扱う、という構成をとっていた。ここで特徴的なのは、捕虜関係事件に関する記述において、フィリピン人捕虜が個別に言及されているケースが極めて少ないということである。捕虜について記載されているのは、多くがアメリカ軍捕虜である。この結果、フィリピン関係では、対民間人犯罪についてはフィリピン住民の被害を扱い、捕虜問題に関しては、アメリカ軍捕虜の問題を重点的に扱う、という構図が生じていた。審理では、「バタアン死の行進」など捕虜問題に関する証拠も出されているが、マニラにおける住民虐殺など対民間人犯罪に関する証拠も多く提出されている。なお、フィリピン段階でも性暴力に関する証拠が提出されているが、中国同様、他の犯罪と併記されている場合が殆どである。(41)

(1)―3　東南アジア（除フィリピン）関係

フィリピン関係の立証に続いて、他の東南アジアにおける戦争犯罪に関する追及が行われた。「戦争法規違反、残虐行為」段階の続きである。東南アジアでの残虐行為については、A・J・マンスフィールド検察官（オーストラリア代表）が立証方針を示している。(42)マンスフィールドは、残虐行為に関する証拠を五つのカテゴリーに分類して説明した。①国際条約に関し、日本のとった保証の証拠、②日本軍により行われた残虐行為の証拠、③日本政府に対して行われた抗議およびその回答の証拠、④一九四五年九月三日以降、日本政府の行った捕虜の待遇に関する公式報告、⑤戦争法規違反に対する被告人たちの責任を示す、被告人およびその「属僚」の行為の証拠、以上の五つである。唯一、「捕虜」が個別の戦争犯罪として項目名に反映されている点が注目される。

①では、「戦地軍隊ニ於ケル傷者及病者ノ状態改善ニ関スルジュネーヴ条約」（一九二九年七月二七日）とジュネーヴ条約について記載がある。特にジュネーヴ条約については詳しく言及し、東郷茂徳（元外相）が、欧米諸国へ「［ジュネーヴ条約の条項を］適当に加減して適用するであろう」と回答したことを指摘、「この保証が日本政府により如何に守られたかは後に提示される証拠によつて明にされるであらう」と述べている。(43)

②については、二一の地域に分類して証拠を提出すると述べている。これらの地域における残虐行為は類似している。それ故、虐待は日本軍指揮官と兵による独立の行為ではなく、日本軍と日本政府の「一般方針」の結果であった

という結論が導かれるであろう、マンスフィールドはこう陳述している。この項目では、シンガポールでの華僑虐殺、一〇万人以上の「苦力の死」なども含まれているが、最も多く言及され、かつ詳細に事件の内容を紹介されたのは捕虜問題である。

③では、アメリカ、イギリス、オランダの各国から日本に寄せられた、捕虜や民間人抑留者の虐待に対する抗議文書が確認されている。ここで特に強調されたのは、捕虜の死亡率の高さである。マンスフィールドは、ドイツとイタリアで逮捕されたイギリス人捕虜一四万二三一九人のうち、死亡した者は七三一〇人（死亡率五・一％）であったのに対し、日本の勢力下に置かれたイギリス人捕虜五万一六人のうち、死亡した者は一万二四三三人（死亡率二四・八％）にも達していたと指摘している。この事実は「被告の無罪或は有罪を決定する上に当裁判に役立つ」ものとされた。

④は、俘虜関係調査中央委員会の調査報告について言及している。[44] 戦争終結後、日本側は初めて戦争犯罪を調査している。このことから、連合国から抗議を受け取った当時、日本政府と被告人が戦争犯罪について何の調査も行っていなかったと推定できる、これが検察側の主張だった。また検察側は、この委員会が作成した報告書には、連合国軍の飛行隊員が日本の領土を爆撃した後、裁判を経ずに処刑されたことの「直接の肯定」が含まれている、とも指摘している。

⑤では、被告人は戦争法規違反に直接責任を負うべきである、という検察側の認識が示されている。ここで、被告人が責任を追及されている事件は、全て捕虜問題と民間人抑留者への虐待である。なお、この項目で民間人抑留者への虐待は個別に言及されておらず、「俘虜及民間抑留者」などの表記で、捕虜問題と併記されている。個別に言及された犯罪としては、捕虜問題が最も高いウェートを占めていた。また、日本政府に寄せられた抗議についても言及があるが、これらはアメリカ、イギリス、オーストラリア、カナダ、ニュージーランドから送付されたものであった。

ここには、アジアの住民に関する記述はない。「通例の戦争犯罪」について、被告人は主に「白人」捕虜虐待の責任を問われたということになる。

以上から、検察側の「通例の戦争犯罪」の追及には、次のような特徴があったことが分かる。即ち、中国・フィリピンのように検察官を送り込んだ地域については、現地住民の被害も重要な追及対象とされたが、他の東南アジア地域については、専ら欧米諸国の被害、特に捕虜問題の追及に力点が置かれていたため、現地住民の被害が軽視される傾向にあった、ということである。

なお、検察側が審理で提出した証拠書類の総数は約二六〇〇件、このうち捕虜関係の証拠は約六八〇件であり、全体の二六%を占めている。[45] これは、「平和に対する罪」に関する証拠なども含めた上での割合である。一つの事件（戦争犯罪）が占めた割合としては驚異的な数値である。また、捕虜関係の証拠の多くは、「白人」捕虜に関するものであり、植民地兵などを扱った証拠はごく僅かに過ぎない。民間人抑留者を扱った証拠も、その多くは「白人」に関するものである。

こうした追及に対応したためか、弁護側の反証も、「白人」捕虜への虐待など欧米諸国の被害を念頭に置いたものになった。ジェームス・N・フリーマン弁護人（アメリカ人弁護人）は、「俘虜および被抑留者の待遇」段階の冒頭陳述で、「通例の戦争犯罪」に関する反証方針を示しているが、ここで弁明の対象とされていたのは全て捕虜と民間人抑留者である。現地の住民に関する記述はみられない。[46] なお、弁護側の主張は以下のようなものであった。①日本はジュネーヴ条約に批准していなかったが、事情の許す限り「準用」していた、②ジュネーヴ条約を「準用」できなかった点があるとすれば、それは連合国側の潜水艦戦や爆撃によって日本側の船舶が撃沈され、輸送路が途絶されたためであった、③日本側は捕虜収容所の衛生・医療設備の改善や、虐待事件の実行者に対する懲戒処罰を行っていた、④食糧品・医療品不足は日本人も同じであった、⑤俘虜情報局が設置され、捕虜取扱いの円滑化が図られていた。こうした弁明は、犯罪の事実そのものを否定できるようなものではなかったため、説得力に欠けていた。

（2）検察側最終論告

検察側は、審理の最終段階で「通例の戦争犯罪」をどのように認識していたのか。最終論告の中で、「通例の戦争犯罪」は「俘虜に関する最終論告」という項目で一括して扱われている。検察側の問題関心の所在を、象徴するかのような項目名である。民間人抑留者やその他の対民間人犯罪も、全てこの項目に含められている。

「俘虜に関する最終論告」の最大の目的は、日本軍による戦争犯罪が、日本政府の政策の一部として行われたか、もしくは彼らの無関心によって引き起こされたものだと立証することにあった。[47] この点を、検察側は五つの項目から詳細に論じている。①「一九二九年ゼネヴァ俘虜条約非批准の理由」、②「〔ジュネーヴ〕条約の適用に関し日本政府に依り与へられたる保障」、③「日本国民の行つた戦争犯罪行為に関し日本政府が熟知してゐたこと」、④「一九〇七年海牙条約及又《ママ》は一九二九年ゼネヴァ俘虜条約破棄を許可する為の一九四一年十二月七日以降に於ける日本法律の修正」、⑤「日本国内及日本占領地区内に於て行はれた戦争犯罪様式の類似点」、以上の五項目である。[48] この論告には次のような特徴があった。

第一は、この項目構成からも分かるように、検察側が一貫して、ジュネーヴ条約をめぐる日本側の対応や、捕虜問題を重視して追及を行ったことである。検察側は、①と②の項目で、日本側が同条約に批准せず、「俘虜を虐待する権利を留保」したいと考えていたと指摘、捕虜虐待が「政府の政策上の一事項」となったと結論付けている。また日米開戦後、ジュネーヴ条約を「準用」するという日本側の回答が得られたが、時間が経つにつれて、「準用」には様々な条件が付けられ、遂には、「〔ジュネーヴ条約〕を日本側の適当と思ふ時に且適当と思ふ程度に適用する事を意味するに至」った、と主張している。③の項目では、日本政府が残虐行為を熟知していたことを示す根拠として、諸外国から寄せられた抗議が紹介されている。ここで検察側は、「抗議の大部分は陸軍に収容せられた俘虜に関してゐました」と付言している。最終論告で言及されている事件も、捕虜虐待に関するものが圧倒的に多い。また、捕虜として挙げられているのは、イギリス、アメリカ、ニュージーランド、オーストラリアの人びとが殆どである。事実上、「俘虜に関する最終論告」は、「『白人』捕虜に関する最終論告」といってよい内容だった。なお、捕虜問題ほどではないが、欧米の民間人への虐待は度々言及されている。これらは、アメリカ人、イギリス人、オランダ人などの民間人抑留者に関するものが多い。

第二に、中国における戦争犯罪が、結果として軽視された。中国側は南京事件を中心に多くの証拠・証言を提出し、日本側の責任を追及していた。しかし、中国の被害が検察側の追及方針全体のなかで、欧米諸国の被害と同じような「位置づけ」を与えられていたかといえば、そうではなかった。検察側は、中国での戦争犯罪をどのように認識していたのか、③の項目にある記述からその一端を窺うことができる。③は、「南京強姦事件」、「南京強姦事件以後太平洋戦争以前の残虐行為が熟知されてゐたこと」、「太平洋戦争中に於ける戦争犯罪が熟知されてゐたこと」の三つの小項目から成っている。ここで検察側は以下のように論じている。

〔「南京強姦事件」の小項目における記述〕日本政府は南京強姦事件を承知して居たのであります。そして**其後に於て**日本政府は日本軍隊が**中国に於ける戦闘及太平洋戦争**を通じて戦争犯罪を繰返さざるやうに警戒すべき理由を持つてゐたのであります。[49]〔ボールドは引用者〕

〔「南京強姦事件以後太平洋戦争以前の残虐行為は熟知されてゐたこと」の小項目における記述。南京事件以後から太平洋戦争以前にかけての、中国における戦争犯罪に言及した上で、次のように指摘〕其れは日本政府が**太平洋戦争中**戦争犯罪を犯すことに対して**警戒をすべきであつたと**云ふ追加理由を与へたのであります。[50]〔ボール

ド は 引用者〕

「俘虜に関する最終論告」は、太平洋戦争勃発後の中国での残虐行為については言及していない。[51] 上記二つの引用文に続く「太平洋戦争中に於ける戦争犯罪が熟知されてゐたこと」の項目が扱っているのも、主に捕虜問題に関する諸外国からの抗議、日本軍による米比軍虐待に言及した米英の放送、そして、捕虜虐待に関する日本側文書である。最終論告が扱っている一九四一年以降の事件も、東南アジア方面での捕虜や民間人抑留者への虐待などが中心である。中国での戦争犯罪は、それ自体としてというよりは、日米開戦以後に生じた、欧米諸国に対する戦争犯罪の「前史」として認識されていた側面が強い。「残虐行為の『前史』があったにも拘わらず、日本側は善後策を講じなかった。その結果、『白人』捕虜への虐待が続発することになった」、これが検察側全体を支配した「発想」あるいは「歴史認識」であったと考えられる。

また、多くの証拠が提出された、フィリピンの住民被害に関する言及も極めて少ない。「俘虜に関する最終論告」の付属書Bには、「第二編　一九四一年十二月乃至一九四五年九月間比島に於ける俘虜抑留者並に住民の取扱ひに関する証拠概要」の項目がある。ここには、「一般民」という小項目があり、法廷に提出されたフィリピン住民の被害に関する証拠が列挙されている。[52] しかし、これらの内容は「俘虜に関する最終論告」の本文の内容には充分反映されていない。本文が紙面を割いて引用・言及しているのは、捕虜問題である。フィリピン住民の被害はいわば「付属」の位置に留まっていたのである。

被告人個人の責任については、「個人最終論告」の項目が扱っているが、ここで高いウェートを占めていたのも捕虜問題である。[53]「通例の戦争犯罪」関係の項目が、「俘虜虐待と土肥原の責任」、「小磯の俘虜との関係」、「俘虜」（岡）といった名称になっている場合もある。[54] 中国やフィリピンでの戦争犯罪との関係を指摘された被告人への論告では、アジア人住民の被害についての言及もある。だがそれ以外の地域では、アメリカ・イギリスなどの捕虜に関する問題を扱い、これに次ぐ形で連合国民間人の被害に言及する、という構成をとるものが圧倒的に多い。(55)

(3) 弁護側最終弁論

弁護側最終弁論のなかで、「通例の戦争犯罪」に関する弁明は、「捕虜最終弁論」の項目で扱われている。「俘虜に関する最終論告」と同様、民間人抑留者や現地住民への残虐行為は、この項目で一括されている。「捕虜最終弁論」が扱っている戦争犯罪も、ほぼ全てが捕虜問題である。民間人抑留者の問題も僅かながら言及されているが、それらは「俘虜及び抑留者」などの表現で、捕虜問題と一緒くたに扱われ、抑留者自体への言及は殆どみられない。現地住民の被害についても殆ど記載していない。アジア人住民に関する事件について比較的詳細な検討を行っているのは、マレーにおける華僑虐殺に関する弁明の一か所だけである。(56)弁護側の「通例の戦争犯罪」に関する弁明も、捕虜問題を主軸にしたものであった。「捕虜最終弁論」の構成は以下の通りである。

条約及び保証/俘虜に関する法律、慣例、規定/俘虜の使用と規律/俘虜の待遇/俘虜ニュース検閲に於ける注意的事項/シンガポール/ビルマ―シヤム鉄道/バタアン死の行進/ビルマ/上海/朝鮮/日本/海軍関係俘虜/経済状態及その俘虜との関係/俘虜の待遇に関する諸抗議/放送の記録/俘虜に関する指揮者の責任/結論

最終弁論における弁護側の主な目的は、戦場の指揮官や捕虜収容所の管理責任者が犯した行為を以て、被告人の罪とするものは一つもないと反証することであった。(57)この目的に基づきながら、具体的には以下のような弁明がなされている。

第一に、日本側はジュネーヴ条約を「準用」したのであり、「適用」していたわけではない、という点が強調された。日本側の「準用」の解釈であった「必要なる変更を加へ」の語句については、日本政府がこの語句の持つ意味に対して、「立場を異にした事はなかつた」と主張している。(58) また、日本が条約に批准しなかったのは、批准にあたって国内法規と軍法を改正する必要があったためであり、「日本は捕虜に重罰を科すために条約を批准しなかった」という検察側の主張は、「全く根の無い論である」と反駁した。(59)

更に弁護側は、ジュネーヴ条約の「準用」範囲について、「アメリカ、イギリス、カナダ、オースト〔ラ〕リア、ニュージーランドの捕虜は別として日本と交戦した他の如何なる国民にもこの条約を適用する問題は一つもない」という主張を展開した。(60)「準用」を約したのはこれらの「国民」だけである、というのが弁護側の主張だった。アジアの人びとは範疇の外に置かれた議論である。

第二に、日本側は捕虜の待遇改善に努めていたのであり、捕虜の待遇に不充分な点があったとすれば、それは「地域的条件」の影響を受けたためである、という弁明がなされた。予想よりも早く雨季が到来したため、補給や給養が中断した。この上コレラも突発したため捕虜を保護できなかった（泰緬鉄道について）、陸戦法規に従って捕虜を作戦・戦闘地区から移動したに過ぎない。捕虜は元々病気だったが、日米両軍ともに医療設備を持っていなかった（「バタアン死の行進」について）。このような弁明が繰り返されている。(61)

第三に、捕虜問題の責任が、各地の軍司令官や捕虜収容所長に帰せられた。東京から発せられた訓令が守られているか、それを見届けるのは収容所長の任務である、収容所長を監督するのは軍司令官の任務である、弁護側はこう主張している。飽くまで責任は「現地」にあるとの解釈である。弁護側は、被告人に捕虜虐待の責任はなく、「この責任は俘虜収容所長又はせいぜい収容所長の直接の上官が負ふべきものである」と結論づけている。(62)

一方、各被告人と残虐行為の関わりについては、「個人最終弁論」で詳しい弁明がなされている。(63) 個人最終論告と同様、各被告人の弁明の多くは、捕虜問題を中心とした構成をとっていた。松井や武藤章（元陸軍省軍務局長・第一四方面軍参謀長）は、中国・フィリピン方面における戦争犯罪の責任を問われていたため、弁論でもアジア人住民の被害が論点になっている。しかし他の大多数の被告人―他の東南アジアや日本国内などでの戦争犯罪に対する責任を問われた人々―の弁明では、捕虜問題が圧倒的なウェートを占めている。木村の最終弁論では、ビルマの村民が集団虐殺されたカラゴン事件に関する弁明があったが、日本の捕虜政策、泰緬鉄道建設での捕虜の使役、ドゥーリトル飛行隊処刑事件など、捕虜問題に関する弁明の方により多くの紙面を割いている。カラゴン事件に関する弁明は、木村の弁明全体のうちのごく一部を占めたに過ぎない。

また、捕虜問題で主な議論対象となっていたのは、「白人」の連合国軍捕虜であったということも重要である。大島浩（元駐独大使）の最終弁論では、ポツダム宣言第一〇項にある「**all war criminal, including those who have visited cruelties upon our prisoners**」という部分の日本語訳が、「**アメリカ人俘虜**に対して残虐行為を加へた者を含む戦争犯罪者」（傍点・ボールドは引用者）とされている箇所がある。[64] 弁護側の弁明で扱われている捕虜関係事件もドゥーリトル飛行隊処刑事件などのように、「白人」捕虜に関する事件が中心である。証拠として提出された捕虜虐待に関する抗議文書も、アメリカ・イギリス・オーストラリアなど欧米諸国の被害を訴えるために、日本に宛てられたものである。

このように、「通例の戦争犯罪」の審理は、専ら「白人」捕虜に関する事件に焦点を当てるものになっていた。検察官を送り込んだ中国とフィリピンに関する審理にさえ、先に指摘したような問題点や「限界」があった。アジアの人びとの被害は、限定的・付随的な形でしか扱われなかったのである。

三　判決書における「アジア」

（1）判決書と「通例の戦争犯罪」

残虐行為に関する判定は、判決書の「B部　第八章　通例の戦争犯罪（残虐行為）」で行われている。本章の構成は以下の通りであった。

戦争法規は中国における戦争の遂行には適用されないという主張／軍の方針の樹立／中国戦争で捕虜となつた者は匪賊として取扱われた／盧溝橋事件の後も方針は変わらなかつた／南京暴虐事件／戦争、広東と漢口に拡大／帰還兵の語るかれらの行つた残虐行為／捕虜飛行士の殺害／虐殺／虐殺は命令によつて行われた／死の行進／他の強行軍／泰緬鉄道／拷問とその他の非人道的取扱い／生体解剖と人肉嗜食／捕虜輸送船に対する攻撃／潜水艦戦／捕虜と抑留者の不法使役、飢餓及び冷遇／民族的必要に対する考慮食糧と被服／医療品／宿舎／労役／原住民の労働／捕虜と抑留者に対する宣誓署名の強制／過度かつ不法な処罰科せらる／捕虜に対する侮辱／制度／日本、一九二九年のジュネーブ条約の適用に同意／捕虜虐待は一つの方針／日本の目的は日本国民の保護であつた／俘虜情報局の設置／俘虜管理部の設置／軍務局、支配権を保持／収容所とその管理／海軍もこの制度に関与／日本内地におけるこの制度の運営／台湾、朝鮮、樺太におけるこの制度の運営／占領地におけるこの制度の運営／占領地におけるこの制度を運営した被告／連合国の抗議／捕虜と一般人抑留者に対する虐待の黙認と隠蔽設けられた項目の多くは、捕虜問題と民間人抑留者に関するものであった。なかでも捕虜問題に特化した項目の多さが目立つ。これらの犯罪が特に重視されたことが窺える。

各項目での認定に入る前に、判事団は残虐行為全般について見解を記している。「〔残虐行為〕は非常に大きな規模で行われたが、すべての戦争地域でまったく共通の方法で行われたから、結論はただ一つしかあり得ない。すなわち、残虐行為は、日本政府またはその個々の官吏及び軍隊の指導者によつて、秘密に命令されたか、故意に許されたかということである」(65)。

捕虜問題に関しては冒頭から詳しい言及があった。なかでも、捕虜の死亡率には高い関心が払われている。ドイツ・イタリア軍が捕えたアメリカ・イギリス軍の捕虜の死亡率が四％であったのに対し、日本軍の捕虜となったアメリカ・イギリス軍の捕虜の死亡率は二七％であった、判決書はこう断じている(66)。このような確認ののち、判決書は前記の各項目についての認定に移った。

「通例の戦争犯罪」に関する認定の特徴は、「白人」の捕虜と民間人抑留者の虐待に関しては詳細な認定がなされていた反面、アジア人住民の被害に関する記述はこれらに比して圧倒的に少なかったということである。もちろん、アジア人住民に関する記述が全くなかったわけではない。中国での残虐行為（主に南京事件）については、詳しい認定がある。判決書は、南京市内での残虐行為を詳しく取り上げ、「そこには、なんの規律もなかつた」と述べている(67)。

だが、判決書が現地住民の被害を独立した項目を設けて検討し、彼らの被害を詳細に認定したのは、南京事件だけである。中国以外の東南アジアにおける住民の被害については、「虐殺」などの項目で、「白人」の捕虜・民間人抑留者、若しくは「白人住民」の問題とともに付随的に言及されていることが多い。ロペスが追及に力を入れたマニラでの残虐行為も、「マニラが解放されるであろうということが明らかになると、この種の虐殺〔日本軍の撤退または連合軍の攻撃を予期して行われた虐殺〕は、強姦と放火とともに、全市で行われた」など(68)、他の地域での犯罪とともにごく簡単に言及されるに留まっている。

そもそも、判決書の「C部　第九章　起訴状の訴因についての認定」は、訴因五五（戦争法規遵守の義務の無視）について「捕虜と一般人抑留者に関する条約と戦争法規の遵守を確保し、その違反を防ぐために、充分な措置をとらなかつたことを訴追している」と明言していた。この訴因について、「現地住民」といった用語は記載されていない。(69) 判事側の関心は、明らかに「白人」の捕虜と民間人抑留者の問題に集中していたのである。

（2）重視された捕虜問題

一方、連合国の捕虜・民間人抑留者については多くの項目が設けられている。「捕虜と抑留者の不法使役、飢餓及び冷遇」以降の項目は、「原住民の労働」を除いて、全て捕虜・民間人抑留者に関するものである。内容は、「白人俘虜」、「オランダ人とイギリス人の捕虜」、「イギリス人捕虜」、「連合軍捕虜」、「連合軍航空機搭乗員」、「アメリカの一般人」など、専ら欧米諸国の被害に関するものである。「捕虜と抑留者の不法使役、飢餓及び冷遇」より前の項目も、中国関係を除いて、「白人」の被害を中心とした認定がなされている。

なお判決書では、捕虜問題と民間人抑留者に関する事件がセットで扱われることが多いが、これは、捕虜と民間人抑留者がともにジュネーヴ条約の対象であったためであろう。(70) だが、最も多く個別に言及されているのは、捕虜問題である。「捕虜に対する侮辱」、「捕虜虐待は一つの方針」など、捕虜問題に特化した項目が設けられているのも特徴的である。逆に、民間人抑留者に関する独立した項目はない。判事側は、「通例の戦争犯罪」のなかでも、特に捕虜問題を重視していたのである。

捕虜問題への認定は、詳細かつ峻厳であった。(71) 判事団は、「捕虜虐待は一つの方針」の項目でこう指摘する。日本では「大君の辺にこそ死なめ」、「敵に降伏するのは恥辱である」という「教訓」が結合し、日本軍人に「連合国軍人」に対する軽蔑の精神を教え込む効果を持った。この精神は、戦争の条規を無視して、彼らが捕虜を虐待したことに現れている。降伏した軍人は全て「汚名」を着せられ、それを捕えた者の情に依るほかは、「生きる権利がないと見做されることになつていた」。ジュネーヴ条約を批准し、実施することは、こうした軍部の見解を放棄することになると考えられた。条約の批准を拒否する理由の一部として、①日本が課せられる任務が一方的であること、②日本に追加的な負担を課すること、③日本軍人は一人として敵に降伏する者はないので、日本が批准しても何も得るところがないこと、の三点が挙げられた。これに関連して、東條が捕虜収容所の所長に「抑々我国は俘虜に対する観念上其の取扱に於ても欧米各国と自ら相異なるものあり」と訓令したことは興味深い。[72] 判決書は、以上のように述べている。捕虜虐待は、日本軍の教育にまで踏み込んだ判定がなされたのである。こうした見解に基づき、判決書は「捕虜虐待は一つの方針」と判定したのである。

ジュネーヴ条約の「準用」を巡る日本側の解釈についても、極めて厳しい判定が下された。判決書は次のように述べている。

〔「準用」の〕条件に何らかの解釈を加えて、残虐行為を正当化しようとすることは、『準用』という言葉を挿入することによつて、基本原則として人道的な取扱いを定めている条約に従うような風を装い、この仮面のもとに、甚だしい野蛮行為をしても、日本軍は罰を受けずにすむであろうと主張するのと、少しも異らないであろう。このような主張は、もとより容認することができない。[73]

こうして、ジュネーヴ条約は「適用」したのではなく、飽くまで「準用」したのである、という弁護側の主張は、完全に否定されることになった。

また、判決書は、ドゥーリトル飛行隊処刑事件、「バタアン死の行進」、泰緬鉄道での捕虜の使役など、審理で重視された捕虜関係事件についても多くの紙面を割いて言及している。判定内容の概要をまとめると以下のようになる。

○飛行隊に対して行われた軍律裁判では、飛行士たちに弁護の機会が与えられなかった。「裁判は単なる真似事にすぎなかつた」（ドゥーリトル飛行隊処刑事件、「捕虜飛行士の殺害」の項目で言及）。

○行進によるアメリカ人とフィリピン人の捕虜の死亡数はおよそ八〇〇〇人であったことが証拠によって示されている。オドンネル収容所では、一九四二年四月から一二月までに二万七五〇〇人以上のアメリカ人とフィリピン人が死亡した（「バタアン死の行進」、「死の行進」の項目で言及）。

○東條は捕虜の劣悪な状態について報告を受け、一人の中隊長を軍法会議にかけた。しかしこれは矯正手段としてはあまりに「無意義」かつ「不充分」なもので、「かれらの行為をとがめないのに等しいものであった」。一八ヵ月の間に四万六〇〇〇人の捕虜のうち、一万六〇〇〇人が死亡した（泰緬鉄道、「泰緬鉄道」の項目で言及）[74]。

捕虜問題は、審理で問われた日本軍の戦争犯罪のなかでも、多くの証拠・証言が提出され、判決書でも詳細な認定がなされている。だが、先に指摘したように、判決書における捕虜問題に関する記述の多くは、「白人」捕虜に関するものである。植民地兵の捕虜についても言及はあるが、その記述は少ない[75]。

以上のように、判決書における「通例の戦争犯罪」に関する認定は、特に「白人」捕虜に力点を置いたものになっていた。この結果、アジアの戦争被害は「白人」の捕虜・民間人抑留者の問題に比して、限定的・付随的な扱いを受けることになった。被告人と「通例の戦争犯罪」との関係について判定を下した「C部　第十章　判定」でも、アジア人住民の被害に関する記述は、捕虜や民間人抑留者の問題に比して少ない[76]。南京事件など中国での残虐行為の責任を追及された、畑俊六（元支那派遣軍総司令官）、広田弘毅（元外相）、松井の三人への判定では、対民間人犯罪に関する記述が多くみられるが、中国以外の地域に関する判定では、捕虜や民間人抑留者に関する記述が大部を占めている。なかでも、捕虜問題は高いウェートを占めており、土肥原賢二（元奉天特務機関長・第一二方面軍司令官）、岡敬純（元海軍省軍務局長）、重光葵（元外相）、嶋田繁太郎（元海相・軍令部総長）の四人の判定では、言及された「通例の戦争犯罪」の全てが捕虜問題であった。こうした例は、捕虜問題以外にはない。

また、ここで看過してはならないことは、検察官と判事を送り込んだ中国とフィリピンでさえ、判決書で軽視される傾向にあったということである。「B部　第七章　太平洋戦争」の「結論」は、フランス、イギリス、アメリカ、オランダへの攻撃は侵略戦争であった、と明言しているのに対し、中国については何も言及していない[77]。また、フィリピンについては「C部　第九章　起訴状の訴因についての認定」で次のような認定がなされている。

> 起訴状の訴因第三十においては、フイリツピン共和国に対して、侵略戦争が遂行されたと訴追されている。フイリツピン諸島は、戦争の期間中は、完全な主権国ではなかつた。国際関係に関する限り、それはアメリカ合衆国の一部であつた。フイリツピン諸島の人民に対して、侵略戦争が遂行されたことは、疑問の余地のないところである。理論的正確を期するために、われ〳〵は、フイリツピン諸島の人民に対する侵略を、**アメリカ合衆国に対する侵略戦争の一部**であると考えることにする[78]。〔ボールドは引用者〕

フィリピンで行われた戦争は、「アメリカ合衆国への戦争」として位置付けられていたのである。この判断に従えば、フィリピンでの残虐行為は、アメリカ合衆国の被害として扱われたということになる。判決書は、オーストラリア連邦についても、イギリス連邦の一部とするのが正当であるとの認識を示していた[79]。

東京裁判が「白人」の被害を優先的に裁いていたことは、当の判事側からみても明白だった。B・V・A・レーリンク（オランダ代表判事）は、東京裁判がアジア人に対する残虐行為よりも、白人に対する残虐行為の方に多くの関心を払っていた、とのちに回想している[80]。

帝国主義・植民地主義という当該期の枠組みは、東京裁判の判決書でも貫かれていたのである。

おわりに

最後に、本論での検討内容を振り返りつつ、冒頭で示した課題に応えたい。他のアジアの観点からみた場合、東京裁判の審理には如何なる特徴や問題点があったのか。

「検察側の追及準備→審理過程→判決」のプロセスのなかで、アジア人住民の被害は、一貫して軽視もしくは無視されていた。検察官を送り込んだ中国とフィリピンの追及にさえ大きな限界が生じている。中国での戦争犯罪は、欧米諸国に対する戦争犯罪の「前史」として位置付けられていた側面が強い。フィリピンに対する戦争も、「アメリカ合衆国の一部」として把握されることになった。

検察官を送り込むことのできなかった地域の戦争被害は、旧宗主国によって追及が「代行」されることになった。その結果、東南アジア地域での戦争犯罪については、連合国の捕虜や民間人抑留者に対する虐待が主な論点となった。なかでも「白人」捕虜の問題は重視され、審理や判決書で高い関心が払われている。

また、看過してはならないことは、植民地支配の問題性が、全ての局面で無視されていたということである。検察側は、植民地支配に関する重要な情報を幾つか入手していたが、これらは全く追及に反映されなかった。弁護側でも植民地支配に関する対策は殆ど行われていない。事実上、植民地支配の問題性は、裁く側と裁かれる側の双方の意識や議論から欠落していたといえよう。(81)

本稿での検討から、次のことが明らかである。即ち、裁判での戦争犯罪追及は、帝国主義・植民地主義の残存の下で、①「白人」捕虜、②民間人抑留者を中心とする「白人」民間人、③アジア人住民、④論点にすらならなかった植民地支配、という厳然とした「序列」のなかで行われたということである。なかでも、②と③の間の落差は果てしなく大きい。こうした「序列」が存在した以上、東京裁判は、アジアの被害を正面から裁く場にはなり得なかったといえる。なお、この「序列」はのちのサンフランシスコ平和条約にも引き継がれることになる。(82)

東京裁判の審理で論点とされた「アジア」とは、現地の人びとにとっての「アジア」ではなく、欧米諸国や旧宗主国の「視線」を介してみた「アジア」に限りなく近いものであった。本稿の副題にある「アジア」の語に、「　」を付した所以である。裁判の開廷から七〇年――。裁判を貫いていた「序列」や、「序列」を支えるような意識を、私たちはどこまで克服できているのか、このことが改めて問われている。

注

（1）内海愛子『朝鮮人ＢＣ級戦犯の記録』勁草書房、一九八二年。

（2）大沼保昭『東京裁判、戦争責任、戦後責任』東信堂、二〇〇七年、二一、三二―三三頁。

（3）ここで注意が必要なのは、「アジア不在」論は、「戦犯裁判でアジアに関する議論が全くなされなかった」という趣旨のものではないということである。例えば大沼も、東京裁判にアジア人判事が三人参加していたことを前提として議論しているのであり、「アジア人が居なかった」と述べているわけではない。内海も、オランダ裁判がインドネシアの現地住民への虐待を取り上げていることを前提に行論している（前掲『朝鮮人ＢＣ級戦犯の記録』）。「アジア不在」とは、「〔東京裁判が〕アジアの人びとの被害を追及していないと言っているのではなくて、裁判全体の構図のなかで、連合国が何を重視していたのか、また植民地支配がなぜ問われなかったのかをはっきりさせるという意味」で、問われてきたのである（以上、内海愛子の発言、内海愛子・大沼保昭・田中宏・加藤陽子『戦後責任―アジアのまなざしに応えて』岩波書店、二〇一四年、三九頁）。従って、「一部ではあってもアジアに関する証拠が裁判で提出されているので、一概にアジア不在とはいえない」式の議論は全く意味がない。本稿の検討でも、「裁判全体の構図」のなかで何が重視され、あるいは軽視されたのか、という内海の観点を重視する。

（4）粟屋憲太郎『東京裁判への道』（上・下巻、講談社、二〇〇六年）、同『東京裁判論』（大月書店、一九八九年）、同『未決の戦争責任』（柏書房、一九九四年）、吉田裕『昭和天皇の終戦史』（岩波書店、一九九二年）など。

（5）日暮吉延『東京裁判の国際関係―国際政治における権力と規範』（木鐸社、二〇〇二年）、林博史『戦犯裁判の研究―戦犯裁判政策の形成から東京裁判・BC級裁判まで』（勉誠出版、二〇一〇年）など。なおフィリピンの動向については、永井均『フィリピンと対日戦犯裁判　一九四五―一九五三年』（岩波書店、二〇一〇年）が検討している。判事の個人史を扱った最近の研究には、中里成章『パル判事―インド・ナショナリズムと東京裁判』（岩波書店、二〇一一年）がある。

（6）吉見義明監修／内海愛子・宇田川幸大・高橋茂人・土野瑞穂編『東京裁判―性暴力関係資料』現代史料出版、二〇一一年。内海愛子・宇田川幸大・カプリオ　マーク編集・解説『東京裁判―捕虜関係資料』全三巻、現代史料出版、二〇一二年。

（7）戸谷由麻『東京裁判―第二次大戦後の法と正義の追求』みすず書房、二〇〇八年。

（8）大沼保昭の発言、前掲『戦後責任―アジアのまなざしに応えて』三一―三二頁。

（9）梶居佳広「東京裁判における日本の東南アジア占領問題―検察側立証を中心に」立命館大学法学会編『立命館法学』三四五・三四六号、二〇一二年五月・六月。

（10）東京裁判の訴因は以下の通り。第一類「平和に対する罪」（侵略戦争の共同謀議・計画準備・開始・遂行、訴因一～三六）、第二類「殺人」（宣戦布告前攻撃の殺人、捕虜・一般人・軍隊の殺害、訴因三七～五二）、第三類「通例の戦争犯罪および人道に対する罪」（戦争法規違反のための共同謀議、戦争法規違反の命令・授権・許可、戦争法規遵守の義務の無視、訴因五三～五五)。なお、東京裁判では「人道に対する罪」は事実上適用されなかった。第三類については「通例の戦争犯罪」のみによる追及がなされている。

(11) 内海愛子『日本軍の捕虜政策』青木書店、二〇〇五年。

(12) 粟屋憲太郎・永井均・豊田雅幸編集・解説『東京裁判への道―国際検察局・政策決定関係文書』第四巻、現代史料出版、一九九九年、一三二―一三三頁。なお、民間人抑留者とは、戦時中、日本軍に抑留された「敵国」の民間人のことである。最も抑留者が多かったジャワ島では、オランダ人・オランダ国籍インドネシア人(七万五〇〇〇人)が抑留対象とされた(内海愛子・宇田川幸大・カプリオ　マーク「捕虜問題と日本」前掲『東京裁判―捕虜関係資料』第一巻)。

(13) 前掲『東京裁判への道―国際検察局・政策決定関係文書』第四巻、一八〇、一八六、二一八頁。

(14) 同前、一三四、一六一、二〇二、二二三頁。

(15) 第六回執行委員会(一九四六年三月一五日)では、民間人抑留者の違法な取り扱いが議論されている(同前、二二三頁)。

(16) 同前、二四二頁。「MURDER ON THE HIGH SEAS」とは、日本海軍の潜水艦が、撃沈した商船の生存者を機銃掃射などによって殺害・虐待した事件のことを指している。拙稿「日本海軍と『潜水艦事件』―作戦立案から東京裁判まで―」(軍事史学会編集『季刊　軍事史学』第四七巻第一号、通巻第一八五号、錦正社、二〇一一年六月)を参照のこと。

(17) 前掲『東京裁判への道―国際検察局・政策決定関係文書』第四巻、二三二頁。

(18) 粟屋憲太郎・安達宏昭・小林元裕編、岡田良之助訳『東京裁判資料・田中隆吉尋問調書』大月書店、一九九四年、九四、九六―一〇〇、一〇二―一〇三、一二〇―一二一、一七〇、一八一、一九三―一九七、二一〇―二一三頁。

(19) 同前、三〇二―三〇三頁。

(20) なお、東京裁判をめぐる在日朝鮮人の論調については、鄭栄桓「【史料と解説】東京裁判をめぐる在日朝鮮人発刊新聞・機関紙の論調―プランゲ文庫所蔵史料を中心に―」(「日韓相互認識」研究会編『日韓相互認識』第一号、二〇〇八年三月)が詳しく検討している。

(21) 粟屋憲太郎・吉田裕編『国際検察局（ＩＰＳ）尋問調書』第一四巻、日本図書センター、一九九三年、七一頁。以下、『尋問調書』と略記し巻数と頁数を記す。なお、本資料集所収資料の原文は英語である。引用部分は筆者による和訳である。

(22) 同前、一八〇頁。

(23) 同前、一一二―一四四頁。

(24) 以上、南への検察側最終論告より確認（『極東国際軍事裁判速記録』第九巻、雄松堂書店、一九六八年、二一三―二一八頁。以下『速記録』と略記し、巻数と頁数を記す）。

(25) 『尋問調書』第二二巻、四二五頁。

(26) 同前、四二六頁。

(27) 前掲『東京裁判への道―国際検察局・政策決定関係文書』第四巻、二二七頁。

(28) 『尋問調書』第二二巻、四六八―五一六頁。

(29) 同前、四七〇頁。

(30) 同前、五〇〇頁。

(31) 小磯国昭自叙伝刊行会編『葛山鴻爪』中央公論事業出版、一九六三年、八七五頁。

(32) 以上、小磯への最終論告より確認（『速記録』第九巻、一九四―二〇一頁）。

(33) 清瀬博士案「暫定調査要目」一九四六年三月四日『俘虜関係調査部、法務調査部状況報告綴』所収、国立公文書館所蔵。

(34) 『被告小磯訴追ニ対スル訊問書』国立公文書館所蔵、『小磯被告弁護参考資料／一．起訴状に対する弁明／二．満州事変関係／三．南洋防備関係』同所蔵、『小磯被告弁護参考資料（起訴状及同附属書関係）』同所蔵、南次郎「満州事変ニ関スル予ノ記憶ノ重ナル点抜萃」『極東国際軍事裁判弁護関係資料872』所収、同所蔵。

(35) 「朝鮮ニ於ケル学兵問題ニ就テ」法務大臣官房司法法制調査部『小磯被告個人関係　弁護資料・尋問応答要領』国立公文書館所蔵。本文書は、「小磯総督ハ常ニ真ノ内鮮一体顕現ノ時期ヲ早カラシムル事ヲ其ノ根本方針トシタノデアル」

と述べている。

(36) 内海愛子・宇田川幸大「東京裁判と捕虜」(前掲『捕虜関係資料』第一巻)、「東京裁判捕虜関係資料リスト」(同前所収)、前掲『東京裁判―性暴力関係資料』。

(37) 本節の内容は、東京裁判に関する共同研究(前掲『東京裁判―捕虜関係資料』全三巻、前掲『東京裁判―性暴力関係資料』)の成果に負うところが大きい。

(38)『速記録』第一巻、六一七―六一八頁。

(39) 前掲『東京裁判―性暴力関係資料』一五頁。

(40)『速記録』第三巻、四三九―四四三頁。

(41) 性暴力に言及したフィリピン関係証拠は三五件、このうち性暴力が独立して扱われているものは六件である(前掲『東京裁判―性暴力関係資料』一八頁)。

(42)『速記録』第三巻、五三一―五三三頁。

(43) 日本はジュネーヴ条約に調印していたが、陸海軍の反対で批准はしていなかった。日米開戦後、外務省は、日本はジュネーヴ条約に批准していないができる限り条項を「準用」すると連合国側に通達している。日本側の説明によると、「準用」とは「必要な修正を加えて適用する」(mutatis mutandis)という意味であったが、戦時中、連合国側はこれを「適用」と解釈していた(前掲『日本軍の捕虜政策』)。

(44) 本委員会は、一九四五年九月二〇日に設けられた、日本側の戦争犯罪調査機関である。この機関については、永井均編集・解説『戦争犯罪調査資料―俘虜関係調査中央委員会調査報告書綴―』(現代史料出版、一九九五年)を参照のこと。

(45) 筆者による集計。前掲『東京裁判―捕虜関係資料』(第一巻、三〇七頁)を参照のこと。

(46)『速記録』第六巻、四〇三―四〇四頁。

(47)『速記録』第八巻、八〇二、八〇六頁。

(48) 同前、八〇六―八一八頁。『速記録』第九巻、一一―一六頁。

(49)『速記録』第八巻、八〇八頁。
(50) 同前、八〇九頁。
(51)「俘虜に関する最終論告」の付属書A「一九三七年より一九四五年に至る期間中日本人の中国に於て犯したる残虐行為に関する証拠の概略」には、一九四一年以降の中国における残虐行為も、数件だが記載されている（『速記録』第九巻、六一―一四頁）。しかし、これらは最終論告本文には反映されていない。なお、付属書A・Bは法廷での朗読が省略されている。
(52) 同前、五六一―六四頁。
(53) 個人最終論告（同前、八八―三五〇頁）より確認。
(54) 同前、一〇四、二〇一、二四四頁。
(55) ただし、木村兵太郎（元陸軍次官・第七方面軍司令官）に対する最終論告は、捕虜問題に関する追及を多く行っていた一方で、ビルマ住民への残虐行為を詳しく取り上げている（同前、一九〇―一九四頁）。
(56) 同前、四三六―四三七頁。
(57) 同前、四三一頁。
(58) 同前、四三二頁。
(59) 同前。
(60) 同前、四三一頁。
(61) 同前、四三七頁。
(62) 同前、四四一―四四二頁。
(63) 以下、全被告人の個人最終弁論のうち、「通例の戦争犯罪」について言及した箇所を総点検した。『速記録』の該当ページ数は以下の通りである。同前、五五五―五五九、五六五、六三四―六三七、六七七、七〇四―七〇五、七二七、七四二―七四四、七四八―七五八、七八四―七八五頁。『速記録』第一〇巻、七―八、二一―二五、二九―三〇、四三、五六、七二―七五、九七―一〇二、一二六、一六一―一六二、一六四、二三九―二四七、二六八、三一六―三一七、三

六一―三六六、三七九―三八六、三九一―三九七、四一五―四一八、四二九―四三二、五〇〇―五〇一、五一九、五二四、五二六―五二七頁。

(64) 同前、三七一頁。

(65) 「極東国際軍事裁判判決速記録」『速記録』第一〇巻、七六六頁。以下、「判決速記録」と略記。

(66) 同前。

(67) 同前、七六八頁。

(68) 同前、七七三頁。

(69) 同前、七九四頁。

(70) 一九四二年二月一三日、日本側は利益代表国を通して、ジュネーヴ条約を民間人抑留者にも「準用」する旨、連合国側に通知している(内海愛子「加害と被害―民間人の抑留をめぐって」歴史学研究会編『講座世界史八 戦争と民衆―第二次世界大戦』東京大学出版会、一九九六年)。

(71) 捕虜関係事件の判定については、前掲「東京裁判と捕虜」の成果にも負いつつ、「判決速記録」を基に叙述している。より詳しい判定内容については、前掲「東京裁判と捕虜」を参照されたい。

(72) 「判決速記録」七八七頁。

(73) 同前、七八六頁。

(74) 以上、同前、七七〇―七七一、七七四―七七七頁より確認。

(75) 同前、七七五頁。

(76) 同前、七九五―八〇六頁。

(77) 同前、七六五頁。この点と、次に指摘するフィリピンに関する判定については、中村政則「明治維新と戦後改革」中村政則・天川晃・尹健次・五十嵐武士編『戦後民主主義 戦後日本 占領と戦後改革 第四巻』(岩波書店、一九九五年)が指摘している。

(78) 「判決速記録」七六六頁。

(79)　同前。

(80)　B・レーリンク「いまこそ裁判の成果の実現を」『中央公論』中央公論社、一九八三年八月号。また、レーリンクはデルフィン・ハラニーリャ（フィリピン代表判事）について次のような回想を残している。「フィリピン判事は全体的にアメリカナイズされていました。彼はアメリカに協力したフィリピンの支配階級に属していました。彼の態度にはアジア的なところは一切ありませんでした。インド判事〔ラダビノド・パル〕は対照的に本当に植民地支配関係を恨んでいました」（B・V・A・レーリンク、A・カッセーゼ編／序、小菅信子訳『東京裁判とその後―ある平和家の回想』中公文庫、二〇〇九年、七三頁）。

(81)　東京裁判は、被告人の「帝国意識」を清算する場にはならなかった。詳しくは、拙稿「戦犯の『戦後』―戦犯の戦争責任観・戦争観・戦後社会観―」（日本の戦争責任資料センター『季刊　戦争責任研究』第七八号、二〇一二年一二月）を参照のこと。

(82)　サンフランシスコ平和条約は、アジアの人びとへの金銭賠償を認めなかったが、連合国の捕虜に対しては認めていた。条約は、連合国側の対日賠償請求権の放棄を明言している（第一四条b項）。しかし、連合国捕虜への補償については、在外日本資産を差し押さえ、留置、清算する権利を承認し、赤十字国際委員会がこれら日本の在外資産を清算して、元捕虜とその家族に資金を分配するものとされた（第一六条）。これは、イギリスがアメリカとの平和条約草案の協議にあたって挿入させた条項だった。また講和会議の議場外では、吉田茂とオランダ代表が、民間人抑留者への賠償のための書簡、「吉田・ステッカー協定」（一九五一年九月七日）を交わしている（内海愛子『戦後補償から考える日本とアジア』第二版、山川出版社、二〇一〇年）。

〔付記〕本稿は、筆者の博士学位論文「東京裁判の史的研究―検察側・弁護側の裁判準備と審理過程に関する分析から―」（一橋大学大学院社会学研究科、二〇一五年三月）の一部に、大幅な加筆修正を加えたものである。

Ⅳ　カナダと東京裁判

高取　由紀

一九四六年五月に東京裁判が開廷してから今年で七〇年になるが、その研究は最近さまざまな方向への広がりをみせている。一九七九年に戦犯裁判に関する文献総覧である *Uncertain judgment* がジョン・R・ルイスによって出版されたとき、ニュルンベルク裁判に関する項目が一三〇〇近くあったのに対し、東京裁判に関してはわずか二三一しかなかった。(1) その後、東京裁判研究の開拓者ともいえる粟屋憲太郎は、裁判への興味がまだそれほど高くなかった一九八〇年代からアメリカ国立公文書館に眠っていた資料を発掘しながら後に続く研究者の指針となる貴重な論文を次々と発表してきたが、そのテーマの中心は主として国際検察局関係の資料に基づいたアメリカの役割を解明することだった。(2) 一九九〇年代に入りその設立の機運が高まった国際刑事裁判所が二〇〇二年にオランダ代表B・V・A・レーリンク判事の母国のハーグに設置されると、世界各地で東京裁判への関心が高まり、学術論文や書籍、学会発表

の数は ***Uncertain judgment*** 出版の頃と比べ飛躍的に増えた。そのおかげで従来広く信じられていた神話や通説の中の誤りが訂正されたり、裁判関係者の生い立ちや業績、思想などについて不明だった部分が明らかになったりした。それと並行するようにアメリカ以外の連合国の果たした役割にも研究者の関心が向けられるようになってきている。日暮吉延はすでに二〇〇二年その著書『東京裁判の国際関係』の中で、起訴状作成と多数派判事形成だけでなく公判そのものの進行過程においても「東京裁判を『合衆国の裁判』と安易に断じることは正しくないであろう」と指摘している。[3] この論文の中では参加国の一つであるカナダについてBC級裁判との関わりを含めて紹介したい。

第二次世界大戦後の戦犯裁判とカナダに関する先駆的研究として挙げられるのは、論文ではジョン・スタントンによる Canada and war crimes: Judgment at Tokyo（2000）、書籍ではパトリック・ブロードの ***Casual slaughters and accidental judgments***（1997）であろう。どちらの研究でも強調されているのは戦犯処罰に対するカナダ政府のきわめて消極的な態度である。第二次世界大戦中の一九四三年、枢軸国の戦争犯罪を調査するため連合国戦争犯罪委員会（United Nations War Crimes Commission, UNWCC）が設立されたとき、連合国の一員であるカナダは当然その参加を求められた。しかしながら当初はそれを拒否した。外交官であり国際法学者でもあったマーセル・カデュ（Marcel Cadieux）は、国際法遵守を見届けるという道義的責任がカナダにあることは基本的に認めながらも、戦犯問題はカナダにとって重要なものではないという態度を明確に表明し、それに関連する政策は抑制的に遂行するべきであると考えていた。その後、マッケンジー・キング首相（William Lyon Mackenzie King）がカナダ人兵士および一般市民に対する残虐行為調査のために任命した人物も、国際関係の業績・経験が皆無のアーサー・スラット（Arthur Slaght）という地方議会の代議士だった。スラット自身は有能な弁護士だったとはいえドイツ主要戦争犯罪人の国際裁判にも反対で、「ユダヤ民族の迫害はドイツ国内の問題だから、国内の軍事法廷で扱えばよい」と当時の国際世論からかけ離れたピントはずれの発言をしていた。アーサー・スラットの任命は戦争犯罪人追及に対するカナダの無関

心を象徴する出来事だといえる。(4)

しかしながらＵＮＷＣＣに非加盟のまま事態を傍観している限り委員会が手に入れている情報を取得することはできず、カナダ国民に対する非人道的行為の責任者が裁かれないまま幕引きが行われる可能性が浮上してきた。そのため政府も重い腰をあげ、一九四五年八月にようやくカナダはＵＮＷＣＣの加盟国となった。委員会設立からすでに二年近くが過ぎていた。代表には高等弁務官であるビンセント・マッセー（Vincent Massey）が選ばれた。その一方国内ではスラットを補佐するために設立されていた戦争犯罪諮問委員会（Canadian War Crimes Advisory Committee, CWCAC）の小委員会がカナダ戦争犯罪法の作成のため関係法令の整備に取り掛かっていた。しかし作業は遅々として進まず、一九四五年八月一〇日、ロンドン会議においてニュルンベルク裁判所憲章が制定された後も、完成の見通しは立っていなかった。それがキング首相によって War Crimes Regulations（Canada）として議会に提出されたのは九月半ばであった。カナダの戦争犯罪法はイギリスの一九四五年勅令に沿ったものとなっているが、異なっている部分の中で特に重要なのは死刑判決に関する条項で、「裁判長を含む判事が三人以下の時は全員一致、それより多い時は三分の二の賛成票がなければ下すことができない」と規定されていた。(5)

ヨーロッパ戦線におけるカナダ兵士に対する戦争法規・慣例違反の中で最も悪名高いのはノルマンディーにおいてクルト・マイヤー少将の指揮する第一二装甲師団（ヒトラーユーゲント）が犯した残虐行為である。この装甲師団の行動は一貫して残忍に満ちたものだったが、全体的にみるとカナダ軍が捕虜収容所で経験した生活は他の連合国捕虜と比べて特に劣悪とは考えられておらず、解放された兵士の中には「敵兵は我々を丁重に扱ってくれた」と証言する者さえいたことが当時の新聞で報道されている。(6)明らかに犯罪が行われた場合でも証拠が不明であったり、事件が取るに足りない些細な出来事であったり、被害者が外国人であったり、下手人が姿をくらましたりするなどの悪条件が重なったこともあり、起訴に至らないケースが一〇〇件以上あることが連合国遠征軍最高司令部戦争犯罪調査委員会のカナダ代表であるブルース・マクドナルド中佐（Bruce Macdonald）によって報告された。[7]

これとは対照的に、極東における通例の戦争犯罪に関しては起訴に向けて有利な条件がそろっていた。すでに幅広い証拠が収集され容疑者も特定されており、陸軍は戦犯法廷への参加に手ごたえを感じていた。[8] 太平洋戦争が勃発する直前、カナダは香港に駐屯軍を派遣するようイギリスから要請を受け大隊を送っていたが、開戦後まもなく日本軍の香港攻略を受け一九四一年のクリスマスイブまでにあっけなく降伏した。カナダ人捕虜の数は合計で約二〇〇〇人に上った。[9] 捕虜たちは香港の深水埗のほか、日本国内では仙台、新潟、東京、名古屋、大阪、広島、福岡など各地の収容所に送られ、内地収容所だけで合計一三六名が死亡した。[10] 香港と日本でカナダ人が被った残虐行為は、一九四〇年から一九四五年の間にヨーロッパに送られた五つの師団の受けた被害を合計したものより多かった。[11] 当時、日本軍は国際赤十字委員会による収容所視察の受け入れをなかなか許可せず、[12] たとえ許可しても訪問者の到着する前には北朝鮮の「平和の村」顔負けの大道具・小道具を準備して実態を隠していた。それをもとに書かれた報告書をカナダは頭から信用していたわけではなく、様々な方法で救援物資を届ける努力をしていたが、一九四三年一一月に連合国八か国が日本政府に対し捕虜待遇の改善について合同で宣伝活動を始めることを決めた際、カナダ政府は最終的に参加することを決めたものの、初めのうちは「検討するためにもう少し時間が欲しい」と、またしても及び腰の態度をみせていた。回答を留保したのは八か国中カナダだけだった。[13] しかも、プロパガンダ報告については、安否を気遣う家族に心の安らぎをもたらすかもしれないという誤った判断のもとにそれを公開してしまった。同様に、収容所の一見牧歌的な風景を写したやらせ写真が一九四五年八月に届けられたときも、政府高官の一人は、戦時情報委員会とカナダ赤十字、カナダ人捕虜親族協会にコピーを提供してはどうかと提案する始末だった。このように政府は一方で自国民への虐待を憂慮しながら、他方で戦時下における日本の宣伝活動の片棒を担ぐような矛盾した行動を取っていた。[14]

収容所の生活については香港攻略の直後から断片的な情報が流されていたが、[15] 日本が降伏すると、組織的な聞き取り調査がカナダ空軍およびフィリピンのアメリカ軍によって開始され、その結果は戦争法規違反の証拠として国防省本部に送られていた。[16]宣教師など民間人の被収容者は比較的恵まれた環境で生活していたようだが、[17]兵士の場合はどの体験談も悲惨なものばかりだった。特に日本人軍医将校など衛生兵は健康管理がその任務でありながら連合国傷病兵に対し十分な食料も薬品も与えなかった。その惨状を調査研究したチャールズ・ローランドは、最近の論文の中で「ヒポクラテスの誓い」の教えが東洋でも守られるだろうと信じたことはおそらく間違いであり単純かつ未熟な考えだったのだろうと日本人にとって屈辱的なコメントを残している。[18]

こうして実態が明るみに出るにつれ、戦犯に正当な法の裁きを下すべきだという声が高まった。その具体的な処罰方法についてだが、日本の降伏後カナダは極東に占領軍を派遣していなかったためそこで軍事法廷を設置することは国内法に則る限り不可能で、アメリカもそれを許可する計画はなかった。容疑者をカナダに連れてきて裁くという案も非現実的であった。結局カナダ国民に残虐行為を働いたBC級戦犯を裁く法廷は、香港ではイギリス軍、日本国内（横浜）ではアメリカ軍の協力によってのみ召集が可能になり、政府は証拠収集・分析など検察の補佐として四名の法務将校を派遣した。[19]横浜に設置されたアメリカ法廷では、駐米大使館からの提案が受け入れられ、起訴内容が実質的に「カナダ裁判」と呼べる場合はカナダ人裁判長による審理が実現し、法務総監室のトーマス・モス大佐（Thomas Moss）が任命された。[20]香港ではイギリス軍が最終的に合計一二三名の日本人戦犯を起訴し、そのうち二〇名に死刑判決が下されたが、これは統計的にイギリス裁判全体のそれぞれ一二・六%、八・九%に相当する。[21]これらを含めたBC級裁判は「見当がつかないほどたくさん問題がある」といわれているが、[22]イギリスによるものは高い水準が保証されており、将来に虐殺行為の訴追を対象とする同様の法廷が開設されるときの模範とされるべきであるとジョン・プリチャードはその厳格さと公正性について太鼓判を押している。同様にフィリップ・ピチガロも、イギリス裁判関係者が公正な審理確保のために腐心していたことを詳細に説明している。[23]一方で田中宏巳は、BC級裁判における「報復的色彩」はイギリス法廷において特に顕著であると断言し、公式発表されている死刑執行者数の中には日本人戦犯容疑者に対して行われたイギリス兵による暴行の犠牲者が含まれている可能性を示唆している。シンガポール日本総領事館に勤務し警備司令部の嘱託だった篠崎護は監獄生活を経験し裁判の証言台に立ったこともあるが、イギリス人看守の紳士的な振る舞いを評価しながらも「『目には目、歯には歯を』というのが、英軍の方針であり」、「次から次に、目を移す暇もない位のスピード裁判で、一審即決、簡単に、死刑の判決が下された」とその拙速さを非難している。(24) プリチャードおよびピチガロの評価とはおよそ正反対である。実際はおそらく玉石混合だったのだろうが、林博史は、問題をあげつらうだけで満足したり、相手の違法行為を引用することにより日本のそれを打ち消そうとしたりする態度の不毛を指摘している。(25)

そもそもBC級戦犯法廷についてはその多くが非公開だったため東京裁判に比べて不明な点が少なからず残っており今後の研究を俟たねばならないが、(26) その中の一つに関して仙台捕虜収容所での生活を経験したあるカナダ空軍中佐による興味深いエピソードがパトリック・ブロードの著作の中で紹介されている。日本の捕虜収容所では殴打が異常ともいえるほど常習的に行われており仙台も例外ではなかったが、(27) アメリカ法廷でそれについて証言した空軍中佐は、人的にも物質的にも不当に優遇されていたのは弁護側だったと感じたという。ダグラス・マッカーサー元帥は被告のために名うての弁護士をシカゴから呼びよせたり必要な設備などを整えたりしたのに対し、検察側は証人の法廷召喚さえもままならないことがあり、捕虜収容所看守全員の起訴が無事終了するや否やその空軍中佐をはじめカナダ検察官たちは追放されるがごとく「老いぼれマッカーサーにアメリカ占領地区から一週間以内の退去を命じられた」と不満をぶちまけた。そして、このようなえこひいきの理由はマッカーサーが弁護側に肩入れすることでできるだけ多くの被告を釈放し日本人の懐柔をもくろんでいたからだろうと推測している。(28)

BC級戦犯の中でカナダ国民にもっともよく知られているのは「カムループス・キッド」こと日系二世の井上加奈

雄であろう。井上はカナダ西海岸のブリティッシュコロンビア州カムループスの出身で、父親は第一次世界大戦中にカナダ軍の歩兵としてヨーロッパ戦線に投入されたことで勲章を貰い、祖父は京王電気軌道の創業者で貴族院議員も務めた井上篤太郎という家系だった(29)。マーク・スウィーニーの調査によると、井上加奈雄は香港の捕虜収容所でスパイ容疑取り調べの通訳として憲兵隊のために働いていたが、その際に水責めなどの拷問を含む虐待を民間人に行ったとして戦犯裁判にかけられた。暴行を受けた者の中には少数ながらカナダ人兵士もいたため、同胞への戦争犯罪として知られるようになった。裁判は国内で実施する案もあったが、政府は日系人とそれ以外のカナダ国民との間の緊張感が増すことを恐れて反対した。カナダは真珠湾が攻撃されるとまもなく、日系人の財産没収や国外追放、強制収容所送りなどの差別措置に踏み切っていたためスネに傷持つ身であり、日系人が関わる問題にはこれ以上首を突っ込みたくなかったのだろう。結局、審理は香港のイギリス軍事法廷で実施されることが決定した。認められた起訴事実は虐待のみで殺人はなかったにもかかわらず判決は死刑だった。ところが、ここで井上の国籍問題が浮上した。当時カナダはイギリスの自治領だったから、カナダ国籍を持つ者とはすなわちイギリス国民であることを意味した。そうなると法律的にはイギリス軍事法廷で自国民を戦争犯罪人として裁くことはできず、したがって審理と判決は無効となった。しかし政府は井上を無罪放免するつもりなど毛頭なく、今度は反逆罪で起訴することにした。つまり、イギリス王室に忠誠を誓ったにもかかわらず、自ら進んで敵国に援助を供与し背信行為を行ったというわけである。この検察側申し立てに対して日系カナダ人退役軍人のロイ・イトウは、戦争中、国内の一世・二世を含む日本人はカナダ生まれかどうかに関係なく全員を「日本人」として扱っておきながら、反逆罪の裁判になると「二世はカナダ人である」と判断したご都合主義の欺瞞性を冷ややかな目で従軍回想録の中に記している。二度目の裁判だが、今回も政府は厄介な存在だった井上をカナダに連れ戻すことだけは何としても避けたいと願っていたが(30)、その望み通り審理は香港の民間法廷で陪審裁判として行われることに決まった。評議の時間はわずか一五分だった。今回も判決は死刑だった。刑の執行は一九四七年八月で、立会人によると最後の言葉は「万歳」だったという。[31]ブリティッシュコロンビア州で生まれたにもかかわらず「おまえはカナダ人じゃない」と社会から疎外され、戦争が終わると「カナダ国民でありながら」と非難された井上が帰属意識に関して平均的日系人より強い葛藤を持っていたことは間違いないであろうが、棄却をはさんで死刑判決を二度宣告され対日協力者として香港で刑死した井上加奈雄は何を思いながら絞首台に上っていったのだろうか？[32]カナダではその生涯を題材としたInterrogation：Lives and trials of the Kamloops Kidという演劇が二〇一五年に制作・上映され、日系人の間で井上の悲劇の記憶を語り継いでいく努力が続けられている。[33]

一般的に日本人による戦時国際法違反はドイツ人の場合と比べて格段に悪質と考えられており、その裁判についてもカナダ国内、特に多くの捕虜の出身地であるマニトバ州やケベック州では頻繁に新聞で報道されていたが、主要戦犯裁判と比べると政治的な配慮や要請のしがらみをあまり感じることなく法廷は判決を下すことができたという。[34]そのような利点はあったが、これらの裁判は基本的にイギリス・アメリカの裁判であったため、必ずしもカナダの意向が貫徹できるという保証はなく、むしろ管轄権が重なった場合は英米の都合を優先させられる場合が多かった。たとえば横浜裁判で検察官を務めたオスカー・オア中佐（Oscar Orr）は、当時日本にいた元香港総督・磯貝廉介中将を香港で裁判にかけるべきだと本国政府に強く訴えたが、外務省の法律顧問E・R・ホプキンス（E. R. Hopkins）がそれほど乗り気でなかったことも災いし、磯貝は南京軍事法廷で裁かれることになった。それ以外にもカナダ関係で起訴されるべき容疑者がシンガポールに次々と送られ、オア検察官は憤懣やるかたなかったがどうすることもできなかった。[35]極東におけるカナダの戦犯訴追は一九四七年五月で終了したが、以上のように不本意な譲歩を余儀なくされた例が数多くみられた。それに比べ侵略戦争の計画・遂行に責任を持つ日本の指導者を裁いた東京裁判はカナダにとって判事席から直接影響力を行使できる機会であり、その意義は大きいはずであった。

この論文の冒頭で書いたように、カナダ政府はＵＮＷＣＣの一員となることに対しはじめのうちはためらっていたが、自国民への残虐行為を裁くＢＣ級法廷への参加を最優先するために加盟国となることを決断した。同様に政府の不承不承な態度は、主要戦争犯罪人訴追への道を開いたロンドン協定との関わりにおいてもみられた。一九四五年八月、ロンドン協定およびニュルンベルク憲章が採択されると、ＵＮＷＣＣ参加国はただちに協定に加盟した。しかしその正式加盟国の中にカナダの名前はなかった。政府に参加を促すメッセージは次々と入ってきており、特にロンドンの高等弁務官は、ニュルンベルク裁判に正式オブザーバーを送ることができる権利を引き合いに出しながら本国政府の決断を期待していた。またある時は、ニュルンベルク裁判のイギリス判事の代替判事としてカナダから誰か任命するという提案を思いつき、特定の名前を挙げながら政府の考えを打診した。[36] これらの熱心な誘いかけにもかかわらず、外務省で戦犯問題を担当していたホプキンスやジョン・リード（John E. Read）は、協定については慣習国際法に沿っていると評価していたものの、その参加についてはまったく無関心で、ドイツ主要戦争犯罪人の処罰は四大国に任せておけばいいという態度だった。カナダ人代替判事についてもまったくその気はなかった。また、カナダの参加を想定していたイギリスの自治領大臣が、証拠を提出する場合の受け渡し記録の管理について指示を与えたところ、その回答は「主要戦犯に関してこちらから提出する証拠がないのだから、その提出経路について協議する必要もない」とそっけないものだった。[37] 裁判の傍聴については、開廷まもなくオブザーバーを送ったが「あくまでも私人として」行くことが確認されていた。ロンドン協定加盟問題は裁判が始まった後も未解決の状態が続いていたが、一九四五年の暮れに外務省が高等弁務官へ送ったメッセージの中で「政府の態度についてだが、この協定に加盟することでカナダが達成することのできる有益な目的はほとんどないという考えで、したがって加盟が実現する可能性は非常に低い。この旨をイギリス政府当局に非公式に伝えてもらいたい」と述べたことで不参加はほぼ確実となった。[38] 結局カナダは最後までロンドン協定加盟国の仲間入りをせず、ニュルンベルク裁判との関わりも持たずに終わった。

一方、東京裁判については降伏文書調印の前からすでに外務省によってその参加が認識されていた[39]。そしてアメリカ国務・陸・海三省調整委員会による日本人戦争犯罪人の処罰に関する基本方針五七／三が通達された半月後の一九四五年一〇月一八日、カナダを含む降伏文書調印国は判事指名を正式に要請された。それによるとアメリカ・イギリス・中国・ソ連は五名、オーストラリア、カナダ、フランス、オランダ、ニュージーランドは三名の名前を提出することになっていた[40]。しかしその後一か月以上が過ぎても判事選出の動きはまったくなく、カナダ戦争犯罪諮問委員会は一一月二〇日、国防省から二名の将校をワシントンDCに派遣し[41]、首席検察官として正式任命予定だったジョセフ・キーナンおよびアルバート・ガレットソン法務補佐官と一〇月一八日付のメモランダムについての会談に臨ませた。会談は一一月二五日まで六日間続いた。この訪米前までカナダにとって東京裁判とは「ロンドン協定の原則から逸脱せず、ニュルンベルク裁判に準拠した国際裁判」と非常に漠然としか理解されておらず、しかもカナダがロンドン協定・ニュルンベルク裁判のどちらとも無関係だったため戦争犯罪調査部（War Crimes Investigation Section, WCIS）の内部でさえもA級戦犯とBC級戦犯との区別を知らない者がいたが、この会談をきっかけに多くの不明点が解消した。その中で特に重要だった項目を報告書の中から要約すると、（1）戦争犯罪の概念には三種類あり、それは「平和を乱すための共同謀議」、「占領中の残虐行為」、「残虐行為の個々の行為」の三つ[42]（それぞれ「平和に対する罪」、「人道に対する罪」、「通例の戦争犯罪」に相当すると解釈されていた）で、その中でキーナンが担当するのは一番最初のカテゴリーだけである、（2）裁判所憲章と手続き規程は、マッカーサー元帥が参加国から指名された判事と協議しながら作成する、（3）会談の時点で提出されていた判事候補者の数はゼロで、最悪の場合はアメリカ単独でも裁判を実行する決意であるが、キーナンは明らかにカナダ判事の指名を強く望んでいる、であった[43]。

この会談の最終日にはイギリス大使館関係者とも話し合いの場を持つことができ、管轄権や判事・検事など裁判の審理だけでなく、必要な事務職員や具体的な給与額、宿泊所などを含めた裁判所の全体像が一部を除きかなり明確になった非常に成果の多い六日間だったといえる。カナダは歴史的にアメリカと深い関係にある友好国だが、首都オタワからワシントンDCまでそれほど時間をかけずに行くことができるという地理的好条件は、このように重要な懸案事項について非公式とはいえ政府要人と直接対面で質問や意見を十分に出して話を煮詰めることが比較的容易にできる環境を意味している。それはその他の連合国がどんなに望んでも得ることのできない地政学上の強みである。

オタワ帰国から約一か月後の一二月二八日、アメリカ国務省は降伏文書調印国に向けて年明けの一月五日までに判事と検事を指名するよう実質的な最後通牒ともいえる文書を送信した。関係諸国は動き出し、ニュージーランドと中国が一番乗りで要請に応じた。(44) カナダでは国防省が中心となって有資格者を探していたが、ここで大きな問題が生じた。キーナンは一一月末の会談で判事の資格として「大佐またはそれ以上の階級」という条件を出していたが、ロンドンの自治領大臣からカナダ、オーストラリア、ニュージーランドに宛てた同文通牒の中では「少将またはそれ以上の階級」という高いハードルを提示していたからである。結局、国防省からの回答は「適格者はいない」であったが、過去に軍隊階級を有していた著名な法律家に名誉階級を与えて任命することを提案した。そしてオンタリオ最高裁判所の判事であるアンドルー・ホープ（John Andrew Hope）ならびにジョン・ケイラー・マッケイ（John Keiller MacKay）の二名を推薦した。どちらも第一次世界大戦で兵役の経験があった。(45)

アメリカが指定した期日はすでに過ぎていたこともあり外務省は、ただちに国防・司法省と協議の結果ホープ判事をカナダ代表判事として派遣することに決定した。内閣も一月八日これを承認し、枢密院事務局はオンタリオ最高裁判所の裁判長に連絡するようホプキンスに指示を通達した。ホープ自身もこの任務に大変前向きで、正式発表前にトロントからオタワに出向いて詳細を話し合いたいとやる気満々だった。(46) ところが一月一〇日、オンタリオ最高裁判所はホープの日本派遣に難色を示したのである。(47) 司法次官の説明によると、当時東京裁判の審理は三か月ほどかかるだろうと考えられており、判事の長期不在がオンタリオ裁判所にとって支障をきたすというのが理由であった。すると翌日にはケベック州王座裁判所のスチュワート・マクドゥガル判事（E. Stuart McDougall）の名前が正式にアメリカ国務省に伝えられた。

何の前触れもなくマクドゥガルの名前が浮上した経緯については、それを書き留めた文書はカナダ国立公文書館には見当たらない。察するに、最終期限である一月五日から一週間近くが経っており、これ以上の遅れは許されないという危機感が内閣にあったのだろう。したがって書面による関係省庁間連絡のようなまどろっこしい方法ではなく電話で連絡を取り合っていたことは確実である。それを示す傍証が外務省から駐米大使への電報の余白に残されている。そこには「ホープ判事は行くことができない。マクドゥガル判事の任命は電話で許可が下りた。Ｅ・Ｒ・Ｈ」というメモがホプキンスによって書き込まれていた。(48)

一方のホープ判事は、オタワに任命受諾の返事をした直後に上司が日本行きを許可しなかったことを知らされその晩に直談判した。すると「貴兄の東京裁判判事任命への扉を私が不可逆的に閉ざしたとは思わない」と含みを残した答えが戻ってきたため、ホープは自分の任命の手続きをこのまま進めてほしいとホプキンス宛の手紙の中で訴えた。さらに、その手紙だけではまだ自分の主張を通しきれていないと感じたらしく、翌日トロントから外務省に打電した。しかし電報が届いた時にはすでにアメリカ国務省にマクドゥガルの名前が通知されており、マクドゥガルからも謝礼の書簡がホプキンスに送られていた。ホープ判事任命への扉は不可逆的に閉ざされたのである。(49)

マクドゥガル判事は名門マギル大学卒業で、民法学士号を取得し専門は鉱山法および会社法だった。国際法はもちろん刑事司法制度とも無縁で、裁判官としての経歴も一九四二年に始まったばかりだった。マクドゥガル本人によって提出された履歴書を見ても、法律家としての経歴はほんの数行で、それ以外は趣味・娯楽（ゴルフ、ホッケー、釣り、ビリヤード、バイオリン）、兵役および政界とのつながりについての記述が殆どである。連合国軍事法廷の判事席に着く者の経歴としては生彩を欠いていると言わざるをえない。(50)オンタリオ最高裁判所判事として一〇年以上の経歴を持つホープと比べると歴然とした落差があるのは否定できない。力量不足は本人も自覚していたようで、出発前には極東における最初の戦犯裁判である山下裁判の判決書だけでなく刑法の法典のコピーも取り寄せていた。ＵＰＩ通信社特派員として裁判を直接取材したアーノルド・ブラックマンもその著書 ***The other Nuremberg*** の中でカナダ代表判事に対しては本国でも日本でも人々は「眉をひそめた」と記している。(51) そのような人物になぜ白羽の矢が立ったのだろうか？　マクドゥガル抜擢の理由として考えられるのは、ブロードが推測しているように政治関係の経歴である。(52) 短期間ではあるが一九三六年には地方財務官に就任したこともあり、その当時のケベック州首相はカナダ首相マッケンジー・キングおよび自由党の強力な支持者だった。(53) また、マッケンジー・キングが初代労働大臣（一九〇九～一一）を務め、その後もコロラド州で起きた労働争議史上悪名高い炭鉱事件（「ラドローの虐殺」）で労使政策顧問の仕事を経験したことに鑑みると、(54) 労働争議調査王室委員を何度も務め鉱山法が専門のマクドゥガルとの接点があったことは十分に考えられる。このようにカナダ代表判事の選出の裏には、時間切れという切羽詰まった状況の中で労働問題を通じたマッケンジー・キング首相の自由党とつながりのある人物が思いつきで選ばれたという行き当たりばったり的な要素が存在していた。とにかく事情がどうあれマクドゥガル判事は来日後、東京裁判において他の英連邦判事たちと多数派判事を形成し、判決作成の過程で中心的な役割を果たすことになるのであった。また、レーリンク判事と並んで公判日の殆どに出廷し良好な勤務成績を残していたことも特筆されていいだろう。(55)

一九四六年二月二二日、マクドゥガルとレーリンク、ジョン・Ｐ・ヒギンズ（アメリカ代表判事）を乗せた飛行機がカリフォルニアのハミルトン基地を発った。マクドゥガルは東京到着後、裁判開廷の五月三日までの間に二通の書簡を手書きでオタワに送っていた。内容は裁判準備（法廷内の配置、判事席の席順を巡るイザコザなど）に関わる報告で始まるが、その大半は日本滞在中の生活費の送金についての相談であった。それらの手紙を読む限り、裁判は順調に進行するだろうと期待されていた。しかしすでに先行研究でよく知られているように、弁護側は罪状認否の直前に裁判長忌避動議を提出し、それが却下されると次に管轄権動議を用意し、後者の扱いを巡って判事団は紛糾しマクドゥガルとW・D・パトリック（イギリス）、エリマ・ノースクロフト（ニュージーランド）の英連邦判事三名は、一九四七年三月それぞれの本国政府に辞任願を提出するのだった。マクドゥガルはその手紙の中で、侵略戦争の犯罪性を否定したパルとレーリンクを「特異な見解」の持ち主と呼び、自然法を引用したフランスのアンリ・ベルナール判事と並んで批判の矛先を向けた。裁判長であるオーストラリアのウィリアム・ウェッブ卿については、能力と経験がどちらも無く誰からも信頼も信用もされておらず、その協調性の欠如のせいで他の有能な判事たちが一緒に仕事をすることができなくなったと考えており、判事団の分裂の責任の一端は裁判長にあると非難した。(56)

これはあまり知られていないことだが、マクドゥガルが辞めたいと言い出したのはこの時が初めてではなかった。この騒動の九か月ほど前、アメリカ代表のヒギンズ判事が辞表を提出しこの時はマッカーサーに受理されマイロン・C・クレイマー少将と交代していたが、同じ時期にマクドゥガルも辞意をヒギンズに漏らしていた。しかし本気だったかどうかは疑わしい。ヒギンズの日記にも「マクドゥガルは口ばかりで行動せず。辞めたいと思っているそうだが、何もしないだろう。彼は尻に敷かれているようだから国を離れていて幸せそうだ。でも何か大言壮語しなくてはいけないと思っているようだ」と書かれていた。(57)ともあれこの問題は、本国政府がこれを許可せずマクドゥガルも任務続行を承諾する返事を送り一件落着した。

実は審理開始から辞任騒動が表面化するまでの一一か月間にマクドゥガルと政府の間で交信が行われた記録はカナダ国立公文書館の東京裁判関係のファイルの中には見つからない。この空白期間は何を意味するのであろうか？　まずオタワからの連絡がないのは、対日戦犯問題に関するカナダ政府の希薄な関心を示す例である。東京裁判は二か月または三か月、長くても六か月で終わるというのが大方の予測であった。にもかかわらず開始から一〇か月以上経っても結審する気配はなく、それでも外務省のホプキンスをはじめ戦犯裁判関係者たちは何の不安も抱かなかったようである。マクドゥガルの辞任願は英連邦判事三名が出した中では一番最初に本国政府に届いたようで、閣僚たちがその対応のために右往左往していたとき、まだパトリック判事から法廷内での不協和音について何も聞いていなかったイギリスは「カナダ政府は東京裁判内部で以前から続いている内輪もめか何かについて苛立っているようだが、我が国はそのような報告は受けていない。少し前に被告側弁護人の一人が退廷を命じられたことが新聞で報道されていたから、もしかしてカナダが言及しているのはこの過去の問題ではないか」と慌てる様子はなかった。カナダが必ずしも最新の情報を得ていない、またはその努力をしていないことに薄々気づいていたようである。[58] 駐日カナダ代表部のE・H・ノーマン（E. H. Norman）はまもなく状況報告を送信しているが、その中ではイギリスやニュージーランド政府ならすでに持っている旧情報（起訴状の対象期間は一九二八年から始まる、アメリカは被告のために自国から弁護人を選任したが、[59] その評判はすこぶる悪い、検察側立証段階は終了し弁護側反証が始まっている、等々）を逐一説明している。なお、この報告の中でノーマンはマクドゥガルの立場はまったく支持せず、むしろ「誰からも信頼も信用もされていない」ウェッブ裁判長を全面的に擁護していた。[60] ちなみに政府が無関心だったのは審理の進行状況に関する交信だけではなく、その経路にも注意を払っていなかったようで、辞任騒動の最中に国防省本部から送信された最高機密文書はオーストラリア軍経由で受信・解読されており、ノーマンは厳重注意を喚起していた。[61]

反対にマクドゥガルからの音信不通には別の意味があるようにみえる。東京裁判に関するオタワの興味がそれほど強くないことを察知していたのかもしれないし、単に筆まめな性格でなかっただけとも考えられるが、判事任命の打診があった一月一〇日前後から東京へ向けて出発するまでに四通、日本到着後は前述したように開廷前に手書きで二通、合計六通の手紙を三か月半の間に書いたことになる。決して筆不精だったとはいえない。おそらくマクドゥガルは判事の中立性・廉潔性を重んじていたのではないだろうか。そもそも裁判官が一方の当事者だけに意見やコメントを出すことは独立公正の原則に反した心証開示になる。少なくとも形式上はカナダも訴追国だったのだから、判事室の評議の内容はもちろんのこと審理に関する主観的な認識や感想もオタワに知らせることにためらいを感じていたのかもしれない。（もっとも家族に宛てては私信を送っていたらしいので、交信を完全に遮断したというわけではなかった。）[62]

直接証拠ではないが、裁判官の守秘義務に対するマクドゥガルの考えがどんなものだったかは次の三つのエピソードの中に垣間見ることができる。まず、一月半ばに東京行きの任務を受諾した直後、マクドゥガルは報道機関への正式発表をホプキンスに催促している。マスコミのスポットライトを欲していたからではない。どうしても知らせる義務がある人物以外には約束通り誰にも日本行きについて口外していなかったにもかかわらず、その噂はすでに外務省の高官によって流布していたため、このまましばらく正式発表がされず自分も判事就任について知らぬ存ぜぬを繰返していたら噂だけが独り歩きしてしまい面目丸つぶれになると考えたからである。そして政府内で高い地位にある人物が内密の情報を保護しなかったことは無責任であり、自分が義務を全うしただけでお門違いの批判を被るのは御免であると不満を露わにした。[63] 次に、一九四七年春、マクドゥガルが沈黙を破って判事団の分裂と辞任の意思についてルイ・サンローラン外務大臣（Louis St. Laurent）に送った長文の手紙はあいさつ抜きで、まず本国と連絡を取ることは裁判官倫理に違反している可能性があるという断り書きから始まっている。そして自分の職務はあくまでも司法の領域に属しており、裁判の運営についていかなる欠陥があってもそれは政治とは無関係で、その修復に関わるのは判事のみであるという原則を述べている。にもかかわらず自分がこのような形で内部事情を暴露した理由については、判事室での評議の内容を公にしないという合意に「インド代表判事」が署名を拒否したためその他の判事たちも「この件に関して自由に行動することが可能になった」と裁判開始直後の出来事を引き合いに出す苦しい釈明をした。サンローラン外相から戒められる場合を考慮していたことがうかがわれる。[64] 最後に、一九四七年春の辞任騒動が収まった後、駐日カナダ代表部のノーマンは外務省宛のメッセージの中で法廷が六週間の夏季休暇を取ることに決めた旨を報告しているが、裁判の進捗状況について「マクドゥガル判事とは頻繁に会うが、法廷内での問題についてはむしろ東京よりオタワでのほうが相談しやすいと本人は感じているのではないかと自分は思う」と書いている。マクドゥガルがノーマンとの交友を持っていたことは確かだが、たとえ同胞であっても法廷外では裁判に関しては多くを語らず、二人の関係がその他の連合国の場合と違ってそれほど親密でなかったことを言外にほのめかす文面である。(65)

いずれにしてもマクドゥガルとカナダ政府との間の交信記録の少なさは、同僚判事の場合と比べても際立っている。まずウェッブ裁判長だが、一九四八年一〇月、判決が発表される時期やその長さについてかなり正確な情報がサンフランシスコからの報道で流されていたことに憂慮したマクドゥガルからメモランダムを受け取ると、判決がいつ頃言い渡されるか、またどれくらいの長さになるかについては自分も法廷外でオーストラリア政府関係者と頻繁に話していることを認めたが、マスコミが暴露したことのすべてが秘密の漏洩には相当しないとして外部との接触をあまり気にかけていないようだった。(66)ニュージーランド代表ノースクロフト判事は、開廷後の一九四六年五月から辞任願提出までに本国政府に宛てて五通の書簡を送り詳細な経過報告をしていた。たとえばニッポンタイムズ紙の切り抜きを同封したり、自分が実際に見聞した街中の様子も伝えていたが、キーナン検事やアメリカ人弁護団とその仕事ぶりになると「無能」「おバカ」「粗末」「無価値」など軽蔑の語彙を織り交ぜたメッセージをしたため、占領当局は「アメリカ人以外の国民の居心地を悪くすることが公式の方針のようだ」と皮肉をたっぷり交えてコキおろしていた。それらの手紙の中では東京裁判が冒頭から抱えていた数々の深刻な問題がつぶさに書かれていたため、ノースクロフトが辞意を表明したときもニュージーランド首相にとってはまったく晴天の霹靂というわけではなかっただろう。(67)同僚判事のパトリックも駐日イギリス代表部と情報を分かち合っており、迅速な公判の終結のためには証人尋問にあたって重複する証拠の受理を拒否する以外に道はないと考えているなど、裁判運営についてかなり具体的な発言をしていたことが記録されている。(68)同じく多数派の梅判事も中国検察団のメンバーたちとともに日本人戦犯を断罪するという共通の目的に向かって連帯していた。それだけでなく梅の場合は中国人の新聞記者に死刑判決について情報を漏らしていたといわれ、日暮は「梅の秘密保持意識は希薄であったと思われる」とコメントしている(69)。もし事実なら裁判官によるリークとしては最悪の部類に属すであろう。裁判参加国の中で独自の立場に置かれていたソ連については代表判事を含む関係者全員が政府とタッグを組んでいたであろうことは容易に推測できるが、一九九〇年に刊行されたアナトリー・ニコラエフ著『東京・人民裁判』(*Токио суд народов*)の中でも、同じ執務室で書類に目を通しているS・A・ゴルンスキー検事とI・M・ザリャノフ判事のツーショットを堂々と披露している(70)。

多数派判事と真っ向から対峙していた少数派判事も程度の差はあれ事情は同様で、レーリンク判事の場合、初めは本国からの助言を求め、反対意見執筆を決断した後にはその旨を伝えており、ハーグからは多数派に与するよう訓令が出されていた(71)。反対意見を書いた判事たちの急先鋒であったパル判事は、家族への手紙の中で裁判について語ることはなかったとはいえ、インド政府ならびに東京の駐日代表部に向けて「弁護側の異議を大筋において支持する」姿勢を早くから明確にしていた(72)。自然法に立脚した反対意見書を書いた「少数派判事の中の少数派」であるアンリ・ベルナール判事も同胞の参与検事との間に「濃厚な接触」があったようで、それについて大岡優一郎は「通常の裁判ではすでに問題とされるに足るものだろう」と指摘している(73)。しかしながら「法の正当な裁き」とは実質的に「有罪判決」と同義だった東京裁判においては、裁判官が検察側と一蓮托生で裁判を牽引していったことなど問題視されていなかったのだろう。

実はマクドゥガルも厳密な意味では「一方の当事者」と接触していたことがあった。しかしその「一方の当事者」とはアメリカ人弁護団だった。時期的には辞任願を郵送した直後だったが、判事団の中の特別委員の一人として弁護側と会合し審理の遅れの理由とその対策を話し合った。そして翻訳者および事務職員の不足と財政的困窮、弁護団内部の対立などの深刻な実情を聞き、統計を引用しながら四頁にわたる長文の報告書をまとめ判事全員に配布している。[74]ともあれ以上のような環境でマクドゥガルは、幸か不幸か本国政府が裁判にそれほど興味を示さなかったこともあって、独立・中立であるべき裁判官の体裁はある程度保ったといえる。

では事実認定・証拠評価を客観的に行い検察側・弁護側どちらの主張を採用するかの判断を下すべき裁判官としてのマクドゥガルの仕事ぶりはどうだったのだろうか？　法律家としての経験にキラリと光るものがないとはいえ、自分より優れた経歴をもつ同僚の中でも気後れすることはなかったようである。たとえばフランスのベルナール判事とは満州事変の位置づけやリットン報告書の価値を巡って何度か書面でやりあっている。フランス段階で検察官がフランス語を使おうとしたときも「裁判所憲章の規程に抵触する可能性がある」と裁判長の注意を促した。[75]しかしその一番の功績は、やはり多数派判事として最終判決の作成に参画したことであろう。特に判決書第二章「法」については最終論告が終了する一か月ほど前の一九四八年三月一八日にイギリス判事パトリックと連名ですでに草稿を準備していた。その後多少の段落入れ替えがあったものの、それはほぼ一語一句違わず最終版に反映されていた。マクドゥガルは、また、合計で五五項目あった起訴状中の訴因の簡素化にも貢献した。たとえば侵略戦争の「計画、準備」と「開始」については個別に扱う必要はなく、それぞれ「共同謀議」および「遂行」の中に含まれるべきだと主張した。この結果、該当する訴因六番から二六番までが一括して対象外となった。次に、一般人および非武装軍隊の殺害に関する訴因四五番から五〇番までについても、「通例の戦争犯罪及び人道に対する罪」の訴因五四番に含めることを提案した。最後に、訴因二七番「満州事変以来の対中華民国戦争遂行」と二八番「支那事変以来の対中華民国戦争遂行」については、この両方に判定を下すことは日本が中国と二つの戦争を行っていたという解釈になるという問題点を指摘し、その結果、訴因二七番だけが採用された。[76]

マクドゥガルが的確な判断と指示を率先して下したのは判決作成のときだけではなかった。公判が終了し判決書の翻訳が始まってまもなく民間情報教育局長のドナルド・R・ニュージェント中佐からウェッブ裁判長に一通の手紙が届けられた。ニュージェントは判決書の要約とその日本語版を報道関係者のために用意することを考案しており、それについて判事団に打診するためであった。すでに判決が長文になることは予想されていたが、それを必ずしも法律の知識に精通しているとは限らない特派員や新聞記者が迅速にまとめて正確に報道することには困難が伴うと考えられ、もし民間情報教育局が要点をまとめたものを配布すればその問題は解消するというわけであった。[77]呉越同舟だった判事団も珍しくこの提案には多少の条件を付けながらもレーリンクとベルナールを含む七名がおおむね賛成側に回った。[78]

しかしながらこれらの「多数派判事」にマクドゥガルは加わらなかった。ウェッブに宛てた「反対意見」の中で、マクドゥガルはニュージェントが判決の簡約に伴う問題について誤解しているか知らないかのどちらかだろうと前置きし、以下の六つの反対理由を挙げている。まず、(1)判決書は一一〇〇頁から一二〇〇頁になる見通しだが、その大半は事実認定で占められ、それを「要約」することには事実の欠落を伴う恐れがあり大変危険である、(2)自分の経験からして、法廷記者が判決を要約することは、判事が計画の詳細に至るまで承諾しない限りできないことになっている、(3)要約の日本語訳に取りかかれるのは判決書本文の翻訳完了後になるというタイミングの問題は重要である、(4)ニュージェント中佐は「民間情報教育局がすべての責任を持つ」と保証しているが、何か誤りがあったら結局その責任は法廷に降りかかってくるのだ、(5)判決書が膨大な量である場合それについて報告することは経験豊かな法廷記者にとってさえも難しいのだから法律の知識に疎い者ならなおさらである、したがって一〇〇〇頁の判決本文の代わりに五〇〇頁の要約を供給しても、どちらも非常に長文なのだから利点はほとんどない、そして最後に(6)判決というものは朗読の初日には新聞の一面で報道されるかもしれないが、その後は扱いが格段に落ちるというのが現実で、読者が興味をもって読むのは有罪・無罪の判定と量刑だけであり、東京裁判も例外でないだろう、と予言めいた言葉で締めくくっている。[79]このような正面切っての反対提案を受け、ニュージェントは一か月後に改定案を提出した。その後ウェッブも「異議を表明した判事は誰もいない」として民間情報教育局に許可を与えた。[80]マクドゥガルも押し切られたのだろう。

ところが判決書の簡約版が作成された痕跡はまったくなく、ウェッブのところにも追跡報告が送られた記録はない。一九四八年一一月四日に判決の朗読が始まると、翌日から日本の新聞は確かにその「要旨」なるものを掲載していたが、法廷内の控室で記者たちに手渡されていたのは判決のコピーであった。[81]マクドゥガルの予想を上回り判決原文は一四〇〇頁を超え、しかも日本語訳に回される部分の順番が必ずしも最終版（「第一章・本裁判所の設立および審理」、「第二章・法」、「第三章・日本の負担した義務および取得した権利」、「第四章・軍部による日本の支配と戦争準備」等々）とは一致していなかった。[82]マクドゥガルが懸念していた実現可能性の低さにニュージェントたちも途中で気づき、計画中止が正式に宣言されることなく沙汰止みになったのだろう。

判決発表後の一九四八年一一月二二日、マッカーサーは極東委員会の代表を召集して東京裁判判決についての意見を求めた。アメリカ代表のウイリアム・シーボルドはすでにこの点についてワシントンと協議しており、変更なしと回答する用意をしていた。当日、代表全員が揃うとマッカーサーはシーボルドをトップバッターに指名した。この会合を意見交換の場にするな、賛成・反対だけを簡潔に述べよという元帥の合図だと悟ったシーボルドは「勧告するべき変更はなし」とだけ短く発言しバトンを渡した。すると残りの代表もこのパターンに従い、会合は短時間で終了した。[83]

ところで判事団が多数派（アメリカ、イギリス、カナダ、ソ連、中国、ニュージーランド、フィリピン）と少数派（インド、オーストラリア、オランダ、フランス）に分裂した事実は改めて繰り返すまでもないが、この極東委員会の協議の結果を少し詳しくみると、ここでも同じような対立の構図があったことがわかる。つまり、前者の代表国は「変更なし（No change）」とだけ回答したのに対し、後者の代表国は判決の変更を希望するか、または基本的に判決の支持に回ったものの何らかの「但し書き」を付け加えていた。特にオランダについてはレーリンク判事と政府の間に大きな意見の相違があったが、極東委員会の代表はレーリンクがその反対意見書の中で無罪の判定を下した五名のうち四名（畑、広田、東郷、重光）プラス梅津の名を具体的に挙げながら減刑を勧告した。最終的に判事と統一戦線を張ることが得策だと考えたのかもしれない。フランスについては強い主張の表明は控えるよう本国政府からZ・ペシュコフ代表に対して明確な指示が通達されていたが、ペシュコフは「個人的に寛大な措置を望む」の一言を付け加えた。(84)

判事団と極東委員会の両方にみられた多数派・少数派の対立構図における唯一の例外がカナダであった。マクドゥガルは多数派の中でも中心的な人物であったが、極東委員会のノーマン代表はマクドゥガルと共同歩調を取らなかった。ノーマンは、法廷が慎重に証拠を検証して下したその判断に異議や反論を申し立てる資格が自分にあるとは考えていなかったが、一種の政治的措置である減刑については基本的に異論はないという立場であった。そして有期刑の判決を受けた東郷茂徳と重光葵の刑期の期間変更の可能性を探るつもりで一一月二二日の会合に臨んだ。しかし自由に意見を発表する雰囲気はマッカーサー・シーボルド組によって完全に封じられていたため、ノーマンは「減刑に反対せず」と発言しただけだった。しかしこの二名の外交官の刑に関する個人的な勧告とその理由を説明できなかったことが諦めきれなかったノーマンは、次の日マッカーサーに私信を送り「東郷と重光は戦争犯罪の主要人物ではなかったのだから、たとえその刑を軽くしても世論の反発を招くことはないであろう。またそうすることは、この裁判が戦勝国の無差別的な報復心によって動機づけられているのではないことを証明するであろう」と訴えた。元帥からの返信はなかった。実はこの会合に先立ってノーマンはカナダ外務省に訓令を求めていたが、政府は「我々はすでに見解を表明しており、それで十分である」としてノーマンには何の返答もしなかった。(85) しかしカナダ政府にとってこのようにだんまりを決め込むことのできない事態がその後まもなく生じた。

一一月下旬、広田弘毅被告担当デビット・スミス弁護人をはじめとするアメリカ人弁護人数名が東京裁判の判決再審査および人身保護令を請求する訴願をアメリカ合衆国連邦最高裁判所に提出した。国際軍事法廷の下した判決を国内の裁判所が再審査するというのも一見するとおかしな話だが、その理由は以下のようであった。「東京裁判は国際法廷ではなくアメリカ国民であるマッカーサー元帥がその名において召集した国内法廷である。しかしアメリカの立法府はこのような形での法廷設置を認めたことはない。だから元帥による裁判所設立は越権行為である。したがって連邦裁判所はその判決を再審査することが可能であり、訴願請求人には人身保護令が発令されるべきである。[86]」

スミス弁護人たちも訴願はダメもとで提出したのだろうが、連邦最高裁が取りあえずその訴えを聞くことに決定したため、極東委員会は東京裁判の位置づけについての見解をアメリカ国務省を通じて司法省から要請され、「東京裁判は国際法廷である」という声明文を用意した。イギリスとカナダは当初そのような公式発表は支持しないつもりであった。この時期になってそんなことをわざわざ発表すれば、ではその判断を下す前はどう考えていたのかと無用の疑念を生じさせることになり、やぶ蛇になるという懸念があったからだった。その後イギリスは支持に回り、声明文は賛成多数で採択された。カナダは棄権した。「このような性質の問題に関して極東委員会がアメリカ司法省に回答を提供し、それがアメリカ国内法廷で利用されることは適切ではない。そもそもこの問題は極東委員会の審議にかけられるべきではなかった」というのが棄権の理由だった。[87]結局アメリカ最高裁は訴願を却下し、東条英機首相ら七名の死刑囚の絞首刑は一二月二三日未明に執行された。刑の宣告から一か月後だった。

以上、東京裁判およびBC級戦犯裁判に対するカナダ政府の姿勢を概観してきたが、それを一言でまとめるなら「無関心」「消極的態度」「事なかれ主義」といった表現が適切であろう。戦犯関係文書の中には、余計な問題には首を突っ込まず、とにかく何事もなく無事に終わってほしいという願望が至るところに見え隠れしている。これと対照的にマクドゥガル判事は多数派の中枢として裁判の運営に積極的に関わっていた。極東委員会のノーマン代表は判事団の不和に関してマクドゥガルではなくウェッブの立場に理解を示した。判決についてもマクドゥガルと必ずしも意見が一致しておらず、一部被告の減刑の実現のため自らの意思で行動を起こした。言うまでもなくマクドゥガルとノーマンがこのように何の束縛もなしに自分自身の考えに従って独立した活動をすることができたのは、政府の姿勢が寛容だったからではなく、戦犯裁判に対するその熱意の欠如に由来する無干渉が幸いしたからであろう。

東京裁判が終わった後も世界のどこかで武力衝突は続いていたが、東西冷戦、中東問題を経てカナダは国際関係において大きな変身を遂げ、中堅国家としての外交政策を展開している。スエズ動乱終結に貢献したレスター・ピアソン首相に授与されたノーベル平和賞はその象徴である。また最近では国際刑事裁判所の設立にあたってカナダは率先して交渉の先導役を務めていたため、ローマ規程受容に向けてどのような国内法を施行するか世界の国々が注目していた。そして二〇〇〇年七月二九日「人道に対する罪および戦争犯罪法」を成立させ、世界で一番最初にローマ規程を実施した。そして初代裁判長がカナダ人のフィリップ・キルシュ（Philippe Kirsch）であったことはよく知られている。こうしてカナダ政府は国際法の歴史における新しいページを開いた。存在感がまったく薄かった東京裁判の時と比べると想像もできない変容ぶりだが、国際紛争解決と平和維持のために前面に出て積極的に活動したいと願うカナダの決意は将来も揺らぐことはないだろう。

この論文を完成させるにあたって協力していただいた方々は日本語話者ではないため、ここで英語でお礼の言葉を述べたい。

The author would like to thank Dr. Kerstin von Lingen, organizer of a December 2015 Heidelberg workshop on the Tokyo Trial, for suggestions that shaped the general structure of this paper. My thanks also goes to Dr. Kathleen Doig and Mr. Mark Katz, who both helped me locate foreign archival materials and newspaper articles. As always, I am grateful for the collective assistance of the staff of the Interlibrary Loan office at Georgia State University（Sheryl Williams, Mary Ann Barfield, Jeffrey Dziedzić, Brenda Mitchell, Jena Powell）, who obtained books, articles and microfilm reels from other American and Canadian institutions, and without whom this paper（and my previous works on the trial）would have not been possible — to call them as indispensable would be no exaggeration.

注

（1） Lewis, John Rodney. *Uncertain judgment： a bibliography of war crimes trials*. Santa Barbara, California： ABC-Clio, 1979.

（2） 粟屋憲太郎『東京裁判論』大月書店、一九八九年、九一～一七、七九～八一頁。

（3） 日暮吉延『東京裁判の国際関係―国際政治における権力と規範』木鐸社、二〇〇二年、四五一、五〇一頁。

（4） Brode, Patrick. *Casual slaughters and accidental judgments： Canadian war crimes prosecutions, 1944–1948*. Toronto： University of Toronto Press, 1997, pp. 30–34.

（5） United Nations War Crimes Commission. *Law reports of trials of war criminals*. Vol. 4. 15 vols. London： H.M.S.O. for the Commission, 1947–1949, pp. 129–130.

（6） *The Globe and Mail*. “Mates free 15 Canadians in Ortona and Nazi captors become captives.” 11 Januay 1944.

（7） Brode, *op. cit*. p. 39.

（8） Library and Archives Canada（LAC）, RG 25, Volume 3641, File 4060–C–40, Part 1. Memorandum to the cabinet, 27 December 1945.

（9） Vance, Jonathan Franklin William. *Objects of concern： Canadian prisoners of war through the twentieth century*. Vancouver： UBC Press, 1994, pp. 255–256.

（10） ＰＯＷ研究会報告、死者数統計表 http：//www.powresearch.jp/jp/archive/powlist/catalogue.html#naichi

(11) McClemont, W P. “War crimes trials： criminals brought to justice.” *Canadian Army Journal* 1：3（1947）, p. 17.

(12) *Toronto Daily Star*, 10 March 1942.

(13) Vance, *op. cit*. p. 292.

(14) *Ibid*., pp. 189–191, 215–216.

(15) *Globe and Mail*, 10, 11, 12, 13 March 1942； *Toronto Daily Star*, 10 March 1942.

(16) LAC, RG 25, Volume 3641, File 4060–C–40, Minutes of extraordinary meeting of War Crimes Advisory Committee, 26 September 1945： RG 24, Volume 2906, File 8959–9–5, Memorandum to War Crimes Investigation Section（WCIS）, 26 November 1945.

(17) Roy, Patricia E, J L Granatstein, Masako Iino, and Hiroko Takamura. *Mutual hostages： Canadians and Japanese during the Second World War*. Toronto： University of Toronto Press, 1990, pp. 192–213.

(18) Roland, Charles G. “The use of medical evidence in British trials of suspected Japanese war criminals.” *Canadian Bulletin of Medical History / Bulletin canadien d'histoire de la médicine* 27：2（2010）, pp. 390–391.「ヒポクラテスの誓い」は医師が尊守すべき職業倫理についての宣誓文。

(19) この時に任命されたのは、Lieutenant Colonel J.O.F.H. Orr, Major G.B. Puddicombe, Captain J.H. Dickey, Captain J.D. C. Bolan の四名。LAC, RG 25, Volume 3641, File 4060–C–40, Confidential memo from N. A. Robertson to the Canadian Ambassador. 2 April 1946. 最終的には合計八名が派遣された。Piccigallo, Phillip R. *The Japanese on trial； Allied war crimes operations in the east, 1945–1951*. Austin： University of Texad Press, 1979. pp. 140–141.

(20) LAC, RG 25, Volume 3641, File 4060–C–40, Memorandum to the cabinet, 27 December 1945； Telegram from the Canadian Ambassador to the Secretary of State for External Affairs, 22 February 1946； Confidential memo from N. A. Robertson to the Canadian Ambassador, 2 April 1946. モス大佐は健康上の理由で一九四六年一二月、M・J・グリフィン中佐（M. J. Griffin）と交代した。LAC, RG 25, External Affairs, Series A–3–b, Volume 5762, File 104–J–（s）, Memorandum to Mr. St. Laurent, 8 May 1947.

(21) 香港以外ではシンガポール、マレーシア（ジョホールバール、クアラルンプール、タイピン、アロースター、ペナン、ラブアン、ジェッセルトン）、およびビルマで行われた。東京裁判ハンドブック編集委員会『東京裁判ハンドブック』青木書店、一九八九年、二二二頁。

(22) 田中宏巳『BC級戦犯』ちくま新書、二〇〇二年、一六頁。

(23) Pritchard, R John. "Lessons from British proceedings against Japanese war criminals." *Human Rights Review* 3（1978）, p. 118. Piccigallo, *op. cit.* pp. 96–120.

(24) 田中前掲、一三七、一九六頁、篠崎護『シンガポール占領秘録・戦争とその人間像』原書房、一九七六年、一六一―一六二頁。

(25) 林博史『裁かれた戦争犯罪・イギリスの対日戦犯裁判』岩波書店、一九九八年、六―九頁。

(26) 粟屋前掲、二八二―二九七頁、林博史『BC級戦犯裁判』岩波新書、二〇〇五年、一一二―一一八、一一五―一一七頁。

(27) Pritchard, *op. cit.* pp. 108–111.

(28) Brode, *op. cit.* p. 190.

(29) Canadian Great War Project http://www.canadiangreatwarproject.com/searches/soldierDetail.asp?ID=90550 Sweeney, Mark. "A "guest of the Dominion of Canada": nationality and the war crimes and treason trials of Inouye Kanao, 1946–1947." *Journal of Historical Biography* 14（Autumn）（2013）, p. 3. スウィーニーの論文では祖父の名を「Inouye Chotara」と表記しているが、「京王電気軌道社長で貴族院議員」および「姓が『井上』」という条件を満たす人物は「井上篤太郎」しかいない。また資料的な裏付けはないが、「加奈雄」という名前はカナダ国の漢字表記（加奈陀）に因んでいるのかもしれない。

(30) Ito, Roy. *We went to war.* Stittsville, Ontario: Canada's Wings, Inc., 1984, p. 272.

(31) Roland, Charles G. *Long night's journey into day: Prisoners of war in Hong Kong and Japan,* 1941–1945. Waterloo, Ontario: Wilfrid Laurier University Press, 2001, p. 316.

(32) 井上と同様に反逆罪裁判にかけられ死刑を宣告された後、無期懲役に減刑され、最終的に国外追放された日系アメリカ人の捕虜看視官の例が清瀬一郎の著書の中で報告されている。清瀬一郎『秘録・東京裁判』読売新聞社、一九六七年、一六八―一七一頁。

(33) http://jccc.on.ca/event/lives-and-trials-of-the-kamloops-kid/

(34) Sweeney, Mark. *The Canadian war crimes liaison detachment—Far East and the prosecution of Japanese "minor" war crimes*. Warterloo, Ontario: Ph.D. dissertation submitted to the University of Waterloo, 2013, pp. 280–298; Brode, *op. cit*. p. 161.

(35) Brode, *op. cit*. p. 191.

(36) 候補に挙がったのは当時ロンドンのカナダ軍総司令部に駐在していたプライス・モンタギュー主計総監（John Percival 'Price' Montague）。LAC, RG 25, Volume 3182, File 4896–40, Memorandum to the Acting Secretary of State for External Affairs（No date）; Message from the High Commissioner for Canada, 4 September 1945.

(37) LAC, RG 25, Volume 3182, File 4896–40, Note for Mr. Read, 18 June 1945; Note for the under secretary, 29 August 1945; Personal letter to Mr. Bell, 11 September 1945; Telegram to the High Commissioner for Canada, 26 November 1945.

(38) LAC, RG 25, Volume 3182, File 4896–40, Message from External Affairs to the High Commissioner for Canada in the United Kingdom, 14 December 1945.

(39) LAC, RG 25, Volume 3182, File 4896–40, Re: Trial of Major German War Criminals, 29 August 1945.

(40) LAC, RG 25, Volume 3641, File 4060–C–40, Telegram from the Canadian Ambassador, 18 October 1945.

(41) 派遣されたのはストラシー大佐（C.M.A Strathy）およびジェニングス中佐（R.D. Jennings）。

(42) 原文では「conspiracy to break the peace」「atrocities during occupation」「individual acts of atrocities」となっている。LAC, RG 24, Volume 2906, File 8959–9–5, Secret message to War Crimes Advisory Committee, 30 November 1945.

(43) LAC, RG 24, Volume 2906, File 8959–9–5, Secret message to War Crimes Advisory Committee, 30 November 1945.

(44) LAC, RG 25, Volume 3641, File 4060–C–40, Telegram from the Canadian Ambassador, 28 December 1945; National

Archives and Records Administration（NARA II), RG 153, Entry 145, Series 118–7, Outgoing classified message to CINCPAC, WAR 92341, 9 January 1946.

(45) LAC, RG 25, Volume 3641, File 4060–C–40, Message from the Secretary of State for Dominion Affairs, 5 January 1946; Letter from the Department of National Defence, 5 January 1946.

(46) LAC, RG 25, Volume 3641, File 4060–C–40, Note for the Deputy, 7 January 1945; Memorandum for Mr. Robertson, Re: Canadian participation in Far Eastern war crimes trial, 8 January 1945; Memorandum for Mr. Hopkins, 8 January 1945.

(47) 当時の裁判長はR・ロバートソン（Robert Spelman Robertson）だった。

(48) LAC, RG 25, Volume 3641, File 4060–C–40, Teletype message to the Canadian ambassador, 12 January 1945.

(49) LAC, RG 25, Volume 3641, File 4060–C–40, Letter from Justice Andrew Hope, 14 January 1946; Canadian Pacific Telegram from Justice A. Hope, 15 January 1945; Letter from Justice E. Stuart McDougall, 15 January 1946.

(50) LAC, RG 25, Volume 3641, File 4060–C–40, Curriculum vitae as prepared by Hon. Mr. Justice E. Stuart McDougall.

(51) Brackman, Arnold C. *The other Nuremberg: The untold story of the Tokyo War Crimes Trial*. New York: William Morrow and Company, Inc., 1987. p. 66.

(52) Brode, *op. cit*. p. 192.

(53) ケベック州首相はアデラード・ゴッドバウト（Adélard Godbout）で、わずか二か月の短命政権だった。

(54) 一九一四年四月にコロラド州でストライキ中だったColorado Fuel & Iron Company社の炭鉱労働者およびその家族一二〇〇名がコロラド州兵に襲われた事件。鉱山の所有者はジョン・D・ロックフェラーで、労働運動や組合には反対だった。

(55) Poelgeest, Bart van. "The Netherlands and the Tokyo Tribunal." *Japan Forum* 4: 1（1992), p. 87. 一方、オーウェン・カニンガム弁護人は一九四八年九月七日のアメリカ法曹協会年次総会の報告演説で「カナダ判事は何か月も欠席した」と非難した。この発言の根拠は不明。NARA II, RG 153, Entry 145, Series 118–7, Box 124, The major evils of the

Tokyo Trials, 7 September 1948.

(56) LAC, RG 25, Volume 5762, File 104–J–（s）, Letter to Louis St. Laurent, 19 March 1947.

(57) Diary of Justice John P. Higgins, 26 June 1946（Private collection）.

(58) The National Archives（TNA）, FO 371, 57426, Minutes,［日付解読不能］April 1947；69833. From British Tokyo to Foreign Office, 17 April 1947.

(59) 弁護人はアメリカだけでなくイギリスから派遣する案もあったが実現しなかった。ニュルンベルク裁判でグスタフ・クルップ被告の弁護人としてイギリス人の法律家が候補に挙がった際、イギリス人法曹協会が「当協会の会員が被告弁護人として出廷するのは望ましくない」という声明を発表したという例があったためだろう。Tusa, Ann, and John Tusa. *The Nuremberg Trial*. New York：Cooper Square Press, 1983, pp. 122–123.

(60) LAC, RG 25, Volume 5762, File 104–J–(s), Letter from Norman, 5 April 1947.

(61) LAC, RG 25, External Affairs, Series A–3–b, Volume 5762, File 104–J–(s), Army message, CINCSPAC, 21 May 1947；Message from Norman, 28 May 1947；Top secret message from Department of National Defence, 29 May 1947.

(62) Brode, op. cit. p. 267, n 85.

(63) LAC, RG 25, Volume 3641, File 4060–C–40, Letter from E. Stuart McDougall, 15 January 1946.

(64) LAC, RG 25, Volume 5762, File 104–J–(s), Letter from Stuart McDougall, 19 March 1947.

(65) LAC, RG 25, Volume 5762, File 104–J–(s), Letter from the Canadian Liaison Mission, 16 June 1947.

(66) Australian War Memorial（AWM）, Papers of Sir William Webb. 3DRL/2481, Series 4, Wallet 11 of 20, Memorandum to the president, 13 October 1948；Memorandum to the member for Canada, 13 October 1948.

(67) Kay, Robin, ed. *Documents on New Zealand external relations*. Vol. II：The surrender and occupation of Japan. Wellington：Historical Publications Branch, Department of Internal Affairs, 1982, pp. 1610–1615.

(68) TNA, FO 371, 57429, Telegram from Tokyo to Foreign Office, 23 November 1946.

(69) Bihler, Anja. Forthcoming. "Mei Ru'ao and the Chinese delegation at the International Military Tribunal for the Far

East." In *Law, Biography, and a Trial: Tokyo's Transnational Histories*, edited by Kerstin von Lingen. Cambridge: Cambridge University Press. 日暮前掲、四七二頁。

（70）Николаев, Анатолий. *Токио: суд народов*. Moscow: Jur. Literatura, 1990, p. 50.

（71）Poelgeest, op. cit. pp. 87–88.

（72）中里成章『パル判事　インド・ナショナリズムと東京裁判』岩波新書、二〇一一年、一〇〇、一〇七—一〇八頁。

（73）大岡優一郎『東京裁判・フランス人判事の無罪論』文春新書、二〇一二年、一一九、一九四—一九五頁。ベルナールは英語が話せなかったと言われているから、フランス語話者とのつながりが特に強かったのかもしれない。Esmein, Jean. "Le juge Henri Bernard au procés de Tôkyô." *Vingtième Siècle* 59（1998）, p. 5.

（74）AWM, Papers of Sir William Webb. 3DRL/2481, Series 4, Wallet 16 of 20. Memorandum to all judges, 27 March 1947.

（75）大岡前掲、一六〇—一七三頁、AWM, Papers of Sir William Webb. 3DRL/2481, Series 1, Folder number 9 of 17, Memorandum to the president, 28 September 1946.

（76）AWM, Papers of Sir William Webb. 3DRL/2481, Series 1, Folder number 9 of 17, Memorandum to all members, 18 March 1948; Memorandum to the president and members from the U.S. and New Zealand, 19 August 1948; Memorandum to the president, 23 August 1948.

（77）AWM, Papers of Sir William Webb. 3DRL/2481, Series 4, Wallet 17 of 20, Letter from Lieutenant Colonel D.R. Nugent, 5 August 1948.

（78）賛成した七名はクレーマー、レーリンク、ベルナール、ハラニーリャ、梅、ザリャノフ、ノースクロフト。パルおよびパトリックは少なくとも書面では回答しなかった。

（79）AWM, Papers of Sir William Webb. 3DRL/2481, Series 4, Wallet 17 of 20, Letter from Mr. Justice McDougall, 10 August 1948.

（80）AWM, Papers of Sir William Webb. 3DRL/2481, Series 4, Wallet 17 of 20, Confidential memorandum for the Honorable Sir William F. Webb, 7 September 1948; Letter to General Secretary, 20 September 1948.

(81) 毎日新聞政治部編『新聞史料に見る東京裁判・BC級裁判』（全二巻）第一巻、現代史料出版、二〇〇〇年、三二九―三三八頁。朝日新聞東京裁判記者団『東京裁判』（全二巻）第二巻、朝日文庫、一九九五年、一九八―一九九頁。

(82) 日暮前掲、四三〇頁。

(83) Sebald, William J. *With MacArthur in Japan: a personal history of the occupation*. New York: W.W. Norton & Company, Inc., 1965, pp. 167–169.

(84) Schoepfel-Aboukrat, Ann-Sophie. Forthcoming. “Defending French National Interests? Zinovy Peshkoff and the Tokyo Trial.” In *Law, Biography, and a Trial: Tokyo’s Transnational Histories*, edited by Kerstin von Lingen. Cambridge: Cambridge University Press.

(85) LAC, RG 25, Volume 3642, File 4060–C–40, Letter from Norman, 17 November 1947; Letter to MacArthur, 23 November 1948; Letter from Norman, 24 November 1948.

(86) *Hirota v. MacArthur, General of the Army, et. al*. 338 U.S. 197（1948）（argued, 16–17 December 1948; decided, 20 December 1948）.

(87) インドも「審議に十分な時間が与えられなかった」として棄権した。LAC, RG 25, Volume 5762, File 104–J–（s）, Teletype message from the Canadian Ambassador to the United States, 15 December 1948; Outgoing message to the Canadian Ambassador, Washington, D.C., 14 December 1948; Telegram from the Secretary of State for Commonwealth Relations, 16 December 1948.

参考文献

Bihler, Anja. Forthcoming. “Mei Ru’ao and the Chinese delegation at the International Military Tribunal for the Far East.” In *Law, Biography, and a Trial: Tokyo’s Transnational Histories*, edited by Kerstin von Lingen. Cambridge: Cambridge University Press.

Brackman, Arnold C. *The other Nuremberg: The untold story of the Tokyo War Crimes Trial*. New York: William Morrow and

Company, Inc., 1987.

Brode, Patrick. *Casual slaughters and accidental judgments : Canadian war crimes prosecutions, 1944–1948*. Toronto : University of Toronto Press, 1997.

Cunningham, Owen. *The major evils of the Tokyo Trials* American Bar Association Annual Conference. Seatlle. 7 September 1948.

Esmein, Jean. "Le juge Henri Bernard au procés de Tôkyô." *Vingtième Siècle* 59（1998）, pp. 3–14.

Hirota vs. MacArthur, General of the Army, et. al. 1948. 338 U.S. 197（United States Supreme Court, 20 December）.

Ito, Roy. *We went to war*. Stittsville, Ontario : Canada's Wings, Inc., 1984.

Kay, Robin, ed. *Documents on New Zealand external relations*. Vol. II : The surrender and occupation of Japan. Wellington : Historical Publications Branch, Department of Internal Affairs, 1982.

Lewis, John Rodney. *Uncertain judgment : a bibliography of war crimes trials*. Santa Barbara, California : ABC-Clio, 1979.

Lingen, Kerstin von, ed. Forthcoming. *Law, biography, and a trial : Tokyo's transnational histories*. Cambridge : Cambridge University Press.

McClemont, W P. "War crimes trials : criminals brought to justice." *Canadian Army Journal* 1 : 3（1947）, pp. 16–20.

Piccigallo, Phillip R. *The Japanese on trial ; Allied war crimes operations in the east, 1945–1951*. Austin : University of Texad Press, 1979.

Poelgeest, Bart van. "The Netherlands and the Tokyo Tribunal." *Japan Forum* 4 : 1（1992）, pp. 81–90.

Pritchard, R John. "Lessons from British proceedings against Japanese war criminals." *Human Rights Review* 3（1978）, pp. 104–121.

Roland, Charles G. *Long night's journey into day : Prisoners of war in Hong Kong and Japan, 1941–1945*. Waterloo, Ontario : Wilfrid Laurier University Press, 2001.

Roland, Charles G. "The use of medical evidence in British trials of suspected Japanese war criminals." *Canadian Bulletin of*

Medical History / Bulletin canadien d'histoire de la médicine 27 : 2 (2010), pp. 385–402.

Roy, Patricia E, J L Granatstein, Masako Iino, and Hiroko Takamura. *Mutual hostages : Canadians and Japanese during the Second World War*. Toronto : University of Toronto Press, 1990.

Schoepfel-Aboukrat, Ann-Sophie. Forthcoming. “Defending French National Interests? Zinovy Peshkoff and the Tokyo Trial.” In *Law, Biography, and a Trial : Tokyo's Transnational Histories*, edited by Kerstin von Lingen. Cambridge : Cambridge University Press.

Sebald, William J. *With MacArthur in Japan : a personal history of the occupation*. New York : W.W. Norton & Company, Inc., 1965.

Stanton, John. “Canada and war crimes : judgment at Tokyo.” *International Journal* 55 : 3 (2000), pp. 376–400.

Sweeney, Mark. “A ”guest of the Dominion of Canada” : nationality and the war crimes and treason trials of Inouye Kanao, 1946–1947.” *Journal of Historical Biography* 14 (Autumn) (2013), pp. 1–46.

———. *The Canadian war crimes liaison detachment—Far East and the prosecution of Japanese “minor” war crimes*. Warterloo, Ontario : Ph.D. dissertation submitted to the University of Waterloo, 2013.

The Globe and Mail. “All Japan blamed for torture deaths in Hong Kong area.” 11 March 1942.

The Globe and Mail. “Atrocities in Hong Kong stiffens Aussie morale.” 13 March 1942.

The Globe and Mail. “British woman reports atrocities in Hong Kong.” 12 March 1942.

The Globe and Mail. “Mates free 15 Canadians in Ortona and Nazi captors become captives.” 11 Januay 1944.

The Globe and Mail. “War prisoners are mistreated by Japanese.” 10 March 1942.

The Toronto Daily Star. “Japs reject Red Cross.” 10 March 1942.

Tusa, Ann, and John Tusa. *The Nuremberg Trial*. New York : Cooper Square Press, 1983.

United Nations War Crimes Commission. *Law reports of trials of war criminals*. Vol. 4. 15 vols. London : H.M.S.O. for the Commission, 1947–1949.

Vance, Jonathan Franklin William. *Objects of concern : Canadian prisoners of war through the twentieth century*. Vancouver : UBC Press, 1994.

Николаев, Анатолий. *Токио : суд народов*. Moscow : Jur. Literatura, 1990.

朝日新聞東京裁判記者団『東京裁判』（全二巻）第二巻、朝日文庫、一九九五年。

粟屋憲太郎『東京裁判論』大月書店、一九八九年。

林博史『裁かれた戦争犯罪・イギリスの対日戦犯裁判』岩波書店、一九九八年。

――．『ＢＣ級戦犯裁判』岩波新書、二〇〇五年。

日暮吉延『東京裁判の国際関係―国際政治における権力と規範』木鐸社、二〇〇二年。

清瀬一郎『秘録・東京裁判』読売新聞社、一九六七年。

毎日新聞政治部編『新聞史料に見る東京裁判・ＢＣ級裁判』（全二巻）第一巻、現代史料出版、二〇〇〇年。

中里成章『パル判事　インド・ナショナリズムと東京裁判』岩波新書、二〇一一年。

大岡優一郎『東京裁判・フランス人判事の無罪論』文春新書、二〇一二年。

篠崎護『シンガポール占領秘録・戦争とその人間像』原書房、一九七六年。

田中宏巳『ＢＣ級戦犯』ちくま新書、二〇〇二年。

東京裁判ハンドブック編集委員会『東京裁判ハンドブック』青木書店、一九八九年。

私の現代史研究——民衆史研究の道

森　武麿

戦後七〇年が経ち、私も七〇歳となった。この年齢は古稀と言われるが、今は稀ではない。わが人生を振り返るという年齢でも柄でもないが、二〇一六年三月で神奈川大学を定年退職し、これまでの研究生活を振り返る最終講義を行ったこともあり、ここでまとめておきたい。日本現代史研究の歩みの一つの証言となれば幸いである。

一　一九四五年生まれ

私の生まれは一九四五年九月一六日である。八月一五日の終戦から一か月後、九月二日のミズリー号降伏調印から二週間後の生まれである。戦後の始まりと同時に人生を歩んできたことになる。「戦争を知らない子供たち」の世代である。団塊の世代は、私の生まれた二年後の一九四七年から四九年の生まれを指すので、私はプレ団塊の世代である。一九四五年生まれは最も出生数が少ない世代である。男たちが出征していたので子供が生まれなかったのである。私の小学校では五〇人のクラスが四つであったが、二年後の団塊の世代は八クラスと倍増していた。

出生地は疎開先の岡山県浅口郡大島村（現笠岡市神島）であり、瀬戸内海の島である。生まれた時、父は出征していて家にいなかった。父は長野県上田生まれのサラリーマン、母は京都生まれで商人の娘である。私は戦前の新中間層出身であり、農村・農業を知らないで育っている。

私は父の転勤の関係で、北九州で六歳まで暮らし、一九五二年には東京都品川区洗足に引越してきている。ちょうどサンフランシスコ条約発効の年であり、小学校一年入学の時である。そのあと東京の私立中高一貫校に進み、一九六四年一橋大学に進学した。

（注）橘川俊忠氏、安田常雄氏と私との三者の座談会「戦後七〇年と日本社会」（『神奈川大学評論』八一号、二〇一五年七月）でこのあたりのことを述べているので参考にしてほしい。

二　大学時代

（1）永原慶二先生との出会い

一九六四年、大学入学のころの大学進学率は一五％ぐらいである。現在は五〇％を超えているから、まだ大学生は少数であった。しかし、一五％を超えることで大学大衆化の時代といわれ、世間でも大学マスプロ化の批判が出はじめていた。小熊英二『一九六八年』（新曜社）では、一九六八年大学紛争は大学生がエリートから大衆へと転換する時期、「現代的不安」を抱えた学生たちによって引き起こされたとされる。私の大学進学のころがその転換の時期であった。マスプロ教育批判、授業料値上げ反対、大学管理強化反対など、大学生急増に対する学生の不満が噴出しはじめた時代であった。

また一九六四年は、東京オリンピックの年である。同時に時代は政治の季節であった。私が入学した秋から日韓会談が行われ、日本と韓国の国交正常化が一九六五年に実現する。大学では一九六〇年安保闘争で一時沈滞した学生運動が再び高揚期を迎え、「日本帝国主義復活反対」、「日韓会談粉砕」のスローガンが飛び交った。またこの年は北ベトナムによる米艦攻撃のトンキン湾事件が起き（のちアメリカのでっち上げとわかる）、米軍が懲罰のためにハノイ空爆からベトナムに介入し、ベトナム戦争が本格化した時代であった。当然ながら学生たちは敏感に反応し、ベトナム戦争反対、帝国主義戦争反対を叫び、社会主義思想・マルクス主義が学生のあいだに浸透していった。この時代は、大学では学生運動家が先生の了解を得て授業を中断して、クラス討論が毎週のように開かれ、そのまま中庭での集会、そして中央の清水谷公園、明治公園などにクラス単位で繰り出した。当時の一橋大学の学生運動の指導部は平民学連であった。一九六〇年安保後の学生運動の分裂・解体状況から、再建途上にあった全学連を、民青・共産党系運動の中心を一橋大学が担っていたのである。私は当時ノンポリであったが、この学生運動の渦の中に呑みこまれていった。これも時代との出合いである。

いまから自分の人生を振り返ると、学部二年のときの永原慶二先生との出会いが自分の人生を決定したと思う。前期教養科目であった永原先生の「日本史」を履修した。他の講義はあまり出席しなかったのに、なぜか永原日本史だけは引き込まれ毎回出席した。期末試験は、石母田正『中世的世界の形成』と松本新八郎『中世社会構造の研究』の二つのうちどちらかを読んで問いに答えるもので、持ち込み可である。私は、石母田正の本を買って、余白に読書ノートを書いて、教場に持参した。これが私の少ない優の一つになった。私は三年専門課程ゼミは迷わず永原ゼミを専攻することに決めた。

大学三年、一九六六年四月から永原ゼミが始まった。ゼミテンは一三人。マルクス主義者である永原先生を慕ってきた学生運動家、左翼学生が多かった。当時は、ベトナム戦争が激化し、佐世保原潜入港反対など、アメリカ帝国主義反対の激しい学生運動が展開されていた。その年の一〇・二一（一〇月二一日は学徒出陣日）はベトナム反戦デーとして空前の盛り上がりをみせていた。私もゼミの民青系活動家らと一緒にデモに参加した。同時に一九六六年からは中国の文化大革命の時代が始まる。紅衛兵の「造反有理」が叫ばれ、東京の日中友好運動も分裂し、日本共産党は中国共産党と絶縁する。ベトナム反戦運動でも民青・共産党系左翼に対して、三派全学連、革マルなど新左翼系の活動が活発であった。さらに東京都知事選（美濃部知事）があり、社共を中心とした革新統一戦線政府という言葉が現実味をもって語られる状況にあった。学生運動（若者の叛乱）と社会運動高揚の騒然とした時代の幕明けであった。

そのような時代状況の中で、永原ゼミの三年生で、最初のテキストとして取り上げられたのは堀江英一『産業資本主義の構造理論』（有斐閣、一九六〇年）である。そこではマルクス「資本論」、レーニン「ロシアにおける資本主義の発展」、レーニン「帝国主義論」のエッセンスを繋ぐ論理展開がなされていたが、学生初心者には大変に難解な本である。次のテキストは山田盛太郎『日本資本主義分析』（岩波書店、一九三四年）である。もちろん、文庫が出ていない時代で、定価四五〇円で購入した。これが私の近代経済史の専門書との最初の出会いとなった。「日本資本主義の軍事的半農奴制的型制」「生産旋回＝編成替」「ヤンマーへーレン」など、難しく意味不明の言葉の羅列に、ついていくのがやっとだった。次のテキストは井上晴丸・宇佐美誠次郎『危機における日本資本主義の構造』（岩波書店、一九五一年）である。国家独占資本主義という言葉に出会った最初である。永原先生がこの三冊の本をわれわれのゼミテキに選ばれた理由は今ではよくわかる。堀江英一の本を通して「資本論」から「帝国主義論」に至るマルクス主義の古典の読み込みによって、前近代から近代へのウクラード（諸経済制度）の重層的展開を理解させ、山田盛太郎、井上晴丸・宇佐美誠次郎の本で、戦前マルクス主義の最高の達成点である講座派の理論を理解させようとするものであろう。近代の歴史学・経済史において最良の本を精読すること、そして永原先生が最良の達成であると考えていた講座派マルクス主義の方法を、学生にまた研究者養成のために、初発の時点で徹底的にたたき込むことを目指されたのだと思う。

(2) 山梨農村共同調査

永原先生の三年ゼミで、夏には山梨農村調査が実施された。これは、永原先生が大学院ゼミで中村政則先生、松元宏氏、西田美昭氏の三人を指導して、山梨県東八代郡の地主制と農民運動をテーマとした共同研究への参加であった。研究対象は甲州財閥で東武鉄道を創業した二〇〇町歩の大地主として有名な根津嘉一郎家、また中小地主関本家であった。この研究はその後、永原慶二・中村政則・西田美昭・松元宏『日本地主制の構成と段階』(東京大学出版会、一九七二年)に結実している。

学部ゼミ生のこの共同研究への参加は、一橋大学学生機関誌『ヘルメス』第一八号に、「大正・昭和初期における地主経営と地主・小作関係」(一九六七年)としてまとめられ、私は、関本家の分析と総括部分を執筆した。これが、私の研究者への道を決定づけた大きな契機となった。昼の関本家での小作帳整理と撮影、そして夜は、農村の現状調査、聞き取り表をもって農家の人たちに聞き回った。大地主・財閥としての根津本家の豪壮なたたずまい、関本家にみる閑静な中小地主との差異、また当時高度成長のなかで人口流失と機械化貧乏に苦しむ農民の現状を知った。

こうして、ゼミ共同調査で農村の歴史と現状を同時に学ぶことによって、農村調査の面白さを体験し、研究者の道を目指すことになった。それ以来、私は教師になってからも常にこの初心を忘れずに、学生・院生を現地調査に連れて行き、現場主義を徹底すること求め、自らも研究のためには必ず農村調査に赴くことにしている。これは永原ゼミ共同研究での研究者としての「幼児体験」が決定的な影響を及ぼしている。

なお、永原先生が一橋大学経済史研究室に持ち込んだ共同研究のルーツは、古島敏雄氏を中心とした東京大学社会科学研究所を中心とした農村調査グループにあると思う。このグループでは古島敏雄『山村の構造』(一九四九年)、同『寄生地主制の生成と展開』(一九五二年)、磯田進『村落構造の研究』(一九五五年)、宇野弘藏編『地租改正の研究』(一九五七年、五八年)などがまとめられているが、それに参加したことを永原先生は『歴史評論』(二〇〇二年一二月号~〇三年二月号)の回顧談で語っている。

(3) 三人の先生

私が一九六〇年代に一橋大学で講義を受けた歴史学は、中世史の永原慶二、近世史の佐々木潤之介、近代史の中村政則、現代史の藤原彰、そして思想史の安丸良夫の諸先生が担当していた。まさに、一橋大学は戦後歴史学の拠点であり、当時は一橋大学日本史学の黄金時代であった。私にとって実に幸運な出会いであった。

永原先生は一九二二年に大連に生まれ(父君が三井物産の大連支社長)、一九四二年東京帝国大学に入学し、文科系大学の徴兵猶予停止によって学徒出陣、一九四三年一二月一〇日に広島県大竹海兵団に入団し、四五年七月鹿児島県鹿屋航空基地第一七一航空隊に属して、すぐ大分県戸次へ撤退し敗戦を迎えた。晩年の講演レジメには「私の軍隊体験と私の歴史研究者としての心の原点」として次のようにある。

『きけわだつみのこえ』に聞く親しい友人たちの声。死に至る一本道をあゆみ続けるしかない仲間たちの悲鳴、自己説得、怒り。「わだつみ」世代は自己と「国家」という観念的二極関係でしか現実を考えられず、戦争を具体的、歴史的に認識することはほとんどできなかった（私もまったく同じ一人）。若者に死を命ずる戦争とは何か国家とは何か。そうした点を歴史認識の問題として、生き残った者が問い詰めていく義務がある。

永原先生は鹿屋航空隊の特攻基地で通信兵として、沖縄の海に特攻で死んでいく同世代の最後の声を聞いている。「戦後の初心であった諸価値を、今日の条件でいかに再生させてゆくか、その成否に二一世紀日本再生の可能性はかかっている」（二〇〇〇年八月一五日）と遺言のように述べる。先生はその四年後に亡くなっている。先生の歴史学は「わだつみ」世代として、終生この「義務」を果たしつづけた結果だと思われる。なお、永原先生の和子夫人は女性史の草分けの研究者として活躍され、私も東京歴史科学研究会婦人運動史部会編『女と戦争』（昭和出版、一九九一年）に執筆者として参加させていただいたり、永原夫妻には、公私ともにお世話になった。

私のもう一人の先生、藤原彰先生も一九二二年生まれで、永原先生と同年である。軍人の家庭で育ち陸軍士官学校を出て、中隊長から大隊長を経験し、中国戦線から本土決戦要員として戻ってこられた藤原先生は、永原先生よりさらに痛烈な戦争体験をされている。藤原先生は飲みながら「自分には弾丸の破片が体の中に残っている」とよく言われていた。戦争のむごさを自ら体験し、敗戦により日本軍国主義の幻影が崩れたとき、戦時中の皇国史観を批判し、戦後反戦平和のマルクス主義者へと転換する。戦後歴史学を担った先駆者に共通する思想的背景に戦争があることは、永原先生と同じである。

私の卒論「日本ファシズムの形成と農業政策」は藤原先生の指導である。というのは、私が永原先生に、卒論で一九三〇年代をやりたいと言った時に、先生は「まだその時代は歴史になっていない。もっと古い時代をやりなさい」と言われた。そこで一橋大学社会学部の教授として四〇歳を過ぎて赴任してきたばかりの藤原彰先生のところに駆け込み、ファシズム研究をやりたい、一九三〇年代の農村を対象としたい、と指導をお願いしたことによる。藤原先生は丸山眞男、藤田省三、石田雄を読むこと、雑誌『産業組合』、『斯民』を読むことを勧めてくださり、卒論の書き方を指導してくださった。先生の指導を受けてようやく卒論を書くことができた。こうして学部ゼミ、卒論を通して永原・藤原両先生の指導を受け、戦後歴史学の最良の成果であるマルクス主義歴史学の方法論を学び、丸山学派のファシズム論を学んだことは、その後の私の研究の土台となった。

その他、学部では、佐々木潤之介先生（一九二九年生まれ）の講義も聞いた。先生も軍国青年として戦争を経験している。戦後の新制大学院の初めの卒業生で、博士課程三年で博士論文を書いたという伝説が学生のあいだに伝わっていた。その後も博士論文はライフワークとして四〇代、五〇代に書くのが普通で、博士号を持たずに大学教員になるのが当たり前だった。私もそうである。大学院で博士号を取るということはすごいことであった。その佐々木先生の講義は毎回難しく、受講生は少数であったが、私は面白くて毎回休まず聞いていた。一年間の授業が終わって一、二年すると『幕末社会論』という本となって刊行された。幕末の世直し状況を明らかにした見事な講義であった。安丸良夫先生は、一九七〇年に社会学部に赴任されたが、私は修士三年であり分野が違うので講義を聞くことはなかった。今から考えれば、聞いておけばよかったと残念に思う。また、大学院講義では永原先生が東大時代以来の関係で、古島敏雄氏を一橋大学併任教授として招いていた。中村政則先生が育つまでの近代史講義の担当ということであった。私もその古島講義を受講した。『資本制生産の発展と地主制』がテキストであった。

私の一橋大学学生時代の恩師は三人ということになる。永原慶二先生、藤原彰先生、そしてもう一人が中村政則先生である。中村先生との関係はおもに次の大学院時代になる。

三　大学院時代

(1) 中村政則先生との出会い

大学院入学は一九六八年である。指導教官は永原先生と中村政則先生である。ジョイントゼミとして両教官の指導する大学院ゼミであった。近代史指導は永原先生ではなく実質的に中村先生である。中村先生は一九六六年に一橋大学専任講師となる。私が永原ゼミに入った時に、大学に採用された新任教師である。そのとき、先生はまだ三〇歳である。その最初の出会いが山梨農村調査であることはすでに述べた。学部時代は農村調査を除いて、ゼミ、講義とも直接指導を受ける機会はなく、ゼミ指導を受けるのは大学院からである。大学院に入って一九六八年四月に中村先生から初めて渡された論文抜刷が「日本地主制史研究序説—戦前日本資本主義と寄生地主制との関連をめぐって」(『一橋大学研究年報経済学研究』一二、一九六八年)である。資本主義と地主制の構造的関連を「地代の資本転化論」としてまとめられたもので、その緻密な実証と明快な論理に圧倒された。また先生は一九七〇年歴研大会報告で「日本資本主義確立期の国家権力—日清「戦後経営」論」(『歴史学研究』別冊特集、一九七〇年)を発表し、地主制から天皇制論を展開した。先の山梨農村共同研究の成果である『日本地主制の構成と段階』（東京大学出版会、一九七二年）の総括は中村先生である。これら初期中村論文は私の研究の原典となった。

私の大学院入学の年一九六八年は同時に大学闘争（紛争）の年である。この年は明治百年にもあたり、政府は前年から明治百年祭を準備し、紀元節復活、靖国神社法案を提出するなど復古的ナショナリズムが煽られていた。また一九六五年には第一次家永教科書裁判、六七年には第二次家永教科書裁判が起こされ、歴史家は国家の教科書検定強化に戦前回帰の危機感を持ち、家永裁判支援活動を展開した。さらに一九六八年は日本が西ドイツのGNPを抜いてアメリカに次ぎ世界第二位に躍進した時代である。しかし明治百年は私にとって高度成長達成のお祝い気分などはなく、戦前軍国主義とファシズムの時代への逆行という危機感を強くもった。

当時、歴史学研究会（歴研）は明治百年祭批判を中心に反対運動の先頭に立っていた。中村政則先生は、歴研委員として明治百年祭反対運動の中心にいた。一九六七年の歴研大会テーマは「帝国主義とわれわれの歴史学」である。中村先生は宮地正人、江村栄一両氏とともに「日本帝国主義と人民―日比谷焼打ち事件をめぐって」という大会報告を行い、六八年は色川大吉氏が「天皇制イデオロギーと民衆意識」、松尾章一、伊集院立両氏が「ファシズムと変革主体」を報告した。歴研では帝国主義批判、人民闘争、変革主体、民衆意識、天皇制がテーマであった。その中心となって歴研の近代史をリードしていたのが中村先生であった。

この時代、私の二年下の団塊の世代が大学生となっていた。エリート学生から大衆学生に変貌しつつあった学生は、マスプロ教育への不満とベトナム反戦運動の中で急進化し、体制に異議申し立ての反乱を起こした。これが大学闘争であり、のちに東大安田講堂事件を頂点にした全共闘の時代でもある。

私は当時大学院一年で、この大学紛争世代とともに行動する。院生自治会理事として、大学闘争の真只中に飛び込んでいった。一橋大学は先に述べたように、学部、大学院とも民青・共産党が指導権を握っており新左翼と対立していた。六八年秋に一橋大学でも本館が全共闘に封鎖される。ゼミは解体状況となった。私は大学院自治会の執行部として全共闘を批判し、大学における全構成員自治（三者構成論）を基本にして、教員、職員、学生（院生）によって大学の意思決定を民主化するという方針をもって、大学当局と話し合い、交渉によって大学改革を実現する路線を進めていた。大学評議会と前期自治会、後期学部自治会、大学院自治会、教職員組合四者による交渉、当時は評議会団交と言ったが、その団交の議長団となっていた。とくに一九六九年二・二八団交は徹夜団交となり、翌朝三・一確認書が結ばれた。学長選への学生・院生の投票権拡大、学生部長の学生・院生の拒否権が実現された。これは戦後新制大学として、全国でも稀な学生の学長選挙投票権を獲得してきた民主的な伝統をもつ一橋大学ならではの成果であった。こうしたなかで、評議会メンバーとなっていた永原先生と対立することになったのは皮肉であった。もちろん先生は学生・院生の立場に理解のある評議員であり、団交でもその立場を貫いておられた。その後も一橋大学の学長選挙、学生部長選出への学生・院生の参加は一九九〇年代まで続けられた。

私の修士課程では「理論と実践の統一」は空文と化し、実践優位のなかで理論研究も史料調査も出来ず、修士留年となった。とくに博士入試の語学試験二科目のうち、ドイツ語ができなくて失敗した。この年から二年後に大学院自治会の運動により、日本史専攻では、博士入試では外国語の代わりに古文書読解でもいいことになった。修士課程は大学紛争によりほとんどゼミが開かれなかったが、博士課程に進学後、後輩の院生が多数入ってきた。黒瀬郁二、大島栄子、春日豊、浅井良夫、立松潔、西成田豊、疋田康行、栗原るみ、などの諸氏である。植民地史、農業史、財閥史、金融史、企業史、労働史など多彩な経済史分野の院生が集まり刺激的な永原・中村大学院ゼミとなった。大学院時代に永原先生の紹介で茨城県史編纂事業に参加し、地域史料に豊富に接することができたことも幸いであった。ここで木戸田四郎氏、東敏雄氏らと交流することができた。

(2) 大学院自主ゼミ

私の大学闘争の成果は「大学院歴史学専攻課程の現状と変革」(『歴史評論』一九七〇年八月臨時増刊号)に書かれている。これは安井三吉、森武麿、山下直人の三者の連名で、東京大学、一橋大学、東京教育大学での大学改革の現状報告を行ったものである。大学の自治＝「教授会の自治」に「全構成員による大学の自治」を対置し、大学闘争の総括として、大学運営民主化という制度改革から、教育・研究の内在的変革を訴えている。教育面では自主ゼミ制度の実現により、大学院カリキュラム編成権の教授会独占打破の事例を報告している。これは一橋大学で一九七〇年から自主ゼミ制度が正規のカリキュラムの一環として初めて開設・実施されたことを指す。簡単に言えば、大学院生が教師を自由に選定して、正規カリキュラムとして単位認定させるというものである。また研究面では、個別ゼミを集団的研究実現の基礎過程として位置づけ、集団研究、共同研究を訴えた。

これによって一九七〇年に、一橋大学大学院経済研究科に最初の自主ゼミが生まれた。西田美昭氏(高崎経済大学講師)を非常勤講師として院生が指名し、教授会が単位を認定する正規講義として開設されたものである。それまで大学院では教授中心で、非常勤講師はおろか専任講師も、大学院ゼミを担当できないという慣例を初めて打破した大学闘争の成果である。一橋大学歴史系院生は、西田美昭先生の自主ゼミに参加できることとなった。西田氏に自主ゼミ担当をお願いしたのは私である。西田氏は私の五歳上で、山梨農村調査以来の永原ゼミの兄貴分のような存在であった。参加したのは私と田崎宣義、吉村仁作、賀川隆行、春日豊などの諸氏であった。この西田自主ゼミによって群馬県勢多郡芳賀村の共同調査に入ることになった。私の共同研究の始まりである。この共同調査を通して私の処女論文「日本ファシズムの形成と農村経済更生運動」（一九七一年）を執筆することになる。

（3）一九七一年歴研大会報告

修士課程を一年留年して博士課程一年の五月、一九七一年度歴史学研究会現代史部会の大会報告をすることになった。日本史からの報告は粟屋憲太郎氏と私の二人である。中国史からは安井三吉氏、西洋史からは新川健三郎氏である。私の論文は先の「日本ファシズムの形成と農村経済更生運動」であり、粟屋憲太郎氏は「日本ファシズムの形成と戦争準備体制の特質」である。これらの論文は、その年の秋刊行の『歴史学研究』大会別冊特集号に掲載された。当時私はまだ二五歳であり、それまで論文を書いたことがなく、歴研大会報告が最初の論文、デビュー作ということになる。これは今考えても異例なことであろう。

森と粟屋報告の経緯は、歴史学研究会委員として一九七〇年、七一年に西田美昭氏が現代史部会を担当していたことによる。西田氏は先に述べたように一橋大学自主ゼミ講師として群馬県の共同調査を指導し、私もその一員として参加しており、歴研委員会で私を推薦したからである。もう一つ前提がある。前年の一九七〇年歴研大会から現代史部会は「ファシズムと反ファシズム統一戦線」をテーマとしていた。七〇年報告は日本史からは木坂順一郎氏の「日本ファシズムと人民支配の特質」であり、中国史からは姫田光義氏の「抗日民族統一戦線」であった。そのあとを引き継ぐものとして、日本史から粟屋、森の若手研究者が指名されたのである。その背後に歴研現代史部会をリードしていた藤原彰先生の存在があった。藤原先生が粟屋と私を推薦したのである。粟屋憲太郎氏は私の一歳上であり、東大の伊藤隆氏と学問的なそりが合わず、一橋大学の藤原彰先生に指導を求めて藤原ゼミに参加していた。私が卒論の指導を藤原先生にお願いしていた同じころである。こうして藤原、西田両先生によって、粟屋、森の若手コンビによる一九七一年歴研大会現代史部会報告が企画されることになった。

日本現代史研究は、それまでのコミンテルン三二テーゼを中心とした戦略論争、軍事的封建的ファシズムか二重の帝国主義か、など概念論争が多かった。現代史研究はより緻密な実証研究と学問的成熟が求められていた。

歴研大会をみると、一九六七年の「現代」報告は金原左門氏がロシア革命を取り上げ、六八年度は松尾章一氏が近衛新体制の教育政策を報告、六九年度には「近・現代」報告は「日本帝国主義の権力構造」として、由井正臣氏が日露戦後の政治過程、今井清一氏が一九二〇年代の展望、を報告している。このように一九六〇年代末の「現代史」は日露戦後からロシア革命を経た一九二〇年代が対象である。現代史研究はロシア社会主義革命から始まり、ようやく一九四〇年代の近衛新体制としてファシズムが議論されかけた状況であった。

一九七〇年に入り、現代史報告は先に述べたように木坂順一郎氏が日本ファシズムによる人民支配を本格的に論じ、それを引き継ぐ形で七一年度報告として粟屋・森報告が登場する。一九三〇年代研究からファシズム論が現代史の中心テーマとなるのである。この七一年からは、それまでの近代史部会企画の「現代」報告から現代史部会が設置されたことにより「現代史」報告が自立し分離した。さらに現代史部会は西田・森歴研委員によって、一九七二年には栗木安延氏の戦後労働運動、七三年には西田美昭氏の農地改革が取り上げられ、初めて戦後史を現代史のテーマとするようになる。現代史が一九七〇年代に入り、ファシズム論から戦後改革期を実証的な研究対象とする新たな時代となったことがわかる。

学界でも戦後歴史学の方法的再検討がすすめられ、「階級」から「人民」「民衆」へと方法的転機を迎えていた。一九七一年の歴研大会全体会のテーマは「人民闘争史研究の課題と方法」として戸田芳美、増谷英樹両氏が報告した。むき出しの階級論（ブルジョア・地主・天皇制）でなく、人民・民衆に視点を広げて国家と人民闘争、国家と人民（民衆）支配を考えるという方向に転換しつつあった。この時の人民闘争論は近世の深谷克己氏らが主導して、階級闘争から人民闘争、民衆運動へと視野を広げるものであった。階級闘争から人民闘争へ、人民闘争から民衆運動へと、歴史学の変革が進んだのである。一九六八年社会運動の衝撃を歴研なりに受け止めようとした結果でもあった。

このため現代史部会では、私と粟屋報告のための準備会が藤原先生を中心に数回開かれた。一度は箱根で合宿を行った。藤原彰、木坂順一郎、由井正臣、西田美昭らの諸氏が現代史部会大会準備会でバックアップしてくれた。藤原先生は、私と粟屋憲太郎氏を若手の現代史研究者として育成し、日本現代史の裾野を広げようとされたのである。この一九七一年の歴研現代史部会を転機として、一九三〇年代の実証的な政治史、地域社会経済史研究が進んだ。

なお、私の歴研大会報告に対して永原先生は反対した。時期尚早であり、大会報告で失敗すれば研究者として致命的となるからという親心からである。それを藤原先生、西田氏に伝えると、「大丈夫だからやりなさい」と励ましてくれた。永原先生は私の未熟な研究が心配だったのだろう、先生は慶応大学での大会報告のとき、現代史部会の私の報告だけ聞きに来てくれた。会場の最上段で心配そうに私の報告を聞かれ、終わるとさっと会場を出ていかれた。私は報告壇上で、永原先生に心の中で感謝した。

私の大会報告、農村経済更生運動研究は、地域を対象とした実証的研究として高く評価され、その後の更生運動研究ブームの先駆けとなり、一九三〇年代実証的農村研究の端緒となった。私は丸山学派の前近代的共同体再編論を念頭に戦前を前近代性一色で塗りつぶすのではなく、段階的変化に注目した。丸山の上からのファシズム論でなく、下からのファシズムにも目を向け、民衆のファシズムへの自発的同調の論理を明らかにしようとした。第一次世界大戦後の自小作中農の台頭と小作争議の激化、昭和恐慌後の国家による「農村中堅人物養成」による新たな民衆支配・統合が進む。大戦後の小ブルジョア的商品生産者として農民の成長と挫折のなかに、日本ファシズムの急進化の社会的基盤の形成をみていた。私は地主制・共同体支配より農村の小ブルジョア化と昭和恐慌による農村旧中間層の没落とそのファッショ化に焦点を当てていたのである。中間層ファシズム論である。このような問題意識の背景には、全共闘の小ブルジョア急進主義批判があった。今考えると少し性急だが、新中間層出身学生の極左主義を急進ファシズムの暴力性と重ねていたのである。丸山眞男氏の研究室が全共闘により破壊され、丸山が、これはファシズムと同じだと嘆いた時代である。私は中間層がプロレタリアートを中心とする変革主体に同盟するか、金融資本のファシズムに見方するかに、時代の帰趨をみていた。この理論的背景は一九三五年コミンテルン第七回大会ディミトロフ・テーゼの反ファシズム統一戦線論を意識したものであった。

一九七一年、歴研大会が終わると、西田氏とともに歴研委員となった。歴研委員長は永原先生、板垣雄三編集長、由井正臣幹事長、増谷秀樹、伊藤定良、戸田芳美、青木美智雄、北島万次、小谷汪之、宮地正人、姫田光義、吉沢南などの諸氏、今からみるとそうそうたるメンバーである。私は博士院生一年生としてその末席にすわったのである。

永原先生は最初の委員会が始まる前に私に「ここでは森君ではなく森さんと呼ぶ、君も先生と言ってはダメだよ。永原さんと言いなさい」と言われ、歴民委員会は民主的な組織であり、子弟の上下関係はないということを諭された。私は二年間先生ではなく「永原さん」と呼ぶことになった。私はこの歴史学研究会の委員の議論から歴史学を学びながら二年間過ごした。

なおこの時の歴史学研究会は、藤原彰先生を中心に『太平洋戦争史』全六巻を青木書店から一九七一年から七三年にかけて刊行し、私はその中の二巻、三巻の一節を執筆した。これが刊行物で通史を書いた最初である。私の原稿は生硬で通史としては使いものにならず、それを書き直してくれたのは今井清一氏である。私の原稿は、柔らかく読みやすい文章に生まれ変わっていた。また『日本民衆の歴史』全一一巻が、三省堂から藤原、中村、金原左門、江村栄一の諸氏を近現代史の編者として一九七四～七六年に刊行された。これらは一九六八年の衝撃を経て、一九七〇年代の歴史学研究会の人民闘争史の提起、民衆史、民衆運動史の新たな研究潮流を示すものであり、私のその後の研究に大きな影響を及ぼした。

もう一つ日本現代史研究の出発として記録しておきたいのは、一九七〇年七月、高尾山薬王院で開かれた第一回現代史サマーセミナーである。これは藤原先生が歴研現代史部会を中心に、「研究者の層が薄く問題意識が直線的で多面化、総合化が不十分な現代史研究の裾野を広げるため」に毎年開催すると企画したものである。準備会は前年の六九年九月湯河原で一五人が参加して開かれ、江口圭一氏らの報告があった。事務局は一橋大学藤原研究室に置き、担当したのは由井正臣、粟屋憲太郎、芳井研一の諸氏であり、東洋史から三谷孝、西洋史から増谷英樹が加わった。私は藤原先生に誘われて九月五日から三日間、この湯河原合宿から参加した。

翌年の高尾山の第一回サマーセミナーにも続けて参加した。テーマは「世界史における一九三〇年代」である。基調報告は江口朴郎「一九三〇年代と現代史の方法」、中西功「現代史における三〇年代」である。そのあと「ファシズム」「統一戦線」「第二次世界大戦」の三部会が開かれ、日本史、東洋史、西洋史の研究者六〇人が参加した。統一戦線論では神田文人、古厩忠夫両氏、ファシズム論では粟屋憲太郎、伊集院立両氏、第二次世界大戦論では荒井信一、鈴木隆史両氏らが報告した。三日間の合宿で東西の現代史研究者が、合同で夜を語り明かしたことは忘れられない。とくに、中西功氏に対して江口圭一氏が真剣に戦前・戦後共産党の歴史を聞いていたのが記憶に残る。中西氏は、共産党指導部の志賀義雄、宮本顕治らは獄中にいたため、一九三五年のコミンテルン第七回大会の反ファシズム統一戦線戦術を知らずに、戦後も三二テーゼの線で指導したことが間違いであると言っていた。江口圭一氏が三二テーゼと反ファシズムと統一戦線に関心を持っていたので、この聞き取りは熱のこもったもので深夜まで続けられた。私は興味深く聞いていたが、現代史はまだ生き証人がいるのだと衝撃を受けた。

この第一回現代史サマーセミナーの成果は、江口朴郎・藤原彰・荒井信一編著『世界史における一九三〇年代』(青木書店、一九七一年)として刊行された。私はこの一九三〇年代論を聞いて一九七一年大会報告準備としたのである。この時代から東京の藤原彰先生、京都の木坂順一郎氏、愛知の江口圭一氏、徳島の鈴木隆史氏など、全国の歴研系現代史研究者のネットワークが機能しはじめていた。こうして現代史サマーセミナーは発足し、それ以来、藤原彰先生の教え子吉田裕氏によって現在まで継続されている。一九七〇年代は現代史研究の揺籃期であったといえよう。

以上のように、一九七〇年第一回現代史サマーセミナー開催と七一年歴研大会現代史部会粟屋・森報告は、藤原彰先生が全国の歴研系現代史研究者のネットワークをつくり、若手研究者を養成し現代史研究者の裾野を広げることによって、新たな日本現代史研究を推し進めるという時代状況にあった。日本現代史研究は、一九七〇年代から新たな研究段階に進んでいった。

四　民衆史研究の軌跡

(1) 農村経済更生運動研究

私の研究は一九七一年歴研大会報告を出発点とするが、これまでの研究は二〇代から六〇代まで、一〇年一区切りでテーマと対象地域を変えて共同研究を基礎にして進めてきた。

三〇歳で駒沢大学に就職するので、二〇代は大学・大学院時代に当たる。二〇代は一九三〇年代研究であり、私の研究第一期である。テーマは農村経済更生運動、対象地域は群馬県である。群馬県内で農村経済更生運動と産業組合の史料を探し回った。私の関心は政府の「農村中堅人物」養成に呼応する中農層にあった。先に述べた一九七一年群馬県勢多郡芳賀村の農村経済更生運動研究から始まり、永原先生の指導のもとに学部学生と一緒に群馬県碓氷郡磯部村の組合製糸碓氷社、組合製糸下仁田社の調査に参加するなかで、一九七三年碓氷郡松井田町の産業組合史料調査を行い産業組合論として論文にまとめた。翌年にはこれらの論文を基礎にして京都の日本史研究会近代史部会で「日本ファシズムと農村協同組合」を報告した。この研究会への推薦も藤原彰先生である。また、一九七五年永原先生の静岡県御殿場市の市史編纂事業に参加し、駿東郡印野村役場資料を用いて農村経済更生特別助成事業の論文をまとめた。この論文で在村耕作地主の役割の大きさを理解して、私の「農村中心人物」像が作られた。こうして群馬県から始まり静岡県東部富士山麓の養蚕地帯の研究を経て、私の農村経済更生運動のイメージが作られた。一九三〇年代の農村ファシズム形成を論じるのに、昭和恐慌の打撃が大きい中部養蚕地帯を対象としたことは正解であった。

そのあと中部養蚕地帯だけでなく東北地方の農村経済更生運動を調べたいと思っていた。ちょうどその時、一九七五年ごろ中村先生が、『労働者と農民』（小学館版『日本歴史』二九巻、一九七六年）の執筆のために山形県西村山郡に調査に入っていた。私も同行して全国農民組合山形県連指導者太田吉太郎氏の聞き取りに参加した。その聞き取りは先生の名著『労働者と農民』に見事に活かされている。聞き取り（オーラル・ヒストリー）の面白さを経験できたのは中村先生のおかげである。私はそれと同時に中村先生と一緒に、西村山郡三泉村役場文書の調査を行った。その結果を東北地方の農村経済更生運動研究として論文としてまとめた。群馬、静岡、山形の事例研究を総括したのが、岩波講座日本歴史二〇巻「戦時農村構造の変化」である。農村経済更生運動研究の全国的総括である。これも講座の編集委員の藤原彰先生の推薦であり、私が三〇歳の時である。当時の講座執筆者の最年少であるといわれた。論語に「三〇にして立つ」とあるが、私の研究者としての自立の論文である。その後の研究も含めて博士論文としてまとめ、『戦時日本農村社会の研究』（東京大学出版会、一九九九年）を刊行した。このように私の最初の研究の調査地、報告機会は、永原慶二、藤原彰、中村政則、西田美昭氏によって整えられたもので、これらの諸先生のおかげである。出会いの幸運というほかない。

（2）農民運動研究

三〇代は一九七五年に駒沢大学教員に就職することで始まる。渋谷隆一、浅田喬二、古庄正、上原一慶、瀬戸岡紘諸氏との交流は有益であった。三〇代の研究は一九二〇年代研究であり、テーマは農民運動研究、岐阜県西濃地方を対象とした。私の研究の第二期はこの駒沢大学教員時代である。「人民支配」から「人民闘争」にテーマを転換したのである。岐阜県は近代農民運動発祥の地といわれ、農林省の小平権一氏が農民運動発生原因の調査復命書を書いた地域である。駒沢大学四年目の一九七九年、私に一橋大学大学院自主ゼミの指導教官の声がかかった。呼んでくれたのは一橋大学院生の大門正克氏である。一橋大学の院生を中心として岐阜農民運動の共同研究を組織し、大門正克、栗原るみ、白戸伸一、青木猛、平賀明彦、林博史の諸氏が参加した。この共同研究には、私の駒沢大学で最初の大学院生であった渡辺新氏が参加した。その成果は、森武麿編『近代農民運動と支配体制—一九二〇年代岐阜県西濃地方の農村をめぐって』（柏書房、一九八五年）である。その後の研究も含めて『戦間期の日本農村社会—農民運動と産業組合』（日本経済評論社、二〇〇五年）にまとめた。

また、一九二〇年代史研究会で、奈倉文二、伊藤正直、武田晴人、西成田豊、松本俊郎、加瀬和俊の諸氏と共同研究で、一九二〇年代史研究会編『一九二〇年代の日本資本主義』（東京大学出版会、一九八三年）を執筆した。そして一九八五年からは土地制度史学（政治経済学・経済史学会）の理事を二〇〇五年まで続ける。

社会を焦点に経済と政治を統一的に把握する。社会的諸集団に注目し、産業組合、農家小組合・農事実行組合、農民組合・小作組合、部落会を焦点にして、抵抗と統合の視点から民衆社会を明らかにする。三〇代に私の方法が確立した。この基礎にあるのは大学闘争の成果としての自主ゼミ制度のおかげである。西田自主ゼミで農村経済更生運動を、森自主ゼミで農民運動を共同研究した結果である。私にとって大学闘争は挫折したのではない、闘争の成果は達成されたのである。

（3）戦時戦後の連続と断絶

四〇代は一九四〇年代論である。私の研究の第三期に当たる。テーマは「戦時と戦後の連続と断絶」である。一九八七年、駒沢大学で四一歳の時に農地改革研究会として共同研究を立ち上げた。対象地域は山形県庄内地方である。鶴岡市を対象として共同研究を組織し、大門正克、大川裕嗣、沼尻晃伸、源川真希、宇佐見正史、岩井サチコの諸氏が参加する。この共同研究では地元の高嶋信氏、森芳三氏に協力していただいた。大門氏は岐阜調査から庄内調査まで付き合ってくれ、私の右腕となり共同研究責任者となって成長していった。庄内研究では沼尻、源川両氏と都市研究者も加えることによって、農村史から都市史まで射程を広げた。当初の農地改革は後景に退き、戦時と戦後の社会運動の連続と断絶が焦点となっていた。その成果は森武麿・大門正克編『地域における戦時・戦後―庄内地方の農村・都市・社会運動』（日本経済評論社、一九九六年）である。ちょうど「総力戦と現代化」がもてはやされ、戦時期を高度成長の源流として、また現代化の起点とする考えが出されたときであり、私はその議論を実証から批判した。連続と断絶の二項対立を超えて、戦時と戦後の断絶と連続を統一的に把握することである。私にとって戦時と戦後の連続性は、産業組合から農協の連続性を前提に考えてきたことで何ら目新しいことではなかった。しかし「総力戦と現代化」の単線的連続論、源流論にも違和感を感じていた。この批判はのちに「総力戦・ファシズム・戦後改革」（『岩波講座アジア・太平洋戦争』第一巻、二〇〇五年）にまとめた。その後、庄内地域を対象とする研究では、駒沢大学で同僚となった先輩研究者渋谷隆一氏と東北大学の長谷部弘氏との共同研究『資本主義の発展と地方財閥―荘内風間家の研究―』（現代史料出版、二〇〇〇年）をまとめた。そこでは地域における地方財閥の昭和恐慌から戦時・戦後の連続と断絶を実証的に明らかにすることを課題とした。

（4）通史執筆と留学

四〇代後半は私の研究上でも壮年期であり、理論と通史をまとめ、アメリカに留学して後、現代史研究年報の発刊にかかわるなど、研究上の一つのまとめの時代となった。すなわち、私の研究を導いた農業理論の古典であった栗原百寿理論について、西田美昭・森武麿・栗原るみ編『栗原百寿農業理論の射程』（八朔社、一九九〇年）としてまとめた。清水洋二、玉真之介、野田公夫、大和田寛、大門正克、林宥一の諸氏との共同であった。さらに、現代経済史の通史として森武麿・浅井良夫・西成田豊・春日豊・伊藤正直『現代日本経済史』（有斐閣、一九九三年）をまとめた。そして十五戦争の通史として『アジア・太平洋戦争』（集英社版日本の歴史二〇巻、集英社、一九九三年）の刊行である。この執筆は編者永原慶二先生の推薦によるものであった。私の『アジア・太平洋戦争』は通史として「アジア・太平洋戦争」と名づけた最初の著作となった。「太平洋戦争」では日米戦争のイメージが強く、日本と中国、東南アジア関係、アジアへの加害責任が不明瞭であるとして学会では「太平洋戦争」、「大東亜戦争」に変わる呼称として「アジア・太平洋戦争」が使われはじめたころである。そのころ、木坂順一郎氏が学界で呼称変更を呼びかけていた。一九九〇年代初頭は冷戦体制が終焉し、昭和天皇が死去して日本のアジアにおける戦争責任が国際的に噴出した時であった。「アジア・太平洋戦争」という呼称が受け入れられる時代的条件が生まれていた。私はアジアへの加害責任と戦後を展望した戦時社会の構造的変化を明らかにしたいと考えた。これ以降、「太平洋戦争」に代えて「アジア・太平洋戦争」の呼称が一般化し市民権を得る。

私はアジア・太平洋戦争通史と現代経済史の通史を書いて、一九九三年四月から一年間アメリカに留学した。四七歳であった。留学先はロサンゼルスのＵＣＬＡで日系人アメリカ移民研究の第一人者ユウジ・イチオカ先生の指導を受けることになった。前年の一九九二年の黒人によるロス暴動の起きたあとであった。アジア・太平洋戦争通史を書いた後、戦時中の日系人強制収容所を調べてみたいと思ったのが動機である。ここから日系人の移民研究への関心が始まった。もともと、農村経済更生運動の一環として満州移民には研究当初から関心はあったが、それを移民史という視点で考えたことはなかった。ここから日本人の海外移住、中間層から下層民への視点の移動、国境を越える人の移動から移民史の問題に目を向けた。またUCLAでは女性史のミリアム・シルババーグ氏の大学院ゼミに参加した。一九九〇年代、アメリカ歴史学最先端のジェンダー研究を知った。アメリカ留学は私の転期となった。そこで東欧・ソ連社会主義体制の崩壊を経て、マルクス主義、グランドセオリーが崩れるという時代であった。私の視点・方法の移動は時代との新たな出合いの必然の結果でもあった。

私のアメリカ留学中に、ちょうど同じくオーストラリアに留学していた粟屋憲太郎氏からアメリカに国際電話があり、「留学中にいいことを思いついた。留学が終わったら戦後五〇年に日本で日本現代史の研究年報を刊行したいので協力してくれ」と言われた。もちろん賛成した。これが始まりで、一年後二人が帰国すると粟屋主導で、『年報日本現代史』の発刊が企画された。政治史粟屋憲太郎、外交史豊下楢彦、思想史赤澤史朗、軍事史吉田裕、経済史森武麿の五名の編集で継続的に刊行することが決定した。戦後五〇年の一九九五年に創刊号が無事発刊された。出版社は、粟屋憲太郎氏がアメリカで発掘した東京裁判の膨大な資料を復刻出版した赤川博昭氏のいた日本図書センター（発行は東出版）であり、のちに赤川氏が独立し現代史料出版となる。

『年報日本現代史』の刊行での思い出は、創刊号で経済関係の巻頭論文を原朗氏に書いてもらったことである。「戦後五〇年と日本経済」として戦時と戦後の連続・断絶を総力戦と現代化論を念頭において書いてくださいとお願いした。これは今読んでも素晴らしいものである。また第二号にアンドリュー・ゴードン氏に「日本近代史におけるインペリアルデモクラシー」を書いてもらったことも懐かしい。このために一九九六年四月にハーバード大学を訪ね、彼に原稿を依頼している。ちょうどスミソニアン博物館で原爆投下エノラゲイの展示が問題になったころであった。この時の石田雄論文とともに戦争責任をめぐる日本とアメリカの民主主義の危うさを学んだ。第三号も「総力戦と現代化」をテーマにして白熱した議論が展開され、この号は早々に完売した。戦後五〇年の節目、一九九〇年代後半から戦時戦後をめぐる現代史の関心が高まったことを感じた。各号の特集テーマを見ることによって時代の変化とともに日本現代史が何を研究の焦点にしてきたのかわかる。また「現代史の扉」では研究者の回顧録として、創刊号の藤原彰氏から始まり、今井清一、江口圭一、荒井信一など、現代史研究を牽引された諸氏に執筆をお願いしてきた。その後、私が直接お願いしたのは、一一号の中村政則、一三号の原朗、一四、一五号の暉峻衆三、一八号の永原和子の諸氏である。これらを含めた「扉」の回顧をすべて読んでみると、戦後の日本現代史研究の各分野の軌跡が手に取るようにわかる貴重な証言となっている。『年報』は現在、二〇号を数えるまでになった。日本現代史研究が市民権を得たことを証明する。これも藤原彰先生によって土台が築かれた日本現代史研究の発展の到達点である。

(5) 一九五〇年代研究

私の五〇代は一九五〇年代研究であり、本格的に戦後史研究に取り組んだ。私の研究生活の第四期である。一九九九年、私は五三歳で駒沢大学から一橋大学教員に移籍した。中村政則先生の後任であった。一橋大学では退職した中村先生とともに、吉田裕、糟谷憲一、池享、若尾政希、加藤哲郎ほかの諸氏とソウル大学と歴史学の共同シンポジウムを毎年開催し交流できたことは幸いであった。ソウル大学金容徳氏との一〇年に及ぶ交流も思い出に残る。教育面では博士課程のゼミに、中村一成、山口悠、小林啓祐、矢島桂の諸氏が入り、他の研究科から森脇孝広、大西公恵、牛木純江、白松大史の諸氏、他大学から細谷亨、坂口正彦両氏が参加した。

また二〇〇二年には浅井良夫、伊藤正直、安田常雄、三宅明正、渡辺治、進藤栄一ほかの諸氏と同時代史学会を立ち上げた。進藤氏を除き、一橋大学と東京大学出身でほぼ団塊の世代である。プレ団塊の世代として安田常雄氏と私がいた。現代史研究の学会が初めて出来たのである。一九九五年『年報日本現代史』発刊、二〇〇二年「同時代史学会」設立と二〇〇八年『同時代史研究』発刊によって日本現代史研究は学界のなかでの社会的地位を確立したといえよう。

私の研究生活では二〇〇〇年に、一九五〇年代共同研究を組織した。この時私に共同研究を呼びかけてくれたのは、一橋大学社会学研究科院生の大串潤児氏である。対象地域として岩手、長野などいろいろ調査したが、最終的に神奈川県小田原地域に決まった。小田原を対象としたのは私が市史編纂事業に関係したことと、一九五〇年代が高度成長の開始の時代であり都市化、工業化と工場誘致が進む小田原は都市と農村の関係を明らかにするのに恰好の地域であると思われたからである。共同研究参加者は、大串潤児、沼尻晃伸、大川裕嗣、永江雅和、森脇孝広、大西公恵、中村一成、小林啓祐の諸氏である。この共同研究では地元の星野和子、曽我勉両氏に協力していただいた。この成果は森武麿編『一九五〇年代と地域社会—神奈川県小田原地域を対象として』(現代史料出版、二〇〇九年)として刊行される。一九五〇年代の地方都市と農村の重層的関係を経済、社会運動、生活、教育、文化の全体的関係から明らかにするものであった。敗戦後、戦前農村と戦後高度成長が切り結ぶ結節点に生まれた社会、農民の労働者化のなかで労農提携など労働者と農民が最も近づいた時代、社会的結合としてムラの共同性の再評価など、可能性としての一九五〇年代を論じた。

（6）満州移民と戦後開拓研究

私の六〇代の研究テーマは満州移民と戦後開拓研究である。研究生活の第五期である。研究対象は長野県下伊那地域である。私と下伊那との関係は二〇〇二年飯田市歴史研究所の顧問研究員となったことによる。成果は飯田市歴史研究所編『満州移民―飯田・下伊那からのメッセージ』（現代史料出版、二〇〇七年）である。これは私の編集責任で飯田市歴史研究所の齋藤俊江、本島和人、鬼塚博の諸氏との共同執筆である。その前に二〇〇〇年に西田美昭氏とオクスフォード大学アン・ワズオ氏の呼びかけで「二〇世紀日本の農民と農村」のシンポジウムが東京大学とオクスフォード大学で二回にわたり開催された。私はその中で「戦時下日本農村と植民地―満州移民を中心に」を報告した。これが私の満州移民の本格的研究の始まりであった。これは二〇〇六年に西田・ワズオ編で岩本純明、加瀬和俊、大門正克、筒井正夫の諸氏と森、海外からはケリー・スミス、サンドラ・ウイルソン、ジョン・ナイトほかの諸氏が執筆して、東京大学出版会から二〇〇六年に刊行された。イギリス、アメリカ、オーストラリアの研究者と日本農村史研究で話し合えた有益な経験であった。

二〇〇九年に一橋大学から神奈川大学歴史民俗資料学研究科に移籍する。私の前任者は中村政則先生である。先生には大学院で指導を受け、一橋大学の後任から、神奈川大学の後任まで私の研究人生は中村先生の後を追うかのようである。同研究科では中島三千男、安在邦夫、安田常雄諸氏と出会い、交流できたことは幸いであった。

神奈川大学では民俗学の福田アジオ氏と歴史学の田上繁氏から直接の誘いで、神奈川大学日本常民文化研究所の活動に参加する。日本常民文化研究所非文字資料研究センターの瀬戸内海二神島の共同研究、北九州若松洞海湾の船上生活者の共同研究、日本常民文化研究所のブラジル日系人移民研究の三つのプロジェクトに関係することになる。

私の研究としては、歴史民俗学研究科では大学院生を連れて飯田下伊那の戦後開拓地の調査を行い『戦後開拓―長野県下伊那郡増野原―』（神奈川大学大学院歴史民俗資料学研究科、二〇一二年）をまとめた。参加者は飯田市歴史研究所の齋藤俊江、向山敦子両氏と神奈川大学歴史民俗資料学研究科の歴民院生小野桂、松下里織、松本和樹、英萄、李暁倩の諸氏である。神奈川大学での研究面では、満州移民者から戦後開拓者、そして移動する船上生活者、離島の忽那諸島ミカン農家など、民衆の底辺で苦闘する姿に共感を覚えた。

これまでの研究では、戦争に巻き込まれ支配統合される民衆から、大正デモクラシーを支えた農民運動を担った民衆へ、一九五〇年代の民主化を担った民衆の可能性、そして戦後の下層民衆の生活向上の闘いの共感へと関心が移った。この中で底辺民衆への接近は文献史料では明らかにできない面を方法としてオーラル・ヒストリーを取り入れて研究することになる。対象が方法を規定するのである。これは中村政則先生が実践した聞き書きを歴史叙述に取り入れた『労働者と農民』（小学館、一九七六年）の方法の継承である。このため私は二〇一一年から一三年までオーラル・ヒストリー学会理事に就任することになった。

六〇代の私の研究は、直接にはアメリカ留学の影響である。移民史による視点の移動、これまでの私の農村研究では農民運動に立ち上がる中農層、支配統合される中農層に焦点を当てていたが、貧農・棄民といわれる下層民、船上生活者、ブラジル移民などディアスポラといわれる名もなき人々への共感へと焦点が移動した。しかし、私のこれまでの研究は最初の歴研大会論文を超えることはできていないと思っている。というより、それを充実させるための道のりであったと思う。

現在、私の研究は定年後も日本常民文化研究所の共同研究を継続する予定である。私の第五期の研究は未完である。この道をもう少し歩みつづけたい。

おわりに

これまで私の研究の足跡を辿ってきたが、私の問題意識は、生まれた年、「大日本帝国」崩壊の一九四五年に運命的に結びつけられていた。なぜ日本はアジア・太平洋戦争の道を歩んだのかである。そのため、一九二〇年代の大正デモクラシーから三〇年代の昭和ファシズムへの推転の論理を、農村社会の基底から明らかにすることが研究課題となった。さらに、戦時下の社会変容はいかなるものであったのか、それは戦後をどのように準備し、戦後は戦時をどこまで克服したのか、ということを問いつづけた。

そのための視点・方法は民衆史である。「民衆こそ歴史の原動力」であるというテーゼを基本にし、デモクラシー、ファシズム、戦後民主主義もすべて民衆が作り上げたものであるとして、名もなき民衆の歴史を地域研究を通してひたすら追いかけてきたように思う。その過程で私の視点は、地主から中農へ、そして貧農、下層民へと移動しながら底辺へと向かっていった。その結果、一九二〇年代から五〇年代までの農村民衆史をいささかでも豊富にできていれば幸いである。

私の問題意識の背景には「一九六八年」大学闘争の高揚がある。明治百年ナショナリズムとベトナム戦争の時代との出合いである。そこで社会運動が歴史を動かすことを知ったのである。さらに私の研究を支えたのは、戦後歴史学の中核を担った先生方との出会いである。永原慶二、藤原彰、中村政則の三人の先生との出会いがなければ私の研究は成り立たなかった。また、大学闘争を通して得た共同研究の大切さを実践することによって、自己の研究の推進力にしてきたことである。多くの若く新しい知性との出会いが私の研究を支えてくれた。本当に幸運な研究人生であったと思う。いま振り返ると私の歴史学は時代との出合い、人との出会いという二つの出あいによって生まれたと思う。この二つの出あいに感謝したい。

最後に、本稿が単なる私の研究回顧を超えて、日本現代史研究の扉がどのように拓かれてきたのか、という時代証言の一つとなれば幸いである。

【研究動向】

中国における東京裁判の研究動向

宋　志勇

はじめに

今からちょうど七〇年前の一九四六年（昭和二一年）五月三日から四八年（昭和二三年）一一月一二日にかけて、第二次世界大戦に勝利した連合国は、日本の戦争犯罪を裁くため東京に国際軍事法廷を設置して裁判を実施した。東条英機をはじめ二八名の日本の指導者が戦争犯罪人として起訴され処罰を受けたのである。この裁判は極東国際軍事裁判または東京裁判と称され、ニュルンベルク裁判と並んで戦後世界に影響を与えた二つの「世紀の裁判」といわれる。

東京裁判に関する研究は裁判中から始まり、七〇年の歳月を経た。日本では裁判の是非をめぐって七〇年間にわたり研究と論争が中断することなく続いてきた。そして数々の研究成果を収め、世界の東京裁判研究において数的にも質的にもリードする地位を占めている。

中国は一四年にわたり日本の侵略を受けて多大な人的、物的損害に遭った最大の被害国である。中国は連合国の一員として東京裁判と密接な関係をもち、アメリカの東京裁判参加の要請に応じて、梅汝璈、向哲濬をそれぞれ判事、検察官として東京に送った。また、数多くの証人を東京に送り、大量の証言を法廷に提出した。

それにもかかわらず中国において東京裁判の研究は国内政治の影響で大変遅れ、一九七八年改革開放政策の実施まで研究らしい研究は少なく、中国は世界の東京裁判に関する研究の分野においてほとんど影響を与えなかったと言わざるを得ない。一九七八年に入り、中国の研究環境はようやく大転換を遂げた。「実事求是」(事実に基づいて真実を求める)路線の下に、客観的な学術研究が可能となり、また、国民党政権時代への評価においても「実事求是」が適用されるようになった。このような学術研究環境の改善に伴い、東京裁判研究が始まったのである。その後、三〇年にわたり、特に二一世紀に入ってから中国の東京裁判研究は著しい成果をあげた。中国の東京裁判研究は政治環境に大きく影響されていたのである。

東京裁判研究の時期区分

七〇年にわたる中国における東京裁判研究は三つの段階に分けられる。

第一段階は東京裁判期から一九七〇年代までである。この段階では、一九四九年の中華人民共和国成立を境に、前半と後半に分けられる。前半は東京裁判に直接かかわっているのだが、内戦の激化により、裁判に対する研究は充分にできず、研究書としては倪家襄編著『東京裁判秘録』(亜洲世紀社、一九四八年)があるのみである。一般向けの書物であるが、作者の分析もあり、中国における最初の東京裁判研究書ともいえる。論文もわずかで、東京裁判に参加した中国の判事梅汝璈の「戦争犯罪の新しい概念——第二次世界大戦後戦争犯罪に関する主な国際法原則の変化と発展の総括」(『学術月刊』一九五七年七期)、黄徳禄「第二次世界大戦後の二の国際裁判――ニュルンベルク裁判と東京裁判」(『河北天津師範学院学報』一九五七年一期)の二本のみが知られている。梅の論文は主にニュルンベルク裁判と東京裁判によって「平和に対する罪」と「人道に対する罪」が国際法的に定着したと論じ、黄の論文は二つの裁判の国際法に対する貢献を肯定しながら、アメリカの政策を批判した。以上の研究成果のほかに、『極東国際軍事法廷判決書』(五十年代出版社、一九五三年)が張効林によって翻訳され出版されたが、当時大きな反響はなかったようである。以上のように、東京裁判が開廷してから三〇余年経った一九七〇年代まで、東京裁判研究はあまり重視されず、成果も非常に少なかった。

第二段階は一九八〇年代から九〇年代までである。中国国内政治の激変と日本における侵略戦争性格否定発言の台頭により、中国の東京裁判研究は一気に重視されるようになった。一九七八年に始まった中国の改革開放政策の実施により、自由な学術研究が本格的に開始されたのである。また、一九八〇年代日本の政治家や政府高官の侵略戦争否定発言、歴史教科書問題、靖国神社参拝などの問題により、中国社会において、戦前日本の戦争を侵略戦争として認定した判決を下した東京裁判への関心が高くなり、学界においても研究が盛んになった。そして、研究成果も次第に多くなってきた。その代表的なものが東京裁判で中国側判事を務めた梅汝璈の『極東国際軍事裁判』(法律出版社、一九八八年)である。東京裁判の判事としての経験を生かし、国際法の角度から東京裁判を紹介し分析した。同書は東京裁判の設立と管轄権、裁判所憲章と組織、主要戦犯の逮捕と起訴、東京裁判の審理手続、の四章から構成されている。ただし、最も重要な部分すなわち判決の決定過程は「文化大革命」の混乱による原稿紛失のために、全然触れられなかった。著者は同書で東京裁判の過程を紹介し正当性を肯定しながら、検事側の起訴状内容がばらばらで筋道がたたないこと、法廷裁判手続きの複雑さと形式主義など東京裁判の問題点を批判した。全面的な東京裁判研究書ではないが、東京裁判の閉廷から現在に至るまで中国の東京裁判に関する研究成果のなかでは最高レベルのものである。また、『極東国際軍事裁判』の出版から一七年を経て梅汝璈の日記『東京大審判——遠東国際軍事法庭中国法官梅汝璈日記』（江蘇教育出版社、二〇〇五年）が出版された。東京裁判の日々を生々しく記録した貴重な資料といえるが、残念ながら記されていたのは、東京裁判の準備と開廷初期の段階だけであった。そのほかに余先予・何勤華『東京審判始末』（浙江人民出版社、一九八六年）も東京裁判の過程を分かりやすく紹介して評価された。これらの書物の出版によって東京裁判は学界だけでなく、一般の国民にもより知られるようになった。

第三段階は二〇〇〇年代から現在までである。二〇〇五年、中国は抗日戦争勝利六〇周年を盛大に祝った。また、中韓の反対にもかかわらず小泉純一郎は二〇〇一年首相就任以後、六年間連続で靖国神社を参拝した。そうした雰囲気のなかで、中国は日本の侵略戦争を認定した東京裁判を特に重視するようになり、研究の領域も歴史、国際法、国際政治などに至るまで幅広く展開された。そして、数多くの研究成果が得られている。

第三段階の特徴について二つの例を挙げる。一つは「東京裁判研究センター」の誕生である。東京裁判開廷六五週年を迎えた二〇一一年五月に中国の名門大学、上海交通大学に東京裁判の専門研究機構として「東京裁判研究センター」が設けられた。これは中国だけでなく、世界においても唯一の東京裁判専門研究機関である。その設立は中国が東京裁判研究を重視する証左であり、中国の東京裁判研究の象徴であった。同研究センターは文献整理、文献編集・翻訳、研究に関する専門研究機関として、近代以来日本の戦争犯罪を処罰した極東国際軍事裁判を中心に、主に下記の五つの事業を実施している。（1）東京裁判の資料の収集、整理と研究、（2）東京裁判と中日関係、（3）東京裁判と歴史問題、（4）東京裁判と国際法および国際刑事裁判所、（5）アジア各地で行った日本のB・C級戦犯の裁判、特に中国で行った一一のB・C級戦犯裁判、ソビエト連邦で行った日本人の戦犯裁判および一九四九年以降中華人民共和国で行った日本人の戦犯裁判。同センターは成立してから大量の資料の翻訳作業をする一方、「東京裁判研究シリーズ」としてすでに『東京裁判文集』、『東京裁判研究手冊』、『梅汝璈東京裁判文稿』、『東京裁判を再検討す

る』などの学術出版物を上梓している。(1)

もう一つの例は中国で第一回東京裁判国際シンポジウムが開催されたことである。二〇一三年一一月一二日から一四日にかけて上海交通大学東京裁判研究センターを中心に中国の上海・蘇州で「東京裁判国際シンポジウム」が開催された。これは中国で最初の東京裁判に関する国際シンポジウムである。世界中の東京裁判研究者四〇人ほどが参加した。出席者は、歴史学、法学、政治学、国際関係学などの角度から、東京裁判の由来、東京裁判の法律と政治、東京裁判と国際法の発展、世界史上における東京裁判、国際東京裁判研究の進展などをめぐって討議した。そのなかで、中国の研究者は次のような報告をした。

程兆奇「中国における東京裁判研究の新動向」

歩平「東京裁判と〝東京裁判史観〟——東京裁判研究の方法論についての考察」

朱文奇「東京裁判による戦後国際法発展への貢献」

梅小侃・梅小璈「中国判事梅汝璈」

向隆万・孫芸「中国検察官向哲濬」

劉統「抗日戦争勝利後中国国民政府による対日裁判概説」

王衛星「東京裁判に対する国民政府の姿勢分析——『中央日報』の報道論説を中心に」

曹樹基「国際条約とナショナリズム——東京裁判の秦徳純証言と証人尋問」

程維栄「東京裁判における浦東電気会社の諸問題——法廷速記録と中国側資料の照合」

宦小嫻「東京裁判の弁護側による中国焦土抗戦論」

王選「東京裁判と日本の細菌戦——速記録にあった日本軍細菌戦部隊及び関連活動」

楊夏鳴「東京裁判——戦犯の逮捕と釈放」

王震宇「東京裁判における国際検察局――裁判準備段階を中心に」
陳新宇「東京裁判における量刑問題の再検討――死刑投票の六：五の話を中心に」
程兆奇・趙玉恵「東京裁判速記録索引編纂からみる速記録の問題」
韓華「新聞報道から見る山下裁判」
曹大臣「東京裁判の弁護側による中国共産主義脅威論について」

以上の報告テーマでわかるように、中国の東京裁判研究は分野が広く、マクロ研究からミクロ研究まで揃えており、第一段階に比べて大きく前進した。

二一世紀までの中国の東京裁判研究は事実究明の歴史学の研究が目立つ一方で、法学の視点からの研究は遅れていた。しかし、二〇〇〇年代に入って法学界の東京裁判研究も盛んになってきた。二〇一五年八月二九日に中国社会科学院国際法研究センターは北京で「ニュルンベルク、東京裁判と戦争犯罪」というシンポジウムを開催した。中国社会科学院、北京大学、中国人民大学、北京師範大学、中国政法大学、中国青年政治学院などの大学や研究機関の専門家、学者がシンポジウムに出席した。出席者は東京裁判をめぐって国際法、国際刑法の角度から戦争犯罪の国家責任、実体法問題、手続法問題、証拠規則など非常に専門的な問題について討議した。この戦後中国法学界の最初の東京裁判シンポジウムは今後の中国法学界の東京裁判研究に大きく貢献するに違いない。

以上のように中国の東京裁判研究史の段階の特徴は鮮明であった。三つの段階を通じて東京裁判研究は多大の困難を乗り超えて今日まで前進してきた。特に近年、大量の東京裁判の資料を利用できるようになったのに伴い、さらに二〇一五年中国抗日戦争勝利七〇周年という節目の年を踏まえて、東京裁判の研究者が大量に増え、研究成果も噴出し、論文数は未曾有の盛況を呈し、ついに一〇〇文を突破した（表参照）。研究状況の改善や研究者の増加から、これからの中国の東京裁判研究は大いに期待できる。(2)

東京裁判に関する論文数

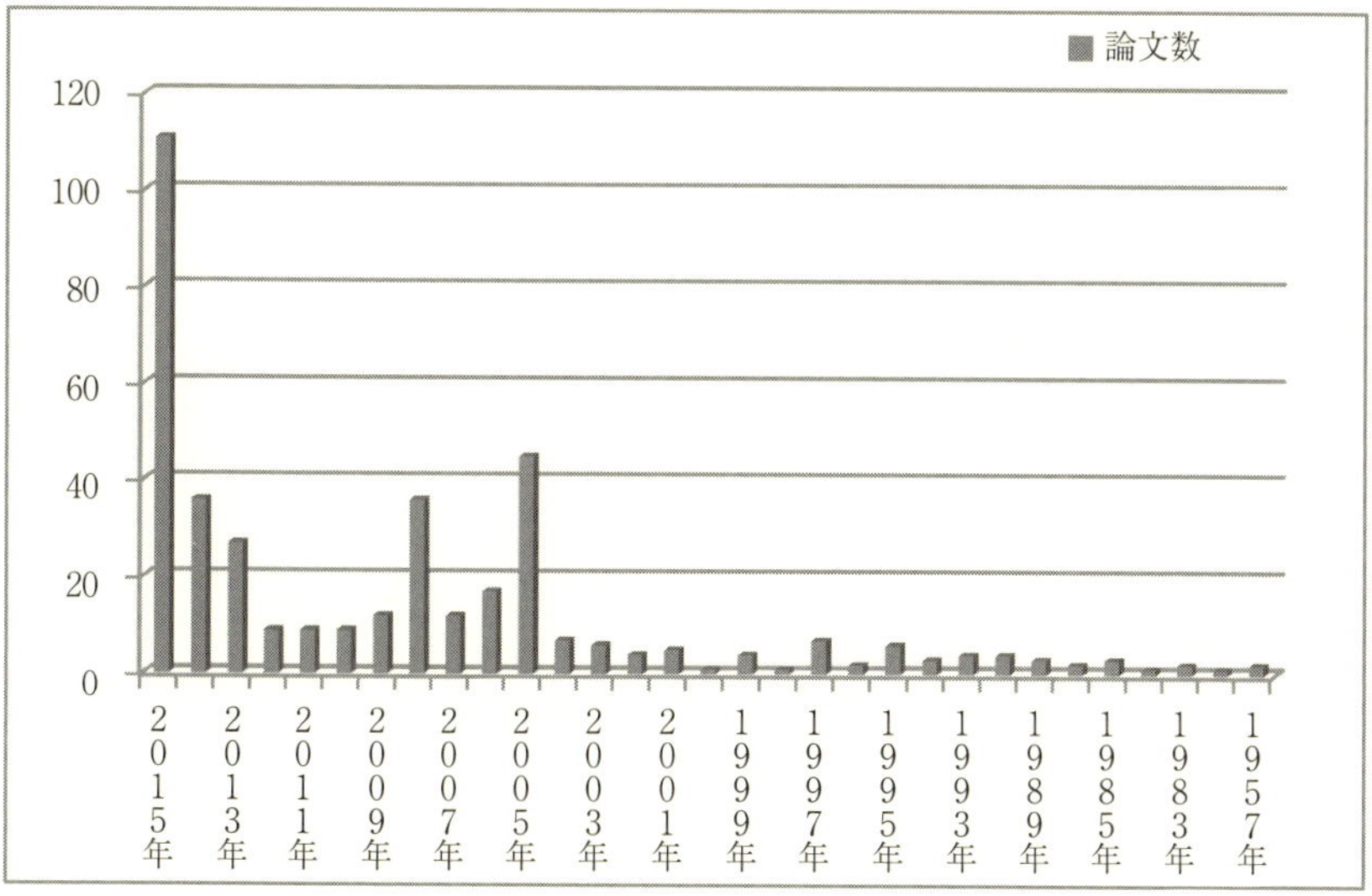

出典：中国最大の学術情報サイト「中国知網」のデータに基づいて作成した。

資料・研究テーマと成果

1　資料

これまでに中国の東京裁判研究が遅れた原因はいくつか考えられるが、資料が乏しいことは大きな原因の一つである。しかし、わずか数年間で中国の東京裁判資料の収集・整理・翻訳・出版は飛躍的に前進し、世界でも東京裁判資料の保有、出版における先進国になった。東京裁判期はちょうど中国の権力支配の大きな転換期であった。特に裁判の後期は武力で国民党政権から共産党政権に転換されようとする最中なのである。そんな混乱の時代で、東京裁判資料を収集する余裕はなかった。裁判に参加した中国の判事・検事がせっかく国内に持ち帰った資料も内戦の動乱のなかで紛失した。判決書以外の資料はほぼ皆無状態であった。そんな背景があったゆえに、一九四六年東京裁判開廷から一九八〇年代初頭の三〇年余りの間に、中国の東京裁判に関する学術研究成果はほとんどなかった。一九八三年に日本で第一回東京裁判国際シンポジウムが開催される際、主催者は中国の研究者を招こうと考えていたが、一人も見つけだすことはできなかった。幸い訪日中の中日関係史の研究者がいたので、代わって出席してもらったわけであるが、このことに中国の東京裁判研究の窮状がよく現れていた。

しかし、一九八〇年代後半から、この状況は大きく変わった。ここ数年、特に二〇一一年に始まった「中華民国時期文献保護計画」の助成のもとで、国家図書館は上海交通大学の東京裁判研究センターと協力して、アメリカ、日本など海外から東京裁判の資料を大規模に収集し整理した。また、その膨大な資料を選んで二〇一三年から次々と『極東国際軍事裁判法廷審理記録』（全八〇巻）、『極東国際軍事裁判証拠文献集成』（全五〇巻）、『東京裁判歴史写真集』、『戦後日本戦犯裁判新聞雑誌資料選編』（全六巻）、『極東国際軍事判決書：中英文版』（全三巻）、『横浜裁判文献集』（全一〇五巻）、『マニラ裁判文献集』（全五三巻）、『国際検察局尋問記録』（全七〇巻）などの東京裁判シリーズ史料を復刻して出版した。そして上海交通大学の東京裁判研究センターは、東京裁判資料の中国関係の一部分を翻訳し出版した。このように、わずか数年の間で、中国は東京裁判資料の後進国から脱し、一挙に東京裁判資料の保有と出版の「大国」となった。豊富な東京裁判資料の収集・整理・出版は、中国の東京裁判研究の重要な基礎を築いたのである。

2　研究テーマと成果

南京大虐殺事件と東京裁判

南京大虐殺事件は日中戦争で日本軍による最も残酷で大規模な虐殺事件であって、中国では日本軍国主義と中国侵略戦争のシンボルとして非常に重視されている。その研究は東京裁判そのものの研究より力が入れられている。南京大虐殺事件は日本軍による残虐行為の代表事件として、東京裁判で相当の時間をかけて審理され、その性格と規模を規定する判決が下された。中国では一番権威のある歴史的な判決だと認識されている。それに関して、南京大虐殺事件と東京裁判を関連させた緻密な研究が展開された。

まず、資料の収集に努めた。一九八五年に南京大虐殺史料編集委員会が『侵華日軍南京大虐殺史料』を編集・出版した（江蘇古籍出版社）。これは南京大虐殺史料収集・整理・出版の嚆矢となった。特にその後、張憲文をはじめとする南京大虐殺研究グループは国内外の関係資料を収集し、全七八巻にのぼる『南京大虐殺史料集』（江蘇人民出版社、二〇〇五—二〇一一年）を編集・出版した。その史料集の中で五巻が東京裁判に関係する資料である。つまり、（1）楊夏鳴編『東京裁判』（第七巻）。主に東京裁判で南京大虐殺事件の審理過程、検察側が提供した証拠資料、弁護側が提供した証拠資料および南京大虐殺事件の判決文など収録した。（2）楊夏鳴・張生編『国際検察局文書アメリカ新聞報道』（第二九巻）。主に東京裁判期に国際検察局が作成し提出した南京大虐殺に関する史料を収録した。（3）曹大臣編『東京裁判日本側の文献や報道（上）（下）』（第六七、六八巻）。この二巻は主に東京裁判で弁護側未提出資料や法廷において却下された資料、弁護士や裁判傍聴者の東京裁判への思い出、法廷記者の思い出などを収録した。特に東京裁判否定論の資料、例えば清瀬一郎『秘録・東京裁判』などが目立っている。（4）楊夏鳴編『東京裁判書証と露、伊、独文献』（第七一巻）。主に南京大虐殺事件をめぐる書証、法廷証言、ソビエト連邦、イタリア、ドイツの南京大虐殺をめぐる報道などを収録した。言うまでもなくこれは世界で最も多く南京大虐殺事件の資料を集めた史料集であり、東京裁判の関係資料も数多く集められている。

研究の集大成としての成果もあった。まず一九八七年に南京大虐殺史料編集委員会が『侵華日軍南京大虐殺史稿』（江蘇古籍出版社）を出版した。これは戦後はじめて正式に出版された南京大虐殺事件の研究書である。同書は南京大虐殺事件の背景、事件の経過と暴行内容、東京裁判と南京裁判の審理と判決などを系統的に紹介し分析した。その研究は中国の南京大虐殺研究の基礎と体系を築いた。胡菊蓉『中外軍事法廷の日本戦犯裁判——南京大虐殺を中心に』（南開大学出版社、一九八八年）は未公開の一次史料を使い、主に東京裁判と南京裁判における南京大虐殺事件の審理・判決を紹介した。その研究成果を集大成したのは張憲文主編『南京大虐殺全史』（南京大学出版社、二〇一二年）である。多数の海外一次資料を用い、南京大虐殺を全面的に研究して、大虐殺全容の解明、発生原因の分析に大きな進展をもたらした力作である。なかでも、東京裁判の判決および分析は全書を支えた重要な部分である。

研究論文も多数出された。例えば、朱文奇「東京裁判と南京大虐殺」（『政法論壇』二〇〇七年五期）、張生ら「東京裁判における南京大虐殺案への弁護」（『抗日戦争研究』二〇〇八年四期）などである。そのなかで特色のあるものが程兆奇による東京裁判と南京大虐殺についての研究である。程は二〇〇〇年代に「南京大虐殺は東京裁判の作り話か?」（『近代史研究』二〇〇二年六期）、「『東京裁判』から東京裁判へ」（『史林』二〇〇七年五期）、「松井石根の戦争責任を再検討する――東京裁判に南京暴行罪に対する被告側証言への検証」（『近代史研究』二〇〇八年六期）などの論文を出して、南京大虐殺否定論に反論し、南京大虐殺に関する被告側の偽証を指摘、東京裁判に対する客観的学術研究の必要性を提起した。南京大虐殺の死亡人数について、中国側は三〇万を主張している。東京裁判の資料を駆使して二〇万以上の死者は証明できるが、詳細な証拠資料は不充分で、これ以上の正確な数字を見出すことはできないであろう。上記の研究では、被害人数に若干の相違があっても、南京大虐殺の事実は間違いないとする。

東京裁判と中国の関係

中国が東京裁判でどのような役割を果たしたかは、中国の学者が重点を置いている研究テーマの一つである。宋志勇「東京裁判と中国」（『抗日戦争研究』二〇〇一年三期）は主に台湾「国史館」の資料を用いて、中国と東京裁判の関係を論じた。中国政府は積極的に東京裁判に検事・判事を送り、大量の証人、証言（特に南京大虐殺に関して）を提供した。また裁判に参加した中国判事、検察官およびそのグループも懸命に仕事に努め、被告の確定から判決書の執筆まで積極的に関与し、東京裁判の成功に大きく貢献したと肯定しながらも、政府の裁判に対する重視の不足、裁判の英米法進行に対する認識の不足、国内対応体制の不充分などの原因で中国はもっと大きな役割を果たすことができなかったと指摘した。程兆奇「『東京裁判』から東京裁判へ」(『史林』二〇〇七年五期)も中国の判事、検事の回想録を用い、中国側の準備不足の実状を明らかにした。裁判で活躍した中国検察官顧問倪征燠も回想録で、当時中国側の裁判に対する甘さを次のように披露している。「中国側は元々戦犯裁判がこんなに複雑だとは思っていなかった。そして、勝者が敗者を裁判するから、裁判は形式だけで、犯罪証拠はそんなに必要ではないと思っており、特に証拠法の運用がこれほど厳しいとは予測していなかった」(倪征燠『淡泊従容としてハーグに臨む』法律出版社、一九九九年)。向隆万「東京裁判における中国代表団」(『民国档案』二〇一四年一期)は東京裁判における中国代表団、特に検察官向哲濬らの法廷での活動ぶりを詳しく紹介し、裁判への貢献を高く評価した。同編『東京審判・中国検察官向哲濬』(上海交通大学出版社、二〇一〇年)も主に東京裁判の法廷における向哲濬の発言などを抜粋して収録、さらには中国検察団についての報道記事を収録し、検察官としての向哲濬の活動を纏めた。残念なのは、向検事個人の資料がなかったことである。

大量の東京裁判資料の公開・出版は日本の中国侵略史の研究を促進した。これまで述べてきたように、南京大虐殺の研究では東京裁判の資料を最大限に利用した。その他の分野の研究にも東京裁判資料を利用することになった。例えば、韓華「東京法廷審理記録と日本の中国におけるアヘン侵略研究――「満州国」を例として」(『日本侵華史研究』(二〇一五年一期)は主に東京裁判の検察側の資料を使用して、これまで中国で明らかにしてこなかった日本の満州での専売制度を中心とする阿片政策および影響を論じて、あくまで日本の侵略「国策」の一つだと位置づけた。宋志勇「東京裁判と日本侵華資料」(『南開学報』二〇一五年四期)は南京大虐殺事件、満州占領の政策決定過程、満州傀儡政権の擁立、華北自治運動の操縦、阿片政策の実施などの例を挙げて、東京裁判資料の近代日本侵華史や中日関係史研究における重要性を指摘している。曹大臣「東京裁判における日本側弁護証拠の歴史的考察」（『軍事歴史研究』二〇一二年一期）は日本側の弁護資料を考察し、これまでに中日とも検察側の資料を多く使い、裁判の肯定・否定の攻防をしてきたが、「弁護側の大量の証拠資料は放置され、見落とされた」と指摘した。そして、弁護証拠資料のなかに偽証が多く、真剣に検証すべきだと注意を喚起している。

被告人物の研究

若い研究者張寧静の「東京裁判における重光葵の審理」（『抗日戦争研究』二〇一五年四期）は、出版されたばかりの法廷記録や『極東国際軍事法廷証拠文献集成』（国家図書館出版社・上海交通大学出版社、二〇一四年）などの第一次史料を駆使し、外交官被告の重光葵を対象にその審理過程を分析した。特にアメリカの弁護士が戦勝国欧米外交官やジャーナリストの証言を利用して、満州事変前後の日中交渉、上海停戦交渉、一九四〇—四一年日英交渉など多くの事件で重光葵の果たした役割を強調し、重光葵は「平和」外交の原則の実践者だと称え、積極的に無罪弁護を行ったことによって、A級戦犯の中で最も軽い処罰を受けた。重光葵に対する裁判は東京裁判の手続きの合法性を反映したと同時に、東京裁判の限界も現れたと著者は述べた。そのほかに広田弘毅、鈴木貞一などの戦犯に対する研究も出はじめた。

東京裁判とニュルンベルク裁判

宋志勇「東京裁判とニュルンベルク裁判の比較」（『東北亜論壇』二〇一五年一期）は、二大裁判の裁判所条例にある主旨の共有および裁判所構成、裁判所の主導権、「平和に対する罪」と「人道に対する罪」の審理における共通点と相違点を見出し、詳しく分析した後、次のように二つの裁判の法と政治での意味を強調した。法の面で「平和に対する罪（侵略戦争罪）と人道に対する罪の概念を確定し、国際法の発展に貢献し、特に国際刑法の充実に大きな役割を果たした」、政治の面で「戦争犯罪の処罰を通じて、歴史の悲劇を繰り返さず、新たな戦争犯罪を抑止することと、侵略戦争は国際法違反の犯罪行為であり、地位がどんなに高くても、それを画策、発動と実施するものは法律の制裁を受けなければならないことである」と。

同論文はまた、戦後ドイツと日本の裁判に対する態度を紹介・比較した。同じく侵略戦争を起こし、多くの被害国に空前の惨害をもたらし、国際社会から厳しい処罰を受けたが、ドイツは深く反省し、教訓を汲み取り、誠心誠意で被害国と和解を実現して、いち早く国際社会に復帰した。しかし、日本は東京裁判をなかなか受け入れず、侵略戦争への反省も欠け、被害国との和解の道はまだ遠い、と論じた。関連論文として、黄肇炯らの「ニュルンベルク裁判、東京裁判と国際刑法」（『法学家』一九九六年五期）が挙げられるが、これも国際刑法の角度から両裁判を比較し分析した。

昭和天皇の戦争責任と東京裁判

程兆奇「裕仁天皇の戦争責任を再検討する」（『軍事歴史研究』二〇一五年六期）は「昭和天皇独白録」などの資料を駆使して、アメリカが天皇の戦争責任を追及しなかったことは占領コストを減少する考慮がある一方、天皇は戦争中、ただ受身として下の要求、行動に応対し、積極的に役割を果たすことがなかったという判断もあるからだと指摘するとともに、その判断は間違っている、その間違った判断は天皇の戦争責任の免除を引き起こし、東京裁判で検事側が主張した「共同謀議」罪の大きな欠陥となった、と論じた。

宋志勇「昭和天皇の戦争責任と東京裁判を再論す」（『世界近現代史研究』第一輯、二〇〇四年）は明治憲法と昭和天皇の戦争中の行動を纏めて分析し、天皇の戦争責任は明らかにあると断じた。法律においても、道義においても、歴史の事実においても、天皇は国家の最高支配者として最大の侵略戦争の責任者であって、「法律と歴史の審判を受けるべきだ」と主張する。しかし、天皇の処遇問題について、アメリカ主導で政治を優先し、天皇の戦争の責任を法で追及しないことにしたが、天皇の戦争責任を追及しないことは、法の公平・公正原則を大きく損なったし、東京裁判の大きな欠陥であったと認識している。

また、著者は、天皇の免責問題の別の一面を見るべきだと提起している。つまり、「東京裁判は、法律の審判のみならず、重要な政治の意味を持ち、日本の戦後民主改革の重要な構成の一つである」と。アメリカは天皇を起訴せず、彼を利用して、戦後占領と民主改革の完成を促す面もある。これは、他の連合国の対日政策と対天皇政策が一致する。「天皇を裁かなかったことは東京裁判において大きな欠陥だということは否定できないが、当時の歴史の背景も考えなければならない」とする。東京裁判は法と政治の両面性が共存するという性格は明らかであると分析した。

東京裁判と国際法

中国では一九五〇年代から七〇年代末期まで、法学の教育と研究は抑制され[3]、特に国際法の人材育成と研究はほとんど停滞状態にあった。そのような状況のなかで、法学の分野で東京裁判を研究することは不可能である。一九八〇年代から東京裁判の研究は盛んになってきてはいたが、国際法学者、特に国際刑法学者たちは東京裁判に対して興味を持たず研究も歴史学の研究より遅れた。しかし、一九八〇年代半ばから中国における国際刑法学の広がりと日本政治界で東京裁判を否認する言動の出現に伴い、東京裁判はようやく法学界で重要視されるようになり、研究成果も次第に増えてきた。特に二〇一〇年代に入ってから、国際法の分野で東京裁判に関する研究成果は数も質も大きく前進した。その代表的なものは次の通りである。

季衛東は「東京裁判は文明の裁判だ」（『光明日報』二〇一四年九月一日）で東京裁判の正当性、合法性を強調し、を支持した。季は国際法の流れを紹介し、東京裁判における最大の争点となった平和に対する罪をめぐって戦争違法観と指導者責任観の角度から東京裁判の合法性を論じた。そして、「なんといっても、中国要素の存在は、東京裁判が文明の裁判、正義の裁判だと判断する根拠となった」、「中国の裁判参加によって、あの裁判は単なる勝者だけの裁判ではないと証明できた」と論じた。また、中国は平和、主権国である、南京大虐殺のような日本軍による中国での残酷な暴行は「文明—野蛮」の対立構図を成立させたと強調した。朱文奇「東京裁判：人類の理性と進歩——「勝者の正義論」を論ず」(『法学家』(二〇一五年六期)も「東京裁判は形式上勝者の敗者に対する裁きである。しかし、手続と実際の効果からみれば、単なる「勝者」、「敗者」のみではない」とする。東京裁判は「適法手続き」原則に基づいて、日本の戦争犯罪を裁くことによって、歴史の教訓を見つめ、世界の平和を守る、東京裁判は「勝者だけの正義ではなく、敗北国の正義とも言える」と主張した。東京裁判を否定する理由の一つ「罪刑法定主義」違反の問題について、何勤華「東京裁判への歴史反省——東京裁判の現代国際法への貢献を中心に」(『政治と法律』二〇一五年一一期)は「罪刑法定主義の最終目標が自然法の普遍価値とまったく一致するものである。罪刑法定主義自体も絶えず変化・発展している」と。人類の基本的な価値観として公平、正義の理念および平和、福祉、文明の進歩の要素はニュルンベルク裁判と東京裁判で罪刑法定主義の発展として確認された。その進歩は肯定しなければならないと強調した。

東京裁判の正当性を肯定する一方、裁判の不備や欠点も指摘された。例えば、アメリカの裁判に対する主導権およびその悪用、一部重要な戦争犯罪の未追及(化学戦、細菌戦、七三一部隊など)などがあるが、特に一番多く挙げられた例は昭和天皇の戦争責任を追及しなかったことである。また、東京裁判の追究した「平和に対する罪」と「人道に対する罪」が罪刑法定主義違反の事後法だとの批判について、中国の一部の法学者から実質は別だが形式上事後法と言わざるを得ないという見方もある。また裁判の過度の政治性、司法独立の欠如も指摘されている。阮嘯「東京裁判における国際刑事司法独立問題を考える」(『法制と社会』二〇〇八年一期)は東京裁判におけるアメリカの主導、干渉を詳しく論じ、「東京裁判は概ね公正の裁判である。しかし、司法独立の角度から考えると、東京裁判はかならずしもいいモデルとはいえない」と指摘した。巣志雄「法律推理と政治選択——東京裁判をふりかえって」(『法律方法』二〇〇九年二期)は、東京裁判の法廷は法律、政治、世論の圧力を受けていたが、巧みに法廷での論争を法律の有無から法律の解釈に変えて、合法的な範囲内で法律推理の方法により判決に正当性の証明を提供し、裁判の使命を果たしたと論じた。(4)

東京裁判と国際関係

東京裁判は大きな国際関係のなかにおいて起案され展開したのである。しかし、中国では、この問題に対する研究は遅れていて、研究成果も少なかった。宋志勇「アメリカの対日政策と東京裁判」(『南開学報』二〇〇三年四期)はこの国際的な大裁判において、アメリカは終始主導的役割を発揮したと断定する。また裁判期間中、アメリカは独自の日本占領の有利な条件を利用し、連合国を凌駕して、自己利益至上の裁判政策を実施した。しかし一方で、法廷の組織から、法廷憲章の起草、戦争容疑者名簿の作成・尋問、被告の起訴、法廷審理、判決まですべての段階で、アメリカは最大の力を投入して、裁判の実施に大きく貢献した。アメリカの役割を客観的に評価すべきだ、と主張した。

その他の研究

裁判後の日本政府の政策について、翟新は「東京裁判後日本のA級戦犯政策」(『国際政治研究』二〇〇六年三期)において「日本政府は東京裁判の判決を受け入れて、サンフランシスコ講和条約が成立した。これによって主権回復を実現し、アメリカと同盟を結ぶ政治目標を達成した。いっぽう、日本政府は東京裁判に対する国内の不満の民意を利用し、国内法優先の原則の下で、積極的にA級戦犯の社会復帰を促す政策を作成し、実施した。その結果、多数の戦争犯罪者が侵略戦争の罪を徹底的に清算することなく社会復帰を果たした」と論じ、「この二元政策過程は日本社会に戦犯同情論を助長する歴史前提となり、また保守政治支配の基礎を強化するための有効な道具となった」と分析した。

日本社会に大反響を起こした「東京裁判史観」について、王希亮「東京裁判史観及び本質の解析」(『世界歴史』二〇〇八年五期)は「いわゆる「東京裁判史観」は一部分の日本の政治家と右翼学者によってでっち上げられたものである。日本国民を騙し、侵略戦争の結論を覆し、「大東亜戦争」の名を正すためである」と激しく批判した。歩平「東京裁判と東京裁判史観」(中国社会研究院近代史研究所ホームページ「近代中国研究」http://jds.cass.cn/Default.aspx 二〇〇五年一〇月三一日)および「東京裁判と〝東京裁判史観〟——東京裁判研究の方法論についての考察」(東京裁判研究センター編『東京裁判を再検討する』上海交通大学出版社、二〇一五年)も「東京裁判史観」の形成過程と主張を批判し、東京裁判研究の方法論を論じた。

問題点と展望

以上のように、中国における東京裁判研究は研究者たちの努力によって大きく進展してきた。数多くの研究成果、東京裁判研究センターの成立、東京裁判国際シンポジウムの主催などは中国における東京裁判研究の象徴であった。約三〇年をかけて日本による侵略戦争の最大の被害国として、また東京裁判の当事国として中国の東京裁判研究はようやく世界レベルに近づいた。しかし、中国での東京裁判研究全体の状況をみれば、まだ初級段階で研究の水準は必ずしも高いといえず、多くの問題を抱えている。例えば多数の論文や文章が日本の侵略戦争否認を批判するものと位置づけられている。そのような論文や文章はまず裁判を全面的に肯定するという前提をもっている。研究成果も学術研究よりも政治的要素が優先されるから、学術的要素が薄い。学術と政治のバランスを合理的にとりながら研究を進めた優秀な研究もあるが、その量はまだ少ない。単なる政治的な批判だけの文章は多くみられるが、学術レベルはあまり高くなかった。東京裁判研究のさらなる「学術化」は今後の中国における東京裁判研究の最大の課題であろう。

幸い、中国の東京裁判研究は改善されつつある。関連資料の公開、出版に伴い、東京裁判の研究はもっと幅広く、深く展開されていくに違いない。特にきちんとした専門的な学術訓練を受けた若手研究者が東京裁判研究に入り、新戦力となっている。統計によると、二〇〇〇年前後から数名の修士・博士課程の大学院生が東京裁判を学位論文のテーマとして研究し提出した(5)。今後、さらに多くの若い研究者が東京裁判の研究に参入し、より活発な研究と論議がなされるものと期待できる。

中国の東京裁判研究は空前絶後の好機を迎えている。今後、中国の研究者はおそらくこの「好機」を利用して、東京裁判研究の水準を高めていくであろう。そして、日本をはじめとする国際的な東京裁判研究との交流を深め、東京裁判研究の国際化を推進するはずである。中国における本格的な東京裁判研究はこれからである。

注

(1) 東京裁判研究センターホームページ http://tokyotrial.sjtu.edu.cn/CN/Default.aspx を参考。

(2) 中国における東京裁判の研究史については、韓華「東京裁判研究綜述」(『抗日戦争研究』二〇一二年二期)、程兆奇「中国における東京裁判研究の新動向」(東京裁判研究センター編『東京裁判を再検討する』上海交通大学出版社、二〇一五年)、小林元裕「東京裁判と中国—その研究成果と課題」(同上書)などがある。

(3) 一九五〇年代にソ連の社会主義大学教育体制に倣って大学の法学部はほとんど閉鎖され、「四院六系」体制となった。つまり、四の法科専門大学と六の大学法学部しか残されなかった。この状況は一九七〇年代の後期まで続けられた。一九七八年から法学教育と研究が常軌に戻り、今現在、ほとんどの総合大学と文科系大学は法学部をもっていて、六〇〇を超えていると考えられる。

（4） legal reasoning, reasoning of law, law reasoning

（5） 例えば、最近、修士学位論文として、朱軼琳「東京裁判における平和に対する罪」（二〇一三年）、劉広建「国民政府と東京裁判」（二〇一三年）、王震宇「極東国際軍事裁判判事意見研究」（二〇〇九年）、王紫嫣「国際刑事裁判所の進展に影響を与えた案例―ニュルンベルク裁判所と極東国際軍事裁判所を中心に」（二〇一三年）、孫嫣「「夢の三部作」から見る井上ひさしの戦争に対する反省意識」（二〇一四年）、博士論文も趙玲燕「極東委員会と日本戦犯処罰問題」（二〇一三年）などが挙げられる。

【文献紹介】

『昭和天皇実録』（戦後部分）——日本国憲法下の天皇と政治の関係を読む

舟橋　正真

はじめに

『昭和天皇実録』（以下、『実録』と略す）は、全六〇巻（別巻一）・約一万二〇〇〇頁におよぶ昭和天皇の生涯を記した宮内庁による公式記録である。二〇一四年八月に完成し翌月公表されると、NHKや民放各局はじめ、新聞、雑誌、週刊誌などあらゆるマスメディアが大々的に報道し、『実録』は社会的な関心を集め、大きな反響を呼んだ。二〇一五年三月からは、東京書籍より公刊本・全一八冊（索引一冊）の配本が始まっている(1)。『実録』公表以降、研究者やジャーナリストによる解説書、関連書が刊行された。半藤一利・保阪正康・御厨貴・磯田道史『「昭和天皇実録」の謎を解く』、原武史『「昭和天皇実録」を読む』、古川隆久・森暢平・茶谷誠一編『「昭和天皇実録」講義』は、『実録』の全体像をそれぞれの視点から総合的に紹介し、解説・解読したものとして挙げられる(2)。小田部雄次『昭和天皇実録評解』は、昭和天皇の皇太子時代を解説し(3)、栗原俊雄『「昭和天皇実録」と戦争』、半藤一利『「昭和天皇実録」にみる開戦と終戦』は、昭和天皇と戦争の関係を読み解いた。(4)豊下楢彦『昭和天皇の戦後日本』は『実録』を駆使し、日本の戦後体制の形成過程に、昭和天皇が能動的に関与していく事実を浮き彫りにした。(5)このように『実録』は、その内容や論点の紹介にとどまらず、研究の分野においても利用され始めたといえよう。(6)

そのなかで本稿は、『実録』の戦後部分（第三四巻以降）の内容を紹介・解説し、そこにみる意義と問題点を論じることを目的とする。実のところ『実録』は、期待したほどの新事実に乏しく、淡々とした簡素な叙述に終始している。それゆえ、『実録』に何が書かれ、何が書かれなかったのかを丹念に検証し、それぞれの叙述を史料批判していく作業が必須といえる。また本稿では、日本国憲法（以下、新憲法と略す）下の天皇と政治の関係に着目し、『実録』を検討する。筆者は、すでに「昭和天皇の外遊とその晩年」を寄稿し、一九七〇年代における天皇の対外的な「元首」化と、戦後一貫した昭和天皇の「君主」意識について論じたが、(7)本稿は、新憲法施行後の昭和戦後政治史を通貫し、それぞれの時期の論点に即しながら『実録』を読み進めることとする。

なお、本稿で利用する『実録』は、筆者が宮内庁長官に対し、情報公開請求し開示決定を受けたものであり（電子媒体pdf）、引用する際には、（　）内に年月日を付記する。

一　概要と解説

（一）

戦後、新憲法が公布・施行され、天皇は、統治権の総覧者から「日本国の象徴であり日本国民統合の象徴」となり、内閣の助言と承認を必要とする国事行為のみを行い、国政に関する権能を持たないと規定された。しかし、昭和天皇は戦前と変わらぬ「君主」意識を持ち続け、首相や閣僚と相対したことはよく知られている[8]。それは、内奏と呼ばれる慣習の実態から明らかとなっている。内奏とは、首相や閣僚による天皇への非公式な説明を意味する。敗戦後も首相や閣僚の内奏は行われており、新憲法施行後の日本社会党を首班とする片山連立政権以降も継続された。『実録』を読むと、片山哲首相や他の閣僚が内奏する様子が確認できるが、そのなかで外相の芦田均は、新憲法の遵守を重視し、「新憲法になつて以後、余り陛下が内治外交に御立入りになる如き印象を与へることは皇室のためにも、日本全体のためにも良いことではない。だから私は内奏にも行かないのである[9]」と日記に記している。『実録』には、「約一時間にわたり外務大臣芦田均の拝謁を受けられ、米国政府による対日平和予備会議及びマーシャルプランなど外交問題についての説明をお聞きになる。その際、米ソの関係についてお尋ねになる」との記述があるが（一九四七年七月二一日条）、この内奏が昭和天皇の催促により行われた事実[10]、そして内奏の後に「又時々来てくれ[11]」と昭和天皇が語った事実は、『実録』からは欠落してしまっている。

なお、民主党首班の芦田連立政権が成立すると、芦田は閣僚の内奏を中止した。『実録』には、「新憲法により国務の範囲が限定され、旧来のように各大臣より政務奏上が出来ない旨をお聞きになる」との記述があり（一九四八年五月一〇日条）、芦田以外の内奏は北村徳太郎蔵相（七月一二日条）、森戸辰男文相（九月九日条）の二回に限られたことがわかる。

さて、次に宮内省、宮内府の縮小再編問題についてみていく。『実録』からは、敗戦後、昭和天皇が宮内省の縮小再編に憂慮していた事実がうかがえる。例えば、昭和天皇は吉田茂首相（当時）の内奏を受けた際、「政府と連合国最高司令部との間で協議中の宮内府法についてお聞きにな」り（一九四七年三月五日条）、松平慶民宮相からは、「宮内省・宮内府人事に関して」度々説明を聞いていた（三月二一日条）。だが次の片山首相は、一九四七年五月に発足した宮内府の人事改革を積極的に進めようとした。それに対し、昭和天皇は木下道雄前侍従次長に「宮内府改革の一環である人事削減については穏やかに行う方が良いと思われる」などを片山に伝達するよう求め（一九四七年九月二日条）、後日、片山から宮内府改革についての内奏を受けている（九月一五日条）。その後、昭和天皇の全国巡幸の多大な経費問題を契機とし、GHQの民政局から宮内府機構改革の要求があり、片山内閣は一九四八年二月三日に「宮内府機構改革に関する件」を閣議決定した（一九四八年二月三日条）。そして後継首相の芦田が宮内府の人事改革を断行し、松平慶民宮内府長官と大金益次郎侍従長を更迭したのであった。『実録』は、「侍従日誌」、「侍従職日誌」、「内舎人日誌」、「省中日誌」、「松平慶民手帖」、『芦田均日記』などを典拠史料に挙げ、人事刷新をめぐる芦田と宮中の攻防を記した。例えば、『実録』には、昭和天皇が「政府の変わるたびに長官が交替するという事態について憂慮」（一九四八年四月七日条）を示したとあるが、『芦田均日記』には、「宮内府が政治に影響せられないことを念願」する芦田に対し、「現在の長官、侍従長共によく気が合ふので」と抵抗した様子が記されている[12]。この後、芦田は昭和天皇の反対を押し切り、宮内府長官には大日本育英会会長の田島道治、侍従長には学習院次長の三谷隆信を充て、昭和天皇の承認を得ている。だが『実録』では、昭和天皇が芦田に対し、「侍従長大金益次郎の更迭を含む宮内府改革案につき、批判的な御心情を述べられる」（五月二九日条）とあるのみで、実のところは、芦田が「私は政府をやめようかと一瞬時考へたことがあつた位だつた」[13]と日記に記すほどの「批判」であったようだ。

（二）

この後、芦田内閣が昭和電工事件により退陣すると、吉田茂が再び政権の座に返り咲いた。吉田はそれ以前の芦田と違って、昭和天皇に対し積極的に内奏を行い、閣僚による内奏も解禁した。また吉田は、サンフランシスコ講和条約が発効し、日本が独立回復すると、外国大使・公使の認証と国賓接受を進めた。『実録』には、条約発効に先立ち、宮内庁が検討を始め、欧米視察を経て要綱案を策定した記述があり（一九五二年一月二日、三月二八日条）、五月六日にフランス大使の信任状捧呈式が開かれた（五月六日条）。また一九五三年一一月には、アメリカのリチャード・ニクソン副大統領が来日し、「国賓に準じる賓客として接遇」された（一九五三年一一月一五日条）。そして一二月には外務省、総理府、宮内庁間で、国賓の接遇が定められ、一九五四年三月のルイ・サン・ローランカナダ国首相が初めての国賓接待となった[14]（一九五四年三月一一日条）。このほか吉田は、皇太子明仁の英国差遣を決定した。天皇の外遊は、国事行為の委任法がないため難しく、皇太子が天皇の名代として差遣されることとなった。『実録』には、一九五二年九月八日にイギリスから、女王戴冠式への名代差遣の正式招請があり、政府内で協議の結果、受諾する方針が定められたとある。この後、昭和天皇は同月一三日、田島道治宮内庁長官の説明を受け、皇太子に対し差遣について説明することを承諾し（一九五二年九月一三日条）、翌年一月に六月の英国差遣と欧州・米国・カナダ国旅行を「御裁可」した（一九五三年一月二八日条）。なお、皇太子は一九五三年三月から一〇月まで欧米諸国を歴訪し、この外遊は国際社会に「新生日本」を表象する大きな役割を果たすこととなった[15]。以上のようにこの時期の『実録』からは、先行研究で論じられた「議会主義的君主制」を意識した吉田の憲法運用の一端がうかがえ、それは、新憲法下の「象徴」を対外的な「元首」と位置づける天皇観の形成を意味するものであった[16]。

吉田退陣後は、鳩山一郎、石橋湛山、岸信介などいわゆる保守勢力内の反吉田派の政権が続いた。一九五〇年代における昭和天皇の政治への関心については、すでに詳細に論じられているため[17]、ここでは、六〇年安保をめぐる『実録』の記述に注目する。一九六〇年一月、岸首相は新日米安保条約に調印し、同時にドワイト・アイゼンハワー大統領の訪日も決定した。『実録』によれば、昭和天皇は、宇佐美毅宮内庁長官から「アイゼンハワーを日本に招待すること、及び米国側に皇太子・同妃を招待する意向があること等について説明」を受けていた（一九六〇年一月二一日条）。同年二月以降、安保改定をめぐって国会は紛糾するが、岸政権は五月二〇日未明に審議を打ち切り、強行採決に出た。だが安保反対闘争は、ますます激化し、岸内閣は六月一六日の臨時閣議で、新安保をめぐる社会情勢の緊迫化と治安上の問題を理由に、アイゼンハワー訪日の無期延期をアメリカ政府に要請することを決定した（六月一六日条）。『実録』には、昭和天皇が宇佐美長官から来日延期を聞き、勅使として原田健式部官長を在日アメリカ大使館に差遣し、大統領へのお言葉を伝えさせたとある（同右）。なお、昭和天皇は六月一八日、新日米安保に「反対する国会議事堂周辺の抗議行動集会の状況につき、上直侍従に度々お尋ねにな」ったという（六月一八日条）。二〇日には、岸が拝謁し、アイゼンハワーの訪日延期問題と現在の治安状況を内奏したが（六月二〇日条）、この後も昭和天皇は、「新日米安全保障条約締結に反対する国会議事堂周辺の抗議行動集会の状況につき、侍従に対し度々お尋ねにな」るほど憂慮していたことが『実録』から読み取れる（六月二二日条）。

（二）

新日米安保条約批准書の交換を見届け岸が退陣すると、後任には池田勇人が就任した。池田は改憲を断念し、「寛容と忍耐」をスローガンに経済重視の政策へと転換した。近年の研究では、池田は吉田式の憲法運用を踏襲し、一層促進させたことが言及されている[18]。例えばそれは、皇太子訪米の実施とそれ以降の「皇室外交」の本格化に現れている。池田は政権発足後、岸が計画した皇太子訪米を推進し、それにより皇太子は、一九六〇年九月二二日から一〇月七日まで「日米修好一〇〇周年記念」を名目に訪米することとなった。昭和天皇は同年八月、宇佐美長官から「皇太子・同妃の訪米日程等についての説明を皇后と共にお聞きにな」り（一九六〇年八月一一日条）、翌月には、訪米前の皇太子夫妻と面会し、アイゼンハワー大統領宛の伝言を託している（九月二〇日条）。では、この「伝言」とは何を指すのだろうか。実は、前月一五日に小坂善太郎外相が認証官任命の内奏をした際（八月一五日条）、小坂は次のような昭和天皇の御下問を受けていた。『実録』に記述はないが、外交文書によれば、「一般外交問題につき内奏の折、陛下よりアイゼンハウアー大統領訪日が取消しとなって、訪日が実現しなかったのは残念であるが、何らかの形で大統領退任后でも招待することが出来ないか」[19]というものであった。内奏を終えた小坂外相は早速検討を始め、九月の第一五回国連会議出席のため訪米し、「将来の訪日を歓迎する旨」の池田首相発親電をアメリカ側に手交し、他方、皇太子も訪米時にアイゼンハワー大統領に対し、「同趣旨のことを述べられた」ようだ。[20]以上からは、昭和天皇の発言を重く受け止めながら動く保守政治家、そして天皇のメッセンジャーとしての役割を担う皇太子の動向をうかがうことができるが、それらを『実録』の記述から読み取ることは困難であり、やはり史料批判が欠かせない。[21]

一九六四年の東京オリンピックを花道に退陣した池田の後任には、佐藤栄作が就任した。佐藤は七年八ヶ月の長期政権を築くなか、昭和天皇との間に「君臣情義」の関係を形成したといわれる。[22]それは、『佐藤榮作日記』[23]に詳しく、『実録』にも典拠史料として挙げられている。それゆえ、『実録』には、『佐藤榮作日記』以上の新たな発見は少なく、一九六六年一二月二三日条の「拝謁の間において、内閣総理大臣佐藤栄作の拝謁をお受けになる」との記事程度にとどまる。これは、「侍従日誌」、「侍従職日誌」、「内舎人日誌」の典拠史料により明らかにされたものであるが、残念ながらこの場で何が語られたかは不明である。また、『実録』は佐藤首相が昭和天皇に内奏した中身について、要約して叙述する方法をとっているため、非公式な場における昭和天皇の発言や感情といったものがほとんど読み取れなくなっている。例えば、『実録』の一九六六年八月六日条には、「内奏の後、最高裁判所長官人事に関する昨今の新聞報道、及び昨日の衆議院議員田中彰治の逮捕のことを話題とされる」との記述があるが、『佐藤榮作日記』を確認すると、「内奏。次々に御下問ありて約一時間。最高才《ママ》人事が新聞に盛に書かれた事をとがめられ、ほんとうに恐懼。田中彰治事件亦頭を下げる」[24]とある。このように『実録』からは、昭和天皇が佐藤を「とがめ」た事実が欠落していることがわかる。

他方、同時期の『実録』には、新出史料として当時侍従長だった稲田周一の関係資料（「稲田周一関係資料」）が利用されている。この資料によって昭和天皇が佐藤首相や閣僚だけでなく、稲田侍従長など側近に対し内政・外交にかかわる問題について語っていた事実が明らかとなった。『実録』によれば、昭和天皇は稲田と次のことを話題としていた。例えば、一九六七年四月には、「去る十五日の東京都知事選挙の結果、日本社会党・日本共産党推薦の美濃部亮吉が当選したことが話題とな」り（一九六七年四月一七日条）、六月には、「去る五日に勃発した第三次中東戦争について話題」（六月七日条）、「米ソ首脳会談のことが話題」（六月二八日条）となった。さらに一一月は、「佐藤栄作が海外訪問に出発する際に起きた東京国際空港における学生の抗議デモのことが話題とな」った（一一月一四日条）。また『実録』では、一九六〇年代における「拝聴」の実施が明らかとなった。一九六八年一月三一日、昭和天皇は稲田に対し、「占領期の退位問題について、自身の話を筆記して残してはどうか」と伝え、「稲田侍従長のみが御話を拝聴して筆記することとな」った（一九六八年一月三一日条）。『実録』によれば、この回顧は、一九六七年一月一日からの『読売新聞』による「昭和史の天皇」の連載開始が契機であったという（一九六七年四月五日条）。その後、昭和天皇は四月二四日に回顧し、五月二日に筆記したものに修正を加え、二二日に追加の考えを伝えている（一九六八年四月二四日条、五月二日・二二日条）。なお、こうした「拝聴」が、昭和天皇の晩年に再開されたことは『実録』においても確認できる（一九七五年二月二六日条、一九七六年一月二〇日条など）。『実録』には、この原本が一九八八年五月の時点で「宮殿地階倉庫より発見され」たとあるが（一九八八年五月一八日条）、現在はその所在は不明のままとなっている。

このほか『実録』は、佐藤内閣で実現した戦後初の外遊である一九七一年の訪欧を詳述しているが、その決定過程において天皇が関与した実態については触れず、正式発表直前に訪欧を「御裁可」した事実にとどめている[25]。また筆者が気になったのが、次の記述である。昭和天皇は訪欧に先立ち、アラスカ・アンカレジでアメリカのリチャード・ニクソン大統領と会見した。『実録』によれば、昭和天皇はニクソンに対し、「この度の米国への立ち寄りが日米友好関係に資することを希望し、また沖縄返還及び米国の対日援助に対し感謝する旨のお言葉を述べられる。さらに米国の数次の月面着陸の成功を祝し、米国の海洋汚染対策や、東京の公害除去への協力要請などについてもお話しにな」ったという（一九七一年九月二七日条）。通訳の真崎秀樹によれば、会見の話題はニクソン訪中が中心であったと回想しているが[26]、『実録』にはそれとは別の内容が詳述されている。筆者が刊行史料や日米の公文書をみる限り、この会見に関する文書は今なお発見できておらず、典拠史料の公開を待つほかないのが現状といえる[27]。

（四）

さて、佐藤が一九七二年に沖縄返還を実現し長期政権を終えると、その後は、田中角栄、三木武夫、福田赳夫、大平正芳、鈴木善幸の短命政権が続いた。そして中曽根康弘が五年におよぶ長期政権をつくり、後継の竹下登政権下、昭和天皇が崩御し、昭和は終焉する。すでに別稿で検討したように、昭和天皇は晩年まで内政・外交に強い関心を持ち続けていた。それは、『実録』にみる内奏継続の実態からも明らかであった。そこには、「君主」としての役割を果たそうとする昭和天皇の意思をうかがうことができた[28]。

こうした成果を踏まえ、以下では、晩年の昭和天皇をめぐる三つの論点について検討する。第一は、天皇と政治の問題である。田中角栄内閣では、一九七三年の天皇訪米をめぐって国論が二分し、天皇の政治利用との批判で紛糾するなか、訪米計画が中止に追い込まれた。以上は、新憲法下の天皇と政治の関係を考える上で、重要なテーマといえるが、『実録』にはそれに関連した記述が全くみられない[29]。『入江相政日記』によれば、昭和天皇は四月一七日、入江相政侍従長に対し「自民党は不明で、讃〔ママ〕成してくれてゐるのは民社だけといふ情態」とし、「今年はやめて明年以後にした方がよくはないか、長官に云つておいてくれ[30]」と語っていた（『実録』には記述なし）。実のところ、この発言は重要な意味をもつ。田中首相は国会で同問題に対し野党の追及を受け、「御決定はあくまで皇室の御決定である[31]」

と答弁し、天皇の事実上の決定権を公の場で表明していた[32]。そのため、先述の天皇発言は、訪米を中止する皇室の決定を意味するものであったのだ。アメリカ国務省文書によれば、田中首相は同月一三日に訪米延期の内奏をしていたが[33]、『実録』は「春季叙勲に関する内奏」（一九七三年四月一三日条）をした事実のみを叙述するにとどめている。以上の天皇訪米問題が、『実録』に叙述されなかった点に疑問が残るが、関連史料や先行研究の成果を参照することにより、『実録』の問題点を埋めることは可能である。

なお、田中内閣期の天皇と政治の問題については、「増原事件」がよく知られている。増原事件とは、防衛庁長官であった増原恵吉が内奏と御下問の内容を公にしてしまい政治問題となった事件である。『実録』はこの事件について叙述したが（一九七三年五月二九日条）、事件の発生を受け、昭和天皇が入江侍従長に対し、「もうはりぼてにでもならなければ[34]」と不満を吐露した事実は欠落してしまっている。こうした昭和天皇の非公式的な発言を叙述しない点は、『実録』全体で貫かれているといえよう。

第二は、天皇と戦争責任の問題である。昭和天皇は晩年、自身の戦争責任問題に様々な形で直面することとなった。それは、一九七一年の訪欧時に顕在化し、特にイギリスとオランダでは、天皇の訪問に対する抗議運動が度々発生している（『実録』は、各国で発生した抗議運動についておおむね叙述している）。その背景には、太平洋戦争における捕虜虐待の問題があり、戦前の最高責任者であった昭和天皇に対し批判の目が向けられたのであった。この教訓をもとに実施された一九七五年の訪米では、昭和天皇は「私が深く悲しみとする、あの不幸な戦争[35]」（一九七五年一〇月二日条）との「お言葉」を述べ、それが事実上の謝罪と認識され、昭和天皇念願の訪米は成功裏に終わることとなった。だが、帰国後に実現した初の公式記者会見において、昭和天皇は記者から思いもよらぬ質問を投げかけられることとなった。それは、①開戦を含めた戦争責任に対する考えと、②広島への原爆投下に対する考えについてであった。これらの質問に対する後述の昭和天皇の回答は議論となり、今なお昭和天皇の歴史観をうかがわせる根拠として論じられることが多いが、『実録』は、このどちらの発言も叙述している。それは、公の場での発言であったためと思われる。以下、『実録』の記述を抜粋する。①に対しては、「言葉のアヤについては、私はそういう文学方面はあまり研究もしていないので、よくわかりませんから、そういう問題についてはお答えできかねる」（一〇月三一日条）、②に対しては、「遺憾に思っているが、戦争中であることだから、広島市民に対しては気の毒であるが、やむを得ないことと思う」（同右）。

第三は、靖国問題である。昭和天皇の靖国神社参拝は、一九七五年一一月を最後に行われることはなかった。『実録』にも「靖国神社への御参拝は、この度が最後となった」（一九七五年一一月二一日条）との記述がみられる。なぜ参拝が中止となったのか、その理由を示す史料の存在が、二〇〇六年七月二〇日付『日本経済新聞』の報道で明るみに出た。それは、元宮内庁長官・富田朝彦の関係史料の発見に関するものであった。この史料は、「富田メモ」として『実録』の典拠史料の一つとして利用されている。『実録』には、昭和天皇が富田に対し、「去る二十五日に宮内記者会会員とお会いになられた際、第二次世界大戦について『いやな思い出』と表現されたことについてお話しになり、ついで靖国神社におけるいわゆるA級戦犯の合祀、御参拝について述べ」たとあり、「富田長官のメモとされる資料」が『日本経済新聞』で報道された事実を付記している（一九八八年四月二八日条）。同紙によれば、昭和天皇は、前段について「戦争の感想を問われ、嫌な気持ちを表現したかった」と話し、後段について「私は、或る時に、A級（戦犯）が合祀され、その上、松岡、白取（原文のまま）までもが、筑波は慎重に対処してくれたと聞いたが」とし、「だから私はあれ以来参拝をしていない。それが私の心だ」と述べたという[36]。以上、『実録』がこの事実に触れた意味は大きく、「富田メモ」にみる天皇発言について宮内庁側が事実上認めたといっても過言ではないだろう。

二　意義と問題点

以上のように本稿は、『実録』の戦後部分を政治史的な文脈から紹介・解説してきたが、『実録』の全体像を論じきれたわけではなく、今後も『実録』の簡素な叙述を多角的に読み込み、他の史資料を活用しながら、史料批判をおこなっていく作業が必要といえる。

こうした点は今後の課題とし、以下、『実録』の意義と問題点について筆者の見解を述べることとする。まず、叙述方法に問題はあるものの、昭和天皇の動静が事細かく記録された点は評価できる。そのため昭和天皇が日々誰と会っていたのか、日々何を行っていたのかなど、象徴天皇の日常や役割を知ることが可能となった。なお、この点については、冨永望「象徴天皇制の実相」が詳しく、それは象徴天皇の日常を丹念に分析することで、『実録』の活用法を提示した論考といえる[37]。次に、新史料を含め約三〇〇〇点もの史資料が、『実録』に利用された意義は大きい。本稿で触れた「松平慶民手帖」や「稲田周一関係資料」以外にも、国内外における史資料の存在が明らかとなった点はやはり重要である。しかし、全ての史資料が公開されるわけではなく、また『実録』は注記をせず日付毎に典拠史料を列挙する形式であるため、記述の元を特定することは容易ではない。

さらに付言すれば、『実録』は、昭和天皇の政治的かつ感情的な発言を極力避けて叙述しているため、刊行史料や公文書にみられた事実が、必ずしも『実録』に反映されたわけではなかった。それは、本稿で紹介した政治家や側近に対する発言にとどまらず、例えば、「天皇外交」と呼ばれる高度の政治的行為についても同様のことがいえる。近年、「天皇外交」の実態については明らかにされつつあるが[38]、ここでは、講和後の「天皇外交」について簡単に触れることとする。具体的には、次のようなものである[39]。

（1）一九五三年四月二〇日
〈相手〉ロバート・マーフィー駐日アメリカ大使
〈発言内容〉「米軍の日本駐留が引き続き必要だと確信している」
（2）一九五六年二月一七日
〈相手〉谷正之駐米大使（赴任前）
〈発言内容〉「米国の日本に対する援助に感謝している、と米側要人に伝えてほしい」
（3）一九五八年一〇月六日
〈相手〉ニール・マケロイ国防長官
〈発言内容〉「強大なソ連の軍事力から見て、北海道の脆弱さに懸念を持つ」
（4）一九六二年一〇月三〇日
〈相手〉ジェイコブ・スマート在日米軍司令官
〈発言内容〉「米国の力と、その力の行使に個人的に称賛と尊敬の念を持つ」
（5）一九七二年三月二日（推定）
〈相手〉アーミン・マイヤー駐日アメリカ大使
〈発言内容〉「（日米関係を重視するという）米国の再確認の言葉に感謝」

これらは、二〇〇五年六月一日付『朝日新聞』で報道されたものであり、当時、新たに発見されたアメリカ公文書によれば、昭和天皇はアメリカ政府高官に対し、度々感謝の意を述べるにとどまらず、政治的な発言をくりかえしていた。[40]『実録』をみると、昭和天皇が先述の各人と会見した事実はほぼ確認できるものの、[41]報道されたような天皇の発言は叙述されておらず、アメリカ公文書についても典拠史料に挙げられていない。

他方で、『実録』公表を契機とし、『実録』でも利用されていない新史料の発見が相次いだことにも触れておきたい。例えば、「寺崎英成一九四九年日記」もその一つである。[42] 戦後、宮内省御用掛を務め、昭和天皇免責の一躍を担った寺崎英成の日記については、『昭和天皇独白録　寺崎英成・御用掛日記』[43] として刊行されているが、同年の日記はこれまで知られていなかった。このほか、昭和天皇の政治関与の一端を示す史料についてもアメリカ国立公文書館で公開されている。具体的には、国連中国代表権問題をめぐって昭和天皇が佐藤首相に対し、「蔣介石支持」を促していた事実が、昨年秘密指定解除されたアメリカ国務省文書から明らかとなった。[44] なお、二〇一一年四月の公文書管理法施行以降、公文書の利用状況は大きく変化した。本論との関連で言えば、宮内庁や外務省などの公文書の移管は、不十分な点はあるが現在も進められている。こうした新史料の発見・公開とそれに関わる報道については、今後も注視していく必要があるだろう。

歴史研究者の森暢平が、『実録』は「一つのたたき台」であり「歴史の『ファイナル・アンサー』ではない」と評した通り[45]、『実録』イコール昭和天皇史、または昭和史の決定版ではなく、あくまで歴史史料の一つとして捉えるべきであろう。『実録』の叙述は、昭和天皇の政治性を排除し、宮内庁による新憲法下のあるべき「象徴天皇」像を描くものであった。それゆえ『実録』だけでは、戦後の昭和天皇の実像を知ることはできない。この問題を乗り越えるためには、典拠史料の速やかな公開が望まれることはいうまでもないが、『実録』公表前後に発表された昭和天皇の評伝[46]や象徴天皇制・天皇像に関する研究は[47]、『実録』を読む上で重要な示唆を与えるものといえる。こうした史資料や先行研究を活用しながら『実録』の問題点を補い、そこからどう発展させるか、すなわち『実録』をいかに「利用」するかが、今後の歴史研究に求められているといえる。

注

（1）宮内庁編『昭和天皇実録』第一～第七（東京書籍、二〇一五～二〇一六年）。

（2）半藤一利・保阪正康・御厨貴・磯田道史『「昭和天皇実録」の謎を解く』（文藝春秋〈文春新書〉、二〇一五年）、原武史『「昭和天皇実録」を読む』（岩波書店〈岩波新書〉、二〇一五年）、古川隆久・森暢平・茶谷誠一編『「昭和天皇実録」講義—生涯と時代を読み解く』（吉川弘文館、二〇一五年）。このほか『別冊歴史REAL　昭和天皇—「戦前の君主」と「戦後の象徴」の2つの顔』（洋泉社、二〇一五年）、井上亮『昭和天皇は何と戦っていたのか—『実録』で読む87年の生涯』（小学館、二〇一六年）などがある。なお、保阪正康は、『サンデー毎日』で「昭和天皇実録—裏と表を視る」を連載し、それらは『昭和天皇実録その表と裏』一～三（毎日新聞社、二〇一五～二〇一六年）として随時刊行されている。

（3）小田部雄次『昭和天皇実録評解—裕仁はいかにして昭和天皇になったか』（敬文舎、二〇一五年）。

（4）栗原俊雄『「昭和天皇実録」と戦争』（山川出版社、二〇一五年）、半藤一利『「昭和天皇実録」にみる開戦と終戦』（岩波書店〈岩波ブックレット〉、二〇一五年）。このほか山田朗「『昭和天皇実録』の軍事史的分析」（『駿台史学』第一五六号、二〇一六年）が挙げられる。

（5）豊下楢彦『昭和天皇の戦後日本—〈憲法・安保体制〉にいたる道』（岩波書店、二〇一五年）。

（6）管見の限り、森暢平「昭和二〇年代における内親王の結婚—「平民」性と「恋愛」の強調」（『成城文藝』第二二九巻、二〇一四年）、服部龍二『外交ドキュメント歴史認識』（岩波書店〈岩波新書〉、二〇一五年）、河西秀哉『皇居の近現代史—開かれた皇室像の誕生』（吉川弘文館〈歴史文化ライブラリー413〉、二〇一五年）では、『実録』からの引用が確認できる。

（7）拙稿「昭和天皇の外遊とその晩年」（前掲古川ほか編『「昭和天皇実録」講義』）。

（8）升味準之輔『昭和天皇とその時代』（山川出版社、一九九八年）、後藤致人『昭和天皇と近現代日本』（吉川弘文館、二〇〇三年）、同『内奏—天皇と政治の近現代』（中央公論新社〈中公新書〉、二〇一〇年）、古川隆久『昭和天皇—「理性の君主」の孤独』（中央公論新社〈中公新書〉、二〇一一年）などが詳しい。

（9）進藤榮一編『芦田均日記』第二巻（岩波書店、一九八六年）一九四七年七月二二日条。

（10）同右。同日記には、「侍従次長が外務次官の許に見えて陛下は外交問題について御宸念遊ばしてゐる……外務大臣が内奏に見えないのか……見えるなら土曜日でもよろしい……との話があつた旨岡崎次官から話があつた」とある。

（11）同右。

（12）同右、一九四八年四月六・七・八日条。

（13）同右、一九四八年五月二九日条。

（14）「国事行為の臨時代行に関する法律」は、一九六四年五月二〇日に公布・即日施行された。

（15）河西秀哉『「象徴天皇」の戦後史』（講談社〈講談社選書メチエ〉、二〇一〇年）。なお、『実録』からは、昭和天皇が皇太子の動静を伝える電報を読む姿や、皇后たちと一緒に「皇太子の動静を伝えるニュース映画」を観ていたことが確認できる（一九五三年四月七日・一五日・二四日条、五月四日・一八日条、九月四日条、一〇月八日条）。

（16）冨永望『象徴天皇制の形成と定着』（思文閣出版、二〇一〇年）。

（17）河西秀哉「戦後も続く政治への意識」（前掲古川ほか編『「昭和天皇実録」講義』）。

（18）前掲冨永『象徴天皇制の形成と定着』。

（19）「アイゼンハウアー大統領招待に関する件」一九六〇年八月一八日（A'1.6.2.1-1「米州諸国大統領本邦訪問関係　アイゼンハウアー米国大統領関係（第二巻）」外務省外交史料館所蔵）。

（20）「アイゼンハワー大統領の訪日招請に関する件（案）」一九六一年一月九日（同右）。

（21）このほか池田内閣は、新たに知事による政情報告を始めた。『実録』一九六一年六月一五日条には、「十二県知事より地方事情についての奏上をお聞きにな」り、「皇太子が陪聴し、自治大臣安井謙その他が出席する」とある。今回の行事は「戦後最初であり、四箇年で全ての知事をお召しになる計画のもと、翌年以降、十名ないし十二名の知事をお召しになり、昭和三十九年・昭和四十六年を除き昭和六十一年に至るまでほぼ毎年行われ」たようだ（一九六一年六月一五日条）。さらに生存者叙勲も復活した（一九六三年七月一二日条）。

（22）前掲後藤『昭和天皇と近現代日本』二二〇頁。

(23) 伊藤隆監修『佐藤榮作日記』第一～六巻（朝日新聞社、一九九七～一九九九年）。
(24) 同右『佐藤榮作日記』第二巻（朝日新聞社、一九九八年）一九六六年八月六日条。
(25) 前掲拙稿「昭和天皇の外遊とその晩年」。
(26) 真崎秀樹談・読売新聞社編『側近通訳25年　昭和天皇の思い出』（中央公論新社〈中公文庫〉、一九九九年）五五―五六頁。なお、ニクソン政権は一九七一年、大統領の訪中を表明し、さらに米ドルと金の交換停止、一〇％の輸入課徴金の実施を発表した。以上は、「ニクソン・ショック」と呼ばれている。
(27) 典拠史料の一つとして、「真崎秀樹英文日記」が挙げられている。真崎は、昭和天皇とニクソンの会見に通訳として同席しており、日米の公文書で確認できない以上（アメリカの文書は未だ非公開）、真崎の日記をもとにした可能性が高いと考えられるが、その他の典拠史料についても引き続き調査が必要である。なお、筆者は宮内庁長官に対し、「真崎秀樹英文日記」を情報公開請求したが、（『実録』のみの利用により）不開示との回答を得たため、請求を取り下げた。
(28) 前掲拙稿「昭和天皇の外遊とその晩年」。
(29) 同右。なお、この問題の詳細については、拙稿「昭和天皇訪米決定の政治過程―一九七一年から一九七五年まで」（『歴史学研究』第九〇八号、二〇一五年）、同「田中角栄政権期の昭和天皇訪米問題」（『日本史研究』第六三五号、二〇一五年）を参照されたい。
(30) 入江為年監修『入江相政日記』第五巻（朝日新聞社、一九九一年）一九七三年四月一七日条。
(31) 「参議院内閣委員会会議録」一九七三年四月一〇日（「国会会議録検索システム」国立国会図書館）。
(32) 前掲拙稿「昭和天皇訪米決定の政治過程」を参照。
(33) 前掲拙稿「田中角栄政権期の昭和天皇訪米問題」を参照。
(34) 前掲『入江相政日記』第五巻、一九七三年五月二九日条。
(35) 昭和天皇は訪米前、宮内記者に対し「永年の間、米国を訪問したいと思っていた」と述べている（一九七五年九月三日条）。

(36)『日本経済新聞』二〇〇六年七月二〇日。
(37)冨永望「象徴天皇制の実相―『昭和天皇実録』を手がかりに」(『二十世紀研究』第一六号、二〇一五年)。
(38)豊下楢彦『安保条約の成立―吉田外交と天皇外交』(岩波書店〈岩波新書〉、一九九六年)、同『昭和天皇・マッカーサー会見』(岩波書店〈岩波現代文庫〉、二〇〇八年)、吉次公介「戦後日米関係と「天皇外交」―占領終結後を中心として」(五十嵐暁郎編『象徴天皇の現在―政治・文化・宗教の視点から』世織書房、二〇〇八年)など。
(39)『朝日新聞』二〇〇五年六月一日を参考にした。
(40)前掲吉次「戦後日米関係と「天皇外交」」。
(41)(4)については、園遊会において昭和天皇がスマートに語った内容である。同日条の『実録』には園遊会に関する記述があるものの(一九六二年一〇月三〇日条)、スマートが出席していたかは不明であり、典拠史料(「園遊会録」など)にあたる必要がある。
(42)茶谷誠一「新史料発見『昭和天皇実録』にもない〝象徴天皇〟四年目の実像―御用掛・寺崎英成一九四九年日記―「昭和天皇独白録」を作成した側近はなぜ更迭されたのか」(『中央公論』第一二九号、二〇一五年)を参照されたい。
(43)マリコ・テラサキ編『昭和天皇独白録―寺崎英成・御用掛日記』(文藝春秋、一九九一年)。
(44)『東京新聞』二〇一五年七月三一日を参照。
(45)森暢平「『昭和天皇実録』を読む前に―概要と意義」(前掲古川ほか編『「昭和天皇実録」講義』)七頁。
(46)原武史『昭和天皇』(岩波書店〈岩波新書〉、二〇〇八年)、前掲古川『昭和天皇』、伊藤之雄『昭和天皇伝』(文藝春秋、二〇一一年)、高橋紘『人間昭和天皇』上巻・下巻(講談社、二〇一一年)などが挙げられる。
(47)先駆的な研究としては、渡辺治『戦後政治史の中の天皇制』(青木書店、一九九〇年)がある。そのほかケネス・ルオフ『国民の天皇―戦後日本の民主主義と天皇制』(共同通信社、二〇〇三年)があり、近年のものとしては、前掲河西『「象徴天皇」の戦後史』、前掲冨永『象徴天皇制の形成と定着』、河西秀哉編『戦後史のなかの象徴天皇制』(吉田書店、二〇一三年)などが挙げられる。なお、象徴天皇制・天皇像研究は、一九四〇年代後半から五〇年代の検証が中心となっているが、それ以降の六〇年代、七〇年代についても研究対象となり始めている。

巣鴨戦犯全面赦免勧告への道程
――吉田政権への戦犯釈放運動勢力の攻勢――

中立　悠紀

はじめに

日本はポツダム宣言を受諾して第二次世界大戦に敗北し、その結果、侵略戦争を企図したとされる戦争指導者や戦争犯罪を行ったとされる軍人軍属等が戦犯裁判にかけられ、多くの人々に対して死刑を含む有罪宣告がなされた。裁判は冷戦激化によるアメリカの対日政策の転換などを経て、日本側にとって有利な「寛大な」講和条約が結ばれることとなった一九五一年の四月には全ての審理を終了した。しかし、同年九月の条約調印後も、有罪宣告を受け拘禁されていた戦犯は引き続き刑に服することとなり、その赦免・減刑・仮出所の決定は条約を調印した連合国側が握り、日本側は勧告するだけの権限しか付与されなかった。講和条約による戦犯に対する大幅な恩赦を望んだ多くの戦犯・戦犯家族にとってこの措置は、納得のできないものであった。ところが当時の吉田茂政権は、西側陣営の一角としての立場もあり、英連邦諸国やフィリピンの戦犯問題への強硬な態度を考慮し、戦犯達の釈放等に向けての外交努力をなかなか始めようとはしなかった。講和発効後の外相・岡崎勝男をはじめとする外務省も、基本的に戦犯問題に関して積極的措置をとることを躊躇っていた。しかし、一九五二年八月に日本政府は巣鴨のBC級戦犯の全面赦免勧告（一般赦免勧告）を、一一月にはA級戦犯を含む巣鴨の全戦犯の赦免勧告という事実上の政治的解決に舵を切りだした。本稿は、一九五一年九月の講和条約調印後から、如何にして日本政府が戦犯釈放の交渉を本格的に始めたのか、その道程を明らかにするものである。

戦犯裁判に関する研究は多く、一九九〇年代以降本格的に研究の蓄積が進んだが、戦犯裁判後の研究というのは実はかなり少ない[1]。この数少ない研究の中でも、最も踏み込んだ詳細な成果を提示している[2]。東京裁判開廷からA級戦犯を含む戦犯の釈放過程までを描いた日暮吉延氏の研究が、最も踏み込んだ詳細な成果を提示している。本稿が分析する講和条約調印から一九五二年八月までの期間については、日暮氏は日本の省庁間には戦犯問題に対する温度差があり、概ね復員局・法務省の「釈放急進論」と、外務省・吉田首相の「釈放漸進論」の二つの釈放論があったとしている。そして戦犯問題に慎重な姿勢であった吉田首相が戦犯の釈放を求める赦免勧告を開始したのは、総選挙前に具体的行動を示す必要があったからだとしている。また独立直後の勧告は主に国内向けのデモンストレーションであったともしている。筆者もこの日暮氏の政府省庁間に存在した釈放急進論と釈放漸進論という枠組みや、吉田が赦免勧告を行ったのは総選挙など国内事情上必要な措置であったという見解は、後述検討していくように概ね正確な理解であると考える。

一方で筆者はこの見解に、より詳細な分析として、仮釈放勧告を進めようとする吉田政権・外務省の釈放漸進論に対抗して、全面赦免勧告（一般赦免勧告）を政府に行わせようとする戦犯家族会、戦争受刑者世話会などから成る戦犯釈放運動勢力[3]（以下「釈放運動勢力」と略す）の釈放急進論が存在していたことを加えたい。後述するように、仮釈放勧告及び赦免勧告は、どちらも講和条約第一一条に基づき日本側に与えられた権限だったのだが、釈放運動勢力はこの赦免（Clemency）勧告の方を有罪宣告そのものを消失させる大赦・特赦も含む恩赦を求め得るものと解しており、これに希望をかけていた。恩赦を求める赦免勧告は「一般赦免勧告」と呼ばれ、また戦犯全員への一律の減刑や全面釈放も求め得ると解されたため「全面赦免勧告」とも呼ばれた。釈放運動勢力はそもそも講和とともに恩赦がされるのではないかという希望的観測をしていたため、それがされなかったことを受けて条約第一一条の赦免勧告に全戦犯に対する恩赦の可能性を見出していた(4)。戦犯個々人への赦免勧告は法廷記録の不在等の問題から難しく(5)、また仮釈放勧告の要件を満たせない戦犯・戦犯家族にとっても全面赦免を含むと勝手に解釈されていたClemencyは、融通性に富む魅力的なものに映っていた。しかし、十分な理由がない状態での全面赦免を含む赦免勧告の安易な行使は、外交問題を惹起するおそれがあった。故に講和発効直後の日本では、外交問題に発展することを恐れ、経過刑期などの要件を満たせば行える仮釈放勧告をひとまず進める吉田政権・外務省と、対して戦犯の救済を第一に考え、全面赦免勧告を行えと叫ぶ民間を中心とする釈放運動勢力、及びこれを支持する復員局、そして少し時期を経てこれを支持した法務府(法務省)の対抗関係が顕れていた。本稿ではこの対抗関係を描き、特に釈放急進論の立場に立った釈放運動勢力の国会決議や署名運動を通した政府への攻勢・政治工作の政治外交への影響について詳細に分析したい。

また日暮氏他先行研究等において特に言及されていない点ではあるが、本稿では一九五二年八月を講和後の戦犯釈放問題における大きな転換点であったとして位置付けたい。というのも、この一九五二年八月に日本政府は初のBC級戦犯の全面赦免勧告を行っている(6)。これは先述した仮釈放勧告・釈放漸進論が、全面赦免勧告・釈放急進論に押し切られ、講和条約調印後、初めて日本政府が戦犯問題の実質的政治解決に乗り出すことを内外に示し、戦犯裁判史においても大きな転機となっていたと筆者が考えるからである。ポツダム宣言受諾以降、日本政府は戦犯裁判実施への協力を義務付けられていたわけだが、この勧告後、日本は戦犯裁判で裁かれた戦犯を救済するための行動を本格的に始める。佐治暁人氏が、日本政府の講和発効後の戦犯釈放政策は、「戦犯裁判の妥当性」と「量刑の妥当性」を是正するために赦免勧告に頼っていたことを指摘している。(7) しかし、日本政府が赦免勧告（個別赦免勧告）を本格的に始めるのは、釈放運動勢力に押されて実施した一九五二年八月の全面赦免勧告以降であり、日本政府は最初から「是正」を積極的に進めていたわけではない。吉田政権は対外関係を考慮し非常に慎重であった。この慎重姿勢を変化させたのが国内の戦犯釈放運動であり、本稿はこの釈放運動の政治外交への影響を分析することを主眼とする。(8)

一　講和条約と戦犯

一九五一年九月八日、サンフランシスコ講和条約が調印された。この条約の作成段階・各国間での案文調整時において、戦犯に関する問題の位置付けというのは低かったと言わざるをえない。日本を含む条約調印国の関心は、講和後の日本の安全保障体制がどのような形になるのか、賠償をどのように処理するのか等にあった。

このような条約の性格から、一九八〇年代に急速に進んだサンフランシスコ条約に関する研究においても、この戦犯に関する問題というのはほとんど注目されていない。(9) 明快に戦犯に関する条文、条約第一一条の作成経緯と条文の狙いを明らかにしたのは日暮吉延氏である。(10) 条約第一一条は次のような条文である。

サンフランシスコ平和条約第一一条

日本国は、極東国際軍事裁判所並びに日本国内及び国外の他の連合国戦争犯罪法廷の裁判を受諾し、且つ、日本国で拘禁されている日本国民にこれらの法廷が課した刑を執行するものとする。これらの拘禁されている者を赦免し、減刑し、及び仮出獄させる権限は、各事件について刑を課した一又は二以上の政府の決定及び日本国の勧告に基く場合の外、行使することができない。極東国際軍事裁判所が刑を宣告した者については、この権限は、裁判所に代表者を出した政府の過半数の決定及び日本国の勧告に基く場合の外、行使することができない。

第一一条は前段の日本の刑の執行規定と、後段の赦免（clemency）・減刑（reduce sentences）及び仮出所（parol）規定から成る。前段の刑の執行規定については、それがはたして日本が裁判の正当性そのものを受け入れたのか否か等について、現在もたびたび議論がある条文である。日暮氏は、前段がそもそも英連邦諸国が挿入を主張した日本の戦争責任条項の代替案であったことを明らかにし、「連合国の立場によれば第一一条の前段には「刑執行」という主要な意味とともに、独立後の日本が戦犯裁判の「判決」を破棄したり、異議を申し立てたりすることを許さない、言い換えれば、連合国の「裁判の正当性」を確保する意味も込められていたと考えなくてはならない」と指摘している。(11)

一方、後段の赦免・減刑及び仮出所の規定は、日本が戦犯に行い得る恩恵措置を「勧告」のみに制限させたという特徴がある。日本が戦犯の赦免・減刑及び仮出所の「勧告」を発し、関係国がこれを審査し「決定」するという方式である。この条約規定を執行するために作られたのが、GHQ法務局の指導の下、法務府が立案した「平和条約第一一条による刑の執行及び赦免等に関する法律」（昭和二七年法律第一〇三号）である。この法律の第三条は、「刑の執行に関する事項は、法務大臣が管理し、赦免、刑の軽減、仮出所及び一時出所に関する事項は、この法律の定めるところにより、審査会が管理する」とし、戦犯の管理は法務府矯正保護局監督下の巣鴨刑務所が管理し、赦免や仮出所の審査は法務府中央更生保護委員会が行うこととなった。(12) そしてこの審査に基づき外務省が関係国に勧告するのである。

法律第一〇三号上、仮出所の適格性は、刑期四五年未満の者については、刑期の三分の一を経過した者、刑期四五年以上又は刑期が終身にわたる者については、一五年を経過した者と定められた。一方、赦免及び刑の軽減の適格性については、「在所者及び仮出所中の者は、すべて、赦免又は刑の軽減の審理を受けることができる」とされた。仮釈放の手続きは、基本的に一九五〇年三月七日のＧＨＱ「連合国軍最高司令官回章第五号」による手続きを継いでいたが、ここで確認したいのは、赦免及び刑の軽減は仮出所よりも資格を得やすかった点である。仮出所の資格は、一定の経過刑期を必要とするが、一方の赦免及び刑の軽減の申請資格は全ての戦犯受刑者に与えられた。赦免及び刑の軽減は当然事実上の釈放措置も含み、また全戦犯に対する一律の減刑や有罪宣告の有効性そのものを消失させる大赦・特赦も含まれると釈放運動勢力は解していた。条約第一一条の「赦免」に恩赦の可能性を見出していたことと、この法律第一〇三号上で赦免及び刑の軽減が一定の刑期経過を必要としなかったこともあって、釈放運動勢力はこの赦免勧告、特にこれを最大限に解釈し活用した一般赦免勧告（全面赦免勧告）を日本政府に行わせようと尽力することとなる。

さて、講和条約が発効した一九五二年四月二八日、巣鴨の戦犯達も正式に独立国日本の管理下となったわけだが、その戦犯達の情況を見てみる。

日本に移管された戦犯(13)（一九五二年四月二八日現在）

裁判国	アメリカ	イギリス	オランダ	オーストラリア	中国	フランス	極東国際軍事裁判	計
人数	四二五	一一六	二一七	二三	九一	四二	一三	九二七

巣鴨刑務所に在所する戦犯は、Ａ級とＢＣ級合わせて九二七名、約半分がアメリカ関係である。巣鴨以外の外地で収容されている戦犯は、パプアニューギニア・マヌス島にオーストラリア関係二〇六名が、フィリピン・モンテンルパ市のニュービリビット刑務所にフィリピン関係一一一名が存在した。(14)オーストラリアは依然として戦犯を独自にマ

ヌス島附属島であるロスネグリス島において収監していたが、オーストラリアによる香港・シンガポール裁判の服役者が一九五一年五月一七日に内地送還され、一部が巣鴨に収監されていた。

これら戦犯に対して、日本政府・外務省は条約発効時までに主に以下のような処置を施している。中華民国関係については日華条約議定書により戦犯は日本側の裁量に任せられることとなっていたので、全ての中華民国関係の戦犯が釈放される見込みが立っていた。フランス関係は、終身刑者については、一九五一年七月の仏大統領の特別減刑令により二名を除き一五年以下の有期刑に減刑されたので、有期刑者より却って刑期が短くなった結果が生じ、この点の不合理をフランス側に伝えていた。外地の戦犯については、一九五二年三月五日にフィリピン政府にフィリピン関係戦犯の内地服役（内地送還）を申し込み、三月二八日には在京オーストラリア使節団に対してもオーストラリア関係戦犯の内地服役（内地送還）を申し込んでいる。日本政府は講和条約発効までの内地送還を目指しており、法律第一〇三号の法案にも外地戦犯を帰還させ日本で刑執行する旨を盛り込んでいたようであるが[15]、それは講和発効時までに実現しなかった。巣鴨に服役していない戦犯に関しては、仮釈放勧告も赦免勧告もその適用外となるので、講和発効後、政府は外地戦犯に関してはまず内地送還を目指した。また死刑判決を受けた死刑囚戦犯は、フィリピン・モンテンルパのみに居たので、その助命が最優先事項となっていた。

だが関係国に対して外交交渉と勧告を行う外務省トップで、講和発効とともに外相の地位を吉田首相から譲られていた岡崎勝男は、戦犯問題に対して積極的ではなかった。これは木村篤太郎法務総裁が、BC級戦犯への赦免勧告等に講和発効前後から前向きな態度を見せていたことと対照的であった[16]。岡崎外相は講和条約発効直後の時期においては、戦犯裁判を否定するような言動に対して及び腰であった。岡崎は当時最も問題となっていたBC級戦犯裁判の審理上の問題点についても、「BC級の戦犯者等につきましても、いろいろ気の毒な事情はあると思いますが、これにつきましては関係者が、自分はまったく無実である、こういう気持を今なお持っている人もありましょうけれども、裁判を下した方から言えば、これは相当の証拠があって裁判を下したという確信を持っておることと私は考えておりまして、この裁判が無根の事実によって判決されたんだというようなことにつきましては、政府としては一切言明をいたしたくないのであります」[17]と条約発効後の国会で答弁し、戦犯裁判を否定するような意見に与しないことを何度も述べている。ただ岡崎がこのように国会で答弁しているのは、関係国を刺激し、この問題の解決を難しくすることを危惧した故でもあると考えられる。実際、各国も戦犯問題に関する日本側の動きに対して敏感な反応を示しており、特に対日感情が悪く、死刑囚戦犯という賠償問題と絡んでくる「人質」を手元においていたフィリピンに対しては、細心の配慮をする必要があった。[18]また戦犯裁判を否定するような言動に及び腰であったことは、なんらの措置も取らないことにすぐには結びつかないわけだが、岡崎は後述詳細に検討していくように、急進的な政治的解決を認めようとしない釈放漸進論の立場であった。

一方で、岡崎以下外務省の慎重な姿勢は、釈放急進論の立場に立つ国内の釈放運動勢力にとっては、愚鈍で戦犯及び戦犯家族の心情に配慮しない姿勢に映っていた。故に講和発効後における釈放運動勢力の大きな目標は、慎重姿勢を崩さない岡崎外相を含む吉田政権に、講和条約第一一条の赦免勧告規定を最大限に解釈し活用させた実質的政治解決（全面赦免勧告）を行わせることにあった。

二　戦犯釈放を求める「国民の声」――署名運動と戦犯釈放に関する決議

四月二八日の講和条約発効に伴う日本政府の恩赦により、刑法犯に対して大規模な恩赦が行われた。だが戦犯はその恩恵にも浴することができず、そのため巣鴨在所者戦犯の間では不満が募っていた。また条約調印時に、吉田首相が講和発効とともに戦犯に対して何らかの恩典を付与するという特別の取り決めを条約調印国と交わしていたという噂が実しやかに流れていたため、その落胆は大きかった。四月九日に東京裁判弁護団が一三〇〇余名の日本人戦犯者の赦免要請緊急対策会を開き、政府は講和発効と同時に条約に基づき関係一一カ国に対し勧告すべきと決議していたが、それが実現することもなかった[19]。戦争が終結して七年、講和条約が発効して戦争状態も正式に終結したにもかかわらず、「戦犯」、「戦争犯罪者」という立場を引き続き負わなくてはならなくなった戦犯達の不満と憔悴は頓に高まっていた。巣鴨刑務所の川上悍所長は「絶望的な空気が支配的になってきた[20]」と述懐している。

一方、講和条約発効後の日本国内では、戦犯を釈放すべしという意見が急速に伸長していた。中央・地方の政治家、民間人、芸能人による巣鴨刑務所への慰問（いわゆる「巣鴨詣」）が活発に行われていた[21]。そして釈放運動勢力の中核を担っていた戦犯の家族会、戦争受刑者世話会、復員官署法務調査部門は、戦犯の助命・減刑・内地送還を求める「愛の運動戦犯受刑者助命減刑内還嘆願署名運動」（一九五二年五月～七月）を全国で実施した。この運動には引揚援護組織・愛の運動協議会及びその参加組織、地方自治体や婦人団体などの地域コミュニティが加わって大規模に行われ、一〇〇〇万を超える署名を獲得していた[22]。

また愛の運動に各地で参加していた遺族会の全国組織、日本遺族厚生連盟は、六月九日から一一日にかけて全国大会を開き、長崎県遺族連合会の藤本事務局長によるとこの場で、①戦犯処刑者の遺族も遺族会員として援護法を適用するよう政府に要望する、②戦犯処刑者の霊を靖国神社および各県の護国神社に合祀する、③戦犯の釈放運動を遺族が率先してやることを決議した[23]。それまで戦没者遺族の間では、一部で戦犯を敵視する意見も出ていたことを考えると、釈放運動への参加を決めたこの決議は画期的であり、世情の変化を示すものであった。

同じ頃、国民の代表機関である国会でも、政治家達が戦犯問題にどのように取り組むべきなのかについて考えだしていた。その一つの成果が、一九五二年六月に衆参両院それぞれで議決された「戦犯在所者の釈放等に関する決議」と「戦争犯罪者の釈放等に関する決議」である。

この両決議成立の背景には、巣鴨拘禁歴のある元A級戦犯容疑者で、当時物心両面で巣鴨戦犯の世話を行っていた笹川良一の働きかけがあったことが、佐藤誠三郎氏、及び佐藤氏の研究を引いた伊藤隆氏によって指摘されている。佐藤氏によれば、笹川は政府に戦犯釈放の鞭撻を為すための「原子爆弾的」と称する方策を考え、その方策の一環として国会での戦犯釈放に関する決議成立を狙っていたという。[24] そのために笹川は、自由党の増田甲子七幹事長、改進党の三木武夫幹事長、右派社会党書記長代理の水谷長三郎らと決議案の提出について交渉し、各党有力議員にも決議について懇請していたようである。筆者も笹川の働きかけにはかなりの効力があったと言ってよいと考える。ただし、戦犯釈放に関する決議の要望は、戦犯本人達や、戦争受刑者世話会等からも出されており、笹川一個人に決議成立の背景を求めるべきでもないと考える。[25]

政党の側も戦犯問題を政治論点にしようとし、特に野党は吉田政権への攻撃の材料にしていたので決議に対して積極的であった。自由党でも決議に関する議論は出てはいたが、対外関係を考慮したため動きが遅く、改進党などを中心とする野党の側は、六月五日の野党連合協議会で自由党よりも一歩早く決議提案を行っている。[26] 当時、破壊活動防止法や保安隊設立をめぐって保革は激しく対立していたのだが、この戦犯釈放問題については共産党等を除く革新勢力も一定の支持を与えており、寧ろ吉田政権の鈍足な動きを批判的に見ていた。そのことは左派社会党が五日の議員総会で戦犯釈放要求の方針を決定し、同日次のような声明を発表したことからも窺える。

わが党はA級戦犯を除き勝者の裁きによって七年間獄中にあるわれ〳〵同胞をすみやかに釈放すべきことを連合国ならびに吉田内閣に要求する、なかんずく外国にあって死刑の宣告を受けたものの執行を取止め、すでに刑期の三分の一以上をつとめた者を釈放し不公平な裁判によって不当に受刑する者の再審を開始し、さらにこれらすべての家族に対して未復員者給与法を支給することを吉田内閣に要求する

しかし戦犯釈放を再軍備に利用せんとする一切の企てに対しては断固反対する(27)

その後自由党も野党とともに決議成立を目指すこととなり、自由党が纏め提出するという形で決議はまず参院に上程され、第一、労農、共産党の三派を除く自由、緑風会、民主、改進、左右社会の各派共同提案という形をとった(28)。対して九日の参議院本会議での採決に際して、共産党の岩間正男は反対の答弁に立った。岩間はポツダム宣言の路線を逸脱し、再軍備に邁進しだした日本がこのような情勢下で戦犯の釈放を叫ぶのは間違いであるとし、戦犯をして「ポツダム宣言の指向する方面に、或いは日本の平和を守り民族の独立を守る方面に編成して行って、その中に入って頂いて、この中で十分な協力を願う」状況になっていないならば、釈放すべきではないとした。

一方賛成にまわった改進党の一松定吉は、「国家のために身を犠牲にして戦線に立った者が、敗戦の結果、戦犯の汚名を受けて、今日囹圄に苦しんでおる」とし、「全部これらの人は愛国者である、国の犠牲者である、そういうような人が、敗戦のためにこの憂き目を見ているということについては、国民の一人として誠に相済まぬ」と述べた。また一松は、署名運動（愛の運動と考えられる）にも言及して、戦犯の救済を国民も望んでいるとし、「平和条約の第十一条によって、いわゆる政府の勧告によって、これら関係国の同意を得ればこれを救出することができることになっておりまするから、政府はこの国民の総意を体しまして、一日も速かにこれが決議案を十分に心して実行して、これらの哀れむべき国家の犠牲者を救い出すことに御盡瘁あらん」とし、政府への勧告実施を促している。このような賛成派によって以下の決議が参議院本会議で成立した。

六月九日参議院本会議成立

戦犯在所者の釈放等に関する決議

講和が成立し独立を恢復したこの時に当り、政府は、

一、死刑の言渡を受けて比国に拘禁されている者の助命

二、比国及び濠洲において拘禁されている者の速やかな内地帰還

三、巣鴨プリズンに拘禁されている者の妥当にして寛大なる措置の速やかな促進のため、関係諸国に対し平和条約所定の勧告を為し、或いはその諒解を求め、もって、これが実現を図るべきである。

右決議する。

さらに六月一二日には衆議院本会議でも共産党を除く各派共同提案「戦争犯罪者の釈放等に関する決議案」が可決された。

六月一二日衆議院本会議成立

戦争犯罪者の釈放等に関する決議

講和条約が発効し、独立の日を迎えた今日、衆議院は、国民大多数の感情と家族縁者の切実な念願に副い、フイリピンにおいて死刑の言渡を受けた者の助命、同国及びオーストラリア等外地に拘禁されている者の内地送還について関係諸国の諒解を求めるため、又内地に拘禁されている者については平和条約第十一条による赦免、減刑及び仮出獄の実現を図るため、政府の速やかな措置を要望する。

右決議する。

両決議は政府に対して講和条約を調印・批准した米・英・仏・蘭に対して条約に基づく勧告を成し、オーストラリ

アに対して内地送還の交渉を、未批准のフィリピンに対して戦犯の助命及び内地送還の交渉を行うよう促す内容であり、両決議の文面は異なるがほぼ同じ内容である。[29]衆議院の決議には、特に「国民大多数の感情」という文言が盛り込まれ、これは愛の運動の盛り上がりを反映させたものと推察される。

決議の成立及び成立に至るまでの国会・与野党の様子を見てか、吉田首相は一一日に保利茂内閣官房長官に対して、平和条約に基づく戦犯者の赦免、減刑、仮出所などを促進するための所要の措置を講ずるよう要望した。さらに保利は、同日木村法務総裁、岡崎外相に対し首相の意向を伝え、具体的措置を講ずるよう要望した。[30]吉田が講和条約調印以降、戦犯問題について行動を示したのはこれが初であった。

一九五二年六月初旬頃、国会で戦犯釈放に関する決議が成立し、前述の通り、巷では戦犯釈放署名運動・愛の運動が大きく盛り上がっていた。政府・吉田政権にとっても、この「国民の声」は無視できないものとなりつつあった。

三　全面赦免勧告を求める釈放運動勢力の攻勢、慎重な岡崎外相

国会で決議が、街角で署名運動が行われている最中の六月六日、戦犯達を支援していた日本弁護士連合会は、戦犯釈放特別委員会第一回総会を第一東京弁護士会で開催した。ここで日弁連は、国会で石原幹市外務政務次官が答弁した、「政府が戦犯個人の情報を調べ平和条約に基づいて関係各国に釈放を勧告する」ことは手ぬるいとして、全面的釈放を要求することを決めた。日弁連は釈放急進論の立場であった。[31]翌七日に林逸郎（橋本欣五郎の弁護人）ら代表が国会、政府にこの趣旨を伝えるとともに戦争受刑者世話会にも呼びかけ、運動を促進することとなった。[32]世話会もこの弁護士会の立場を支持している。[33]

一方、条約に基づく手続きを漸次進めるとの立場であった外務省は、六月一六日に既に法律一〇三号の規定条件を

満たしていたBC級戦犯の仮釈放勧告を開始し、これは条約に基づく初の勧告となり最初のテストケースとして位置付けられ、その成否が見守られていた。[34]

このように仮釈放勧告を進めようとする外務省の態度を危惧してか、戦犯の支援を行っていた厚生省引揚援護庁復員局第二復員局残務処理部庶務課法務調査班（復員官署法務調査部門）の豊田隈雄班長（元海軍大佐）は、「所謂「戦犯」の釈放、減刑等に対する一般勧告の重要緊急性についての意見」という意見書を外務省に送っている。[36] 豊田はこの中で「講和条約第十一条に基く日本側の勧告権の内容は第二項に基く個人別、事件別の勧告に止まらず **Clemency** なる極めて融通性に富み含みのある廣い意味を有する用語によって示され大赦、特赦は勿論凡有寛大なる処理に対する一般勧告をも可能にして居るものと判断する」とし、また従来平和条約の成立とともに戦争下の犯罪は大赦されてきたのだから、政府は事実上の大赦を求める一般赦免勧告を成すべき、という意見を提起した。

さらにこれもまた外務省の姿勢を危惧してか、六月二一日には、日弁連戦犯釈放特別委員会が、「赦免の勧告に関する意見書」を政府に提出している。[37] 日弁連はこの意見書の中で、条約において戦犯の仮出所等をなす際に関係国の同意を必要とするとしたのは、未批准国の存在を想定したが故であるとし、批准書を寄託した米・英・仏・濠・蘭に対しては、戦犯の赦免を勧告できる状態であるとした。さらに「既に批准書を寄託した国々は戦犯釈放に異議はない筈であるが、もしも日本の輿論がこれに傾いていないのに一方的に釈放することは日本の国民感情を無視する虞れがあるとみたからではなかろうか。従って平和条約第十一条は日本に対して思いやりの深い規定であると思われる」とし、国会で決議がされ国民の意見がはっきりしたわけであるから政府は一般赦免勧告をすべき、とした。日弁連のこの意見書は、第一一条の趣旨及び相手国政府の態度を全く理解していない珍論であったが、これは日弁連の焦りの表れであったと考えられる。日弁連に所属する弁護士の一部は、一九四五年より戦犯裁判に弁護人として関わっており、旧連合国側の戦犯に対する態度がこのような慈悲的態度でないことはよくよく理解していたと考えられる。戦犯や日弁連が求めた講和による恩赦がされなかった状況の中で作成されたこの意見書は、明らかな不利益を被っている戦犯を救済するために、政府に対する政治的圧力を増長させる「方便」を盛り込んだものだったと考えられる。(38)

当事者である戦犯も、七月二日に開催された外務省、法務府、巣鴨服役者（巣鴨釈放委員会幹部）の懇談会の席上で、「何故に全面的赦免勧告は行はれないのか」と政府側を問いただしている。(39) 七月九日には世話会も岡崎外相に宛てて、「十一条に基く日本の勧告は「一般赦免の勧告」を主とすべきであると考える。従って減刑、仮出所等は第二義的問題と思われる」との意見書を提出し、仮釈放勧告よりも一般赦免勧告を進めよ、とした。(40)

このように法務調査部門、日弁連、世話会、巣鴨の戦犯などの釈放運動勢力は、一般赦免勧告を求めていた。一方、政府はと言えば、愛の運動で獲得された署名の一部が戦犯家族の手で政府に提出された七月八日の閣議で、戦犯家族の要望もあり、急速に戦犯問題の解決に乗り出すこととなった。(41) 戦犯家族の要望と署名が、政府の戦犯政策に一定の影響を与えていたことが窺える。この閣議後、相次いで政府は関係閣僚らを巣鴨に派遣している。

まず七月一〇日に木村法務総裁以下法務府幹部（中尾文策矯正保護局長、白根松介中央更生保護委員会委員長）ら六名が巣鴨を訪問し、BC級の代表者やA級の服役者と約三時間にわたって懇談を行った。(42) 木村は「あなた方を犯罪人等とは思っていない」と同情心を見せ、戦犯者からの「条約第一一条による判決を受諾した政府の当時の考え」は如何という質問に対して、「外交上当時何としても形式的に受諾しなければならなかったもので腹の底から正当と考えたものではなかった」と、戦犯裁判の正当性と判決を否定するようなことを述べている。一方、赦免勧告をいつ行うのかという質問に対しては、「早期に、もう暫く」とやる気はあるとの姿勢を見せながらも濁すような回答しかしなかった。(43) 服役中のA級戦犯・元元帥陸軍大将の畑俊六は、「色々な質問を発したるも誠意ある解答なし」と日記に綴っている。(44)

翌七月一一日、政府は閣議で仮出所を一段と努力することに決定し、午後岡崎を巣鴨に訪問させ、受刑者にこの意向を伝え了解を求めた(45)。この日の閣議でもやはり全面赦免勧告に関しては、未だその実施の有無を明示していなかった。同日午後、岡崎外相は土屋隼欧米局長、大江晃官房長らを帯同し、戦争受刑者世話会の井野碩哉常務理事とともに巣鴨を訪問し、戦犯服役者と懇談した(46)。岡崎外相は、政府としては先ず仮釈放の勧告に全力を注ぎ、その速やかな実現に期待するとともに、赦免に関しても今後あらゆる機会を利用して勧告を行うとした(47)。また、岡崎は条約第一一条の赦免勧告は個人審査に基づくものに限られるとの見解を示し、巣鴨側との認識の相違が浮き彫りとなった(48)。岡崎の口から追々赦免勧告も行う旨が述べられたが、この日の懇談でも戦犯達の欲した早期の全面赦免勧告の確約は得られなかった。岡崎は仮釈放勧告への相手の反応を窺った上で、個人審査に基づく赦免勧告を行うというスタンスであった。畑俊六は、「政府の方針は先づパロール制の滑り出し（二週間位後よりと予定す）に努め、次で減刑、赦免を勧告する方針なりと、聞いた口が塞がらず何おか云はんやなり(49)」と不満気に日記に綴っている。ただ岡崎も、「このことで皆さんからやっつけられてばかりいる」と、自身への風当たりの強さを自覚していたようで、相手国の気持ちも分かっているし苦しい立場なのだと理解を求めた(50)。

木村・岡崎が相次いで巣鴨を訪問した頃、政府は予てから戦犯問題に関して比較的良好な態度であったフランスに対して、七月一四日のフランスの革命記念日（パリ祭）に合わせてフランス関係戦犯三九名の赦免勧告の手続きを行い、好意的回答を得ていた(51)。しかし、巣鴨戦犯の大半を占める米英蘭関係約七五〇名の戦犯に関しては未だ一部の仮釈放勧告しか出来ておらず、その返事も返ってきていない状況であった(52)。戦犯達の焦りは高まり、受刑者の間で集団脱走計画が練られていると報道されるなど不穏な空気が高まっていた。これに対して外務省で戦犯問題を統括する大江官房長は「戦犯者の気持ちはよくわかるが、騒いだりしてはかえってマイナスにもなるので自重してもらいたい(53)」と釘を刺している。

戦犯の憔悴をよそに全面赦免勧告をなかなか行おうとしない政府に業を煮やした日弁連と巣鴨釈放委員会は、七月二一日に巣鴨刑務所で日弁連戦犯釈放特別委員会委員長・林逸郎以下委員達と、巣鴨釈放委員会メンバーを集め、三時間にわたる熟議の結果、八月上旬に日本から全面赦免の勧告を行う必要があるとの意見で一致した。(54) その実現のための請願書が、二七日に日弁連の加藤隆久（土肥原賢二の補佐弁護人）の指導の下で作成された。(55) 三〇日には八月一五日を期した一般赦免を要請する請願書が、「巣鴨刑務所ＢＣ級戦争受刑者代表」（巣鴨委員会委員連署）の名で、首相、外相、法相、更生保護委員会委員長に提出された。(56) 参考写送付先として衆参両院議長、衆参法務・外務委員長、日弁連会長、世話会理事長、笹川良一、巣鴨刑務所にも送付されている。(57)

一方、七月二五日に巣鴨を訪問した中尾矯正保護局長は、法務府としては速やかに全面赦免（一般赦免勧告）を行う腹を決めたという旨を告げた。(58) 一〇日来所した木村法務総裁は、全面赦免勧告を行うことをまだはっきりとさせていなかったが、ここにきて法務府が戦犯の勧告をして欲しいとの要望を支持したことになり、勧告をさせるためには、あとは岡崎外務大臣以下外務省を動かすだけとなった。

二九日には日弁連の林逸郎、三文字正平（小磯国昭の弁護人）、世話会の福留繁理事（元海軍中将）、家族会の今村ヒサ（今村均元陸軍中将の妻）が各所属の会を代表して参議院を訪問し、速やかに全面赦免勧告を実施する如く政府を督促方申し入れた。(59) 応対した緑風会の岡部常は党意を纏めた上善処すると約し、改進党の一松定吉も同様の約をなした。この日に衆参両院法務・外務委員会には前述の請願書も提出され、釈放運動勢力は国会をして政府、特に岡崎を動かそうとしていた。

巣鴨戦犯の請願書が届いた参議院外務委員会は事の緊急性を認め、三一日に参議院外務委員会の金子洋文、加藤シズエ、平林一太を巣鴨に訪問させた。さらに同日緊急の外務・法務連合委員会を開催し、岡崎外相も招致し事態の詳細を質すことになった。委員会の冒頭、外務委員会委員長の有馬英二は、戦犯達が既に法務委員会・法務総裁・外務大臣に意見を述べ、また各氏から意見も直接聞いたが、適切な措置が取られているとは考えていない、故に外務委員会においても政府を督励して欲しいとの意見を頂戴したので、意見を一にする法務委員会とともに、本日緊急の委員会を開催した、と述べた(60)。外務委員会には以下のような請願書が提出されていた。

外務委員会への請願書

戦争犯罪の本質並に講和の理念に鑑み戦争受刑者は講和条約発効と同時に釈放せらるべきものであった。然るに政府はこれを実現せしめ得ずして条約発効後九十日以上を経過した今日に至るまでわれわれを拘禁して居ることは寔に遺憾とするところである。

仍て政府は八月十五日（終戦記念日）を期してわれわれの赦免を実現し得るよう、即時関係各国に対し職権審査に基くB、C級戦争受刑者の一般赦免を勧告し且つ之が実現に努力せられんことを切望する。

右請願する。

請願書には八月一五日を期してという具体的日付も記載されていた。委員会当日に巣鴨を訪問していた金子洋文は、巣鴨所内の感情は非常に尖鋭化しており、感情が爆発しそうな勢いであったとし、在所者から八月一五日に政府の誠意が見せられなければどういう事態になるか分からないとの旨、半ば脅しともとれることを言われたと委員会で報告した。在所者戦犯の政府への不満は最高潮に達しつつあった。

対して委員会に出席した石原幹市外務政務次官は、これまで政府・外務省が戦犯達のために取り組んだ施策を披瀝した。さらに「全面的の減刑釈放についてのいろいろの声がありますので、これは政府においても前から考えておったわけでございますが、近く適当な機会を捉まえまして、まあ一例を挙げればサンフランシスコの調印記念日であるとか、成るべく早い、而も各国に通用のできるような機会を捉えまして、全面釈放の勧告をいたしたい」と、全面赦免勧告を行う気があると述べた。

ところが委員会に遅れて出席した岡崎外相は石原と交代して答弁に加わり、石原とは全く違うことを述べている。岡崎は現在仮釈放勧告を進めているのに、赦免勧告もしてしまえば、相手国の仮釈放審査が後回しになってしまう可能性があり、そうなれば既に仮釈放の条件を満たす戦犯達が不利益を被る恐れがある、さらには、全面赦免勧告を行うことは、相手国の感情を損ない、仮釈放の方も上手くいかなくなり、かえって重大な事態に陥る可能性があるから全面赦免勧告を行わないとも明言したのである。

二九日に日弁連や家族会に直接協力を求められていた一松定吉は、委員会で岡崎のこの答弁を「外務大臣は熱意がない」と批評した。しかし、岡崎のこの危惧にも一定の理解を示したと考えられる委員の吉田法晴は、「一五日までに仮釈放ができれば結構」と述べ、有馬委員長も「八月一五日というような日を余り重きを置かないようにお願いをいたします」と述べた。結局この日の委員会は、岡崎外相に一層の努力を願うという形で終わり、岡崎外相の口から全面赦免勧告を行うという明言はやはり引き出せなかった。

しかし、委員会で石原政務次官が「全面釈放の勧告をいたしたい」と述べていたことから分かるように、外務省内部でも全面赦免勧告について意見が分かれていた。八月四日に外務省の課長級官僚、復員局の事務官らが巣鴨委員会と赦免勧告について懇談しているが[61]、この席上、委員会側が「先日岡崎外相は赦免勧告を先にやることは仮釈放に対し悪影響があるから差控へたいと言はれたが我々は了解しかねる、たとへ悪影響があってもとに角一度やって戴きたい」と述べたのに対して、外務省側は「岡崎外相が何を思ってその様に言はれたか知らぬが自分の見解では仮釈放、及び赦免の二本建の勧告をしても差支へないと思う、現に仏国には二本建で勧告して居る」と応答し、先述の国会での岡崎の答弁にはそわない発言をしていることからも、外務省内部の意見が割れていたことが窺える[62]。またこの席上、外務省側は赦免勧告は個々の審査では時間がかかるので全面赦免勧告の形で行われるであろうとも述べている[63]。

八月五日、日華条約発効に伴い中華民国関係戦犯の措置が日本に任され、日本は関係戦犯全員を釈放した。中華民国関係戦犯が解消したことにより、他の裁判国に裁かれた戦犯達の間では不公平感が広まっていた。前日四日には初めての巣鴨BC級戦犯による記者会見も開かれ、会見の中で戦犯達は赦免勧告を行わない政府の怠慢を批判し、涙ながらに自分達の窮状を訴えていた。(64) 五日来所した法務省の白根中央更生保護審査会委員長は釈放委員会との懇談で、「外相は直ちに全面勧告についいては同意せぬと思う、併し以前とは大分考え方も変わって来ているから自分から法相を通じて更に強く進言する」(65)と約した。

この八月五日時点で、全面赦免勧告を望む巣鴨戦犯に同調していたのは家族会、日弁連、世話会、復員局（法務調査部門）、法務省、参議院外務・法務委員会の一部委員などで、また外務省の石原政務次官は早期の全面赦免勧告の必要性を認め、外務官僚の一部も先述のようにパロールと全面赦免勧告を別個のものとして行うべきと考えていた。さらに国会での決議成立、愛の運動により得られた膨大な国民の署名、国内の戦犯への同情心は極めて高くなっていた。国内で早期全面赦免勧告を支持しないのは外務省のトップ・岡崎外相であり、そして未だ態度を明示しない首相・吉田茂がどう動くかが鍵となっていた。岡崎外相も焦りを感じていたのか、八月五日に在ワシントンの新木栄吉駐米大使に、国会を初め各方面において政府の対策が手ぬるいという声が大きくなっているにもかかわらず、仮出所の許可も一件も得ていない状況であるので米国に対しても督促するようにと、外電を送っている。(66) 岡崎もこの「国民の声」に応え得る目に見える成果を欲していたと考えられる。

四　全面赦免勧告成る

事態が大きく動いたのは八月七日である。この日、吉田首相の意を受けた、保利茂内閣官房長官が巣鴨を訪問したのである。保利は、福地春男（元陸軍少将）巣鴨釈放委員会議長らBC級戦犯代表二〇名と、A級服役者一〇名と非公開のなか懇談した。[67]

保利は服役者との懇談の中で、「今日来たことは総理の気持を承けてやって来たのだが、此の問題の解決に就て一番心配しているのは総理である」[68]と吉田首相の関心も高いことを強調した。さらに「戦犯問題は今や国民全体の共通の問題である」、「形の如何を問はず兎に角一日も早く帰れるように政府も国民も焦っている」、「実際白状すれば政府自身も焦っているのである」と政府の焦りを吐露した。[69]そして争点となっていた赦免勧告については、「政府は勧告を躊躇する事は断じてない」、「国会会期中に二度此の問題が出されて「それはそれとして、之はこれとして勧告をすべきではないか」と閣僚の大方がそう考えた。良結果が得られるように外相に努力を払って頂く事になっている」、「事態も相当進んでいるので明八日の閣議にも之が討議されるだろう。外相も之に関して話をすることと思はれる。少し位の逆効果を忍んでも一般赦免勧告をしなければならないと思っている」と、一般赦免勧告（全面赦免勧告）を行うと明言したのである。[70]ついに戦犯達や釈放運動勢力が待ち望んだ全面赦免勧告の目処が立ったのである。

ところでこの懇談には川上所長が立ち会い、戦争受刑者世話会の山梨勝之進（元海軍大将、新海軍再建研究会顧問）、原忠一（元海軍中将）、額田坦（元陸軍中将）、橋本清之助、第二復員局残務処理部庶務課法務調査班の市来崎秀丸（元海軍中佐で豊田隈男の部下、後に海上自衛隊海将）、堀悌吉（元海軍中将、新海軍再建研究会顧問）、榎本重治（元海軍教授兼海軍書記官、新海軍再建研究会顧問）、山本善雄（元海軍少将、Y委員会主宰、新海軍再建研究会研究員）ら旧軍人が多数同席している。[71]実はこの懇談は、この旧軍人達が御膳立てして行われたと考えられる。

特に懇談準備の主導的立場にあったのが山本善雄だと考えられる。山本は一九五一年一〇月に吉田首相・岡崎官房長官の指示により設置された米国艦艇の日本への譲渡に関する官房長官私的委員会・Y委員会の主宰である。[72]海上警備隊誕生（五二年四月二六日）後、Y委員会がその活動を終えた後もたびたび岡崎外相とも面談しており、政府の上層部と話ができる立場にあった。山本は七月七日に原忠一と山梨勝之進に会い、山梨より戦犯釈放運動の説明を受け、今後外務省方面との連絡に当たるよう指示を受けている(73)。その後、岡崎、外務官僚、山梨と連絡を取り合い、先述した七月一一日の岡崎の巣鴨訪問を準備し、実現させている(74)。さらに七月二五日には、再び山梨から保利官房長官の巣鴨見舞につき外務省の意見をきくようにとの指示を受け、外務省に行きその同意を得ていた(75)。八月二日に山本は、日記に「官房長官が巣鴨に行かれる事決定。そのアレンジに忙しい」と綴っている(76)。その後、訪問の日程調整が上手くいかず、なかなか日程を決定しない官邸側に業を煮やした山本は、五日に官邸に出かけて長官の訪問を七日午後に決定させていた(77)。八月七日の保利訪問の背景には、山梨ら世話会と、山梨の指示を受けた山本の政府への働きかけがあったのである(78)。さらに、実は山梨は七月一日に「二復関係官」から戦犯赦免実現について協力を依頼されており、戦犯を支援し、世話会と協力していた復員局(法務調査部門)が山梨・山本の背後に存在していた(79)。

勿論、彼らは全面赦免勧告の政策過程において決定的な役割を担っていたわけでもないが、その政治工作が一定の影響を及ぼしていたとは言える。このことは旧軍人のある程度の政治力を示すとともに、山本などの当時の政治上の立場を考えると、戦犯釈放問題と再軍備問題には明らかな人的繋がりがあったことを示している。

再軍備問題と戦犯釈放問題の連関性については当時から意識されていた。再軍備を推進していた関係者が所内を出入りし、戦犯の釈放を叫ぶことに違和感を示していた戦犯は多かったと考えられる。例えば雑誌『世界』の一九五二年一〇月号には、ある戦犯(「私は貝になりたい」で有名な加藤哲太郎)による再軍備推進者への批判文、「私達は再軍備の引換え切符ではない―戦犯釈放運動の意味について」が掲載された。『読売新聞』の八月一七日朝刊に寄せられた投書・「政治的巣鴨慰問」においては、「各方面の人々が連日のように慰問にきてくれているが、この人達の中には最近私達を愛国者に祭り上げて『巣鴨を出たら再び祖国防衛に起ってくれ。祖国の防衛は愛国者のあなた方以外にはない』とあるに至っては、全く迷惑至極である」と、ある戦犯は怒りを顕わにしている。先に挙げた八月四日の記者会見の場でも、戦犯の釈放と再軍備を結びつけてもらっては困るとの意見が在所者から出ていた(80)。勿論これら投書等の指すところの人物が、保利訪問に立ち会った人物達であったかどうかは不明だが、戦犯達の自らの境遇と再軍備をめぐる違和感は、国会決議の成立の際に左派社会党や共産党の岩間が見せた危惧に通底するものがあった。

さて、保利・巣鴨代表者の懇談があった同日七日、木村法相、岡崎外相、保利内閣官房長官の間で、「平和条約第一一条の規定にもとづき全戦犯の全面特赦を関係各国に請願する」との方針が決められており、同日夕刻、岡崎外相が箱根小涌谷三井別邸の吉田首相を訪ね、了解を求めた(81)。

そして翌八月八日、閣議で全面赦免勧告をすることがついに決定した。ただしその方法は外相にて適当にやるのが賢明だということになった(82)。これを受けて外務省局長級は米、英、仏、蘭代表部に赴き、「口頭」を以て全面釈放に関する勧告を各国政府に伝達方申し入れた(83)。イギリスのデニング大使は、この時期に申し入れを行ったことは、英国政府を大いに面喰らわせることになるだろうと述べた(84)。オランダのテッペマ大使は申し込みに来た下田条約局長に、旧蘭印抑留者補償問題に対する日本政府の意向を早目に承知したしと述べている(85)。オランダは戦犯問題と補償問題を天秤にかけている節があった(86)。九日にはフランスのドジャン大使に対して、フランスについては既に勧告済みであるが好意的措置の促進を申し入れ(87)、豪州及びフィリピン代表部に対しては、三月以来の再度の内地送還を申し入れた(88)。

政府が全面赦免勧告を行ったことは当初秘密にされ、巣鴨の戦犯に対しては政府上層部の意を受けた世話会の原忠一、額田坦が一三日午後に巣鴨を訪れてこれを伝えた(89)。公には八月一五日の『朝日新聞』、『読売新聞』などが全面赦免勧告が行われたことを報道している。

政府が各国大使館に全面赦免勧告をした旨は、在外公館にも発信され、八月九日、岡崎外相は新木駐米大使に対し、「巣鴨入監中の戦犯受刑者に関する状況は、その後更に一段と深刻を加え来り、誠に憂慮すべき状況となったので、政府は、ＢＣ級戦犯の全面釈放要請を決意しそれぞれ在京使臣に申し入れをなすこととした(90)」と伝えている。

八月一四日、新木は岡崎外相に向けた外電で、上村公使に国務省ジョンソン極東次長と会見せしめた際の相手側の態度は、「日本が戦犯問題を政治的に取り上げることは米国として好ましくないと考えている、アメリカン・リージョンの会議が近くニューヨークで開催の予定であるが、ベテランの内には現実に日本兵より残酷な取扱を受けた経験を持つ者多く、ニューヨークの会合においても新聞方面と連絡して日本の戦犯取扱緩和に反対するような気配も見えるので、日本がこの際戦犯の全面釈放要求のような政治的取扱振りに出れば、米国内においてもこの問題が政治問題化し、本件の処理を困難とするのみならず日米関係に悪影響を与えることを憂慮している」[91]、というものだったと報告している。アメリカは日本側が事実上の政治的解決を図る動きに出たことを危惧していた。

そこで、二六日に、新木は全面釈放決意の経緯を再度確認したいとの旨を本省に打電している。これに対し岡崎は、「条約発効後は仮釈放も全然実現せず巣鴨の取扱いが日本側に移されて却って手きびしい印象すら一般に与えて居り在所者の著しい不満動揺（その後ハンストを行った例もあり）はもとより国会、婦人団体等に於ても全面赦免の決議或は署名運動等盛に行われ国民の一部に於ては政府の手緩い措置を非難する声もあり総選挙に備えて政治問題化しつつある状況に鑑みA級は兎も角として少なくともB・C級について全面赦免の交渉を関係各国に対し開始するに至った次第である」と二七日に返電している。[92] 政府を動かしたのは紛れもなく戦犯の声であり、釈放運動勢力によって起こされた国会での決議や、署名運動に表れた「国民の声」であったのである。

ここで岡崎は総選挙について触れているが、一九五三年明けに衆議院議員の任期が切れるので、間もなく総選挙が近いと言われていた。講和条約調印頃まで順風だった吉田政権であったが、一九五二年六月末には公職追放解除を受けた鳩山一郎が公然と吉田退陣を叫び出し、改進党、左右社会党の攻勢にも苦しみ出していた。七月三一日には大乱闘の末、第一三回国会が閉幕している。このような国内政局下で、戦犯問題という吉田政権にとっては優先順位の低い問題で、これ以上国民から失点を付けられることは避けたかったと考えられる。吉田政権にとっては、西側諸国に悪印象を与える可能性があるとはいえ、戦犯の全面赦免勧告は安い買い物だったのかもしれない。閣僚の大方が勧告に賛成していたことも大きいと考えられる。

ただ一方で、勧告を受けた相手国の反応はといえば、善処するとは言いつつ、日本側がこのような行動に出たことにやはり冷ややかであった。アメリカも先述の通り不満を口に出しているが、英国側でも大使館への日本の民間団体による戦犯裁判を否定したり、戦犯への補償を要求するような陳情も念頭に、「最近の日本側のやり方はかなり行き過ぎ」であるとの意見が出ていた(93)。

しかし、日本側の勧告が直ちに大きな外交問題になることはなく、岡崎が危惧していた全面赦免勧告によって仮釈放審査も動かなくなるという心配は殆ど杞憂に終わったと言ってよい。日本側の勧告を受けて八月一六日、米国務省スポークスマンは仮出所及び赦免を至急検討するとの声明を発表した(94)。日本はA級戦犯を含む全戦犯についても皇太子の立太子に際して同年一一月に全面赦免勧告を行っている。この後、日本政府はあくまで司法的解決にこだわるアメリカをはじめとする関係国との間で、約六年にわたる長い交渉を続けていくこととなる。

おわりに

戦犯・戦犯家族は講和条約による恩赦を望んだが、政府は講和条約交渉時も調印後も、戦犯問題について目立った積極的措置を取らないまま講和発効を迎えた。これに対して家族会、戦争受刑者世話会、復員官署法務調査部門などの釈放運動勢力は、署名運動を実施して「国民の声」を拾い、政府への圧力とした。国会では戦犯や世話会、笹川良一からの要望などもあって、自由党や大多数の野党の共同提案で政府に対する戦犯釈放のための努力促進決議が成立した。この決議には、吉田政権との対決姿勢を打ち出していた改進党をはじめとする野党の方が、自由党と比較して積極的姿勢を見せていた。

一方、吉田政権・外務省は、関係国との関係を重視し、決議成立後も先ず仮釈放勧告の進展を見守るという釈放漸進論の姿勢であった。この消極的態度を動かし、全面赦免（一般赦免）勧告を行わせるべく、巣鴨の戦犯や日弁連、世話会などは意見書等を提起し、関係閣僚や幹部官僚に粘り強く働きかけ、また国会議員をして国会の場で外相の外交姿勢を質すなど、精力的に政治工作を行った。こうした工作が功を奏し、法務省や外務官僚一部の全面赦免勧告支持を取り付けること等に成功した。また当時再軍備の議論に加わっていた山本善雄が、山梨勝之進世話会理事の依頼を受けて、随所で政府上層部に対して政治工作を行っていた事実は見逃せないことであろう。特に保利の巣鴨訪問を実現させ、その場で赦免勧告実施を約させたことは大きかった。

このような釈放運動勢力の攻勢と「国民の声」に抗しきれなくなった吉田政権は、近く実施される予定であった総選挙への影響も考えて、一九五二年八月に全面赦免勧告をし、事実上の政治解決に舵を切った。釈放漸進論が釈放急進論に押し切られた形となり、この一九五二年夏の戦犯釈放運動は、確かに日本政府の外交姿勢を動かす大きな政治要因となったのである。

ところで、本稿全体からは吉田茂首相が戦犯問題をどのように考えていたのかが少し見えにくい。これは講和条約調印以降、吉田が戦犯問題について公言したことや、吉田の見解が読み取れる史資料が皆無であるからである。岡崎と同様に、外務官僚出身で、占領期からGHQ・連合国と折衝する立場にあった吉田も、連合国側の戦争犯罪に対する姿勢を理解していたので急進的政治解決には与しない立場であったと考えられる。ただ、八月七日の保利官房長官の巣鴨訪問は吉田の指示とされており、全面赦免勧告の決定も閣議でなされているので、吉田も講和発効後の急速な釈放急進論の台頭に、なんらかの反応を示す必要を感じていたのではないかと考えられる。

岡崎が新木に全面赦免勧告に至るまでの経緯を説明した外電を送った二七日の翌二八日に、吉田は保利を含む側近との相談の上、会期一五〇日の予定であった第一四回国会の僅か三日目で、選挙準備の整わない野党と自由党鳩山派の不意を突く形で衆議院を「抜き打ち解散」した。その後一〇月一日に総選挙となり、自由党は過半数を上回ったが議席を減らした。その選挙後の一一月二四日の施政演説で、吉田は「戦争犯罪により受刑中の者に対しましては、そのすみやかなる釈放措置が広く一般国民より熱烈に要望されておるところでありまするが、幸い仮出所につき、関係国の好意により漸次好転しつつありまして、政府においては、今後もこれが解決のため一層の努力をいたす所存であります」[95]と、初めて彼自身の口から戦犯問題解決の抱負を語った。吉田も「国民の声」に応えようと努力する姿勢を見せたのである。

この後、日本政府は、戦犯を救済するために、不十分な理由による個別赦免勧告を連発していく。それは、ポツダム宣言受諾以来、日本政府に課された戦犯裁判実施への協力義務と、講和条約で規定された「裁判の受諾」と刑の執行義務を、日本政府が「是正」しはじめたことを意味していた。

しかし、吉田政権は全面赦免勧告という政治的解決を一応採ったが、それがすぐに戦犯問題の急速な解決には結びつかなかった。吉田にとって戦犯問題はやはり優先順位の高い政治課題ではなく、日暮氏の言うように、全面赦免勧告は高まった世論に応答するための国内向けのデモンストレーションの感があった。その後も、吉田政権は関係国を硬化させることに繋がる強硬な外交姿勢はとらず、また国内の政局が安定しなくなったことが問題解決の妨げになった。戦犯問題が徐々に動き出すのは、アメリカなどの関係国の対日政策の変化、中ソの平和攻勢による国際関係の変化と、世話会理事でもあり吉田と比較して戦犯問題に関心が高かった重光葵や岸信介が外相・首相の地位に就いた国内的要因による。一九五二年の全面赦免勧告から一九五八年の戦犯問題の解決に至るまでの経過は、また別稿において論じたい。

注

（1）戦犯裁判終結後から講和条約発効までの戦犯問題の経過を扱った研究は、日暮吉延『戦犯釈放の政治過程と戦後外交』（文部科学省科学研究費補助金研究成果報告書、二〇〇四年）が、スガモプリズン解消までの経過を扱ったものは内海愛子「平和条約と戦犯の釈放」（『年報日本現代史』五号、一九九九年）、同『スガモプリズン：戦犯たちの平和運動』（吉川弘文館、二〇〇四年）、林博史『ＢＣ級戦犯裁判』（岩波新書、二〇〇五年）、日暮吉延『東京裁判』（講談社、二〇〇八年）などがある。また永井均『フィリピンと対日戦犯裁判：一九四五―一九五三年』（岩波書店、二〇一〇年）、同『フィリピンＢＣ級戦犯裁判』（講談社、二〇一三年）はフィリピン戦犯の釈放過程も詳細に分析しており、その中で日本国内での戦犯釈放運動についても言及している。また『戦争責任研究』七八号（二〇一二年）の「スガモ特集」に寄せられた佐治暁人「白蓮社と戦犯問題」は戦犯を支援し釈放運動を担っていた宗教法人白蓮社について、本庄十喜「スガモの平和運動と塀のまなざし」は旧スガモプリズン内の平和運動及び朝鮮人・台湾人ＢＣ級戦犯の補償運動を、内海愛子「スガモプリズン―占領下の「異空間」」は占領期からのスガモプリズンの管理形式・戦犯の法的位置づけの経過等についてそれぞれ分析している。また佐治暁人「対日講和条約直後における戦犯釈放問題」（同時代史学会編『日中韓ナショナリズムの同時代史』日本経済評論社、二〇〇六年）は、平和条約第一一条による勧告の背景にあった日本側の戦犯裁判の妥当性、量刑の妥当性、戦争責任に対する理解を分析し、講和発効後の日本の釈放政策を考察している。

（2）日暮吉延『東京裁判』（講談社、二〇〇八年）。

（3）本稿で頻繁に用いる「戦犯釈放運動勢力」とは、戦犯釈放運動の中核を担っていた巣鴨刑務所の戦犯（ＢＣ級戦犯によって一九五二年七月一日に刑務所内に設立された釈放委員会）、戦犯家族（家族会）、日本弁護士連合会、戦争受刑者世話会、笹川良一、官の側で特に戦犯の支援を積極的に行っていた復員官署法務調査部門を主に指す。
　復員官署法務調査部門とは、占領期から実質的に戦犯・戦犯家族（家族会）の支援を行っていた旧陸軍・海軍を引き継ぐ復員局の一部署である。この部署は旧陸軍系と旧海軍系とに分かれ、組織が存続した一九四六年から一九五八年までの間、組織の正式名称は変化していた。一九五二年五月現在の法務調査部門の正式部署名は、旧陸軍系の「厚生省引揚援護庁復員局法務調査課」（課長・井上忠男元陸軍中佐）と、旧海軍系の「厚生省引揚援護庁復員局第二復員局残務処理部庶務課法務調査班」（班長・豊田隈雄元海軍大佐）である。この法務調査部門については、以下の研究がある。北博昭「戦争裁判事務機関　草創期の法務調査部」『日本歴史』四八三号、一九八八年八月、大江洋代・金田敏昌「国立公文書館所蔵「戦争犯罪裁判関係資料」の形成過程とBC級戦争裁判研究の可能性」『歴史学研究』九三〇号、二〇一五年四月、拙稿「愛の運動戦犯受刑者助命減刑内還嘆願署名運動―戦犯釈放運動の実態についての一考察」『同時代史研究』第八号、二〇一五年一二月。「復員官署法務調査部門」という名称は、大江洋代・金田敏昌が当該の論文にて初めて用いた研究史上の呼称である。

戦争受刑者世話会は、戦犯の釈放やその援護をうたって一九五二年五月一〇日に結成された団体で、元A級戦犯容疑者の藤原銀次郎（東條内閣国務相）や岸信介が設立した。設立にあたっては復員官署法務調査部門の支援を受け、その後の活動も法務調査部門と足並みを揃えた非常に深い協力関係下にあった。

世話会の理事

①設立当時の理事（一九五二年五月現在）

設立の中心となった常務理事　藤原銀次郎、鮎川義介、井野碩哉、岸信介、石原廣一郎、村田省蔵、郷古潔、正力松太郎

常務理事　稲田正純、入間野武雄、飯野浩次、岩村通世、橋本清之助、原忠一、額田坦、沼田多稼蔵、武井大助、永野護、山本丑之助、福留繁、有田八郎、本永実一

理事　石川一郎、一万田尚登、今村ヒサ、西尾寿造、及川古志郎、岡村寧次、緒方竹虎、高石真五郎、宇垣一成、野村吉三郎、安井誠一郎、山梨勝之進、松坂廣政、藤山愛一郎、小林躋造、後藤文夫、阿部信行、青木一男、斎藤惣一、佐藤喜一郎、清瀬一郎、重光葵、下村宏、杉道助

②設立後加入の理事

中村元督、五島慶太、三好英之、広瀬久忠、永野重雄、渡辺義介、河田重、沢田廉三、池田勇人、松野鶴平、竹山祐太郎、河辺正三、今村均（今村ヒサと交代で加入）

出典：「戦争受刑者世話会第一―第五回業務報告並に会計報告」『鮎川義介関係文書』憲政資料室所蔵。

世話会の理事は全部で五九名（設立時四六名）、そのうち元「戦犯」は二五名（起訴者、拘禁者、指定者すべて含む）で、約半数が連合国による「迫害」の辛酸を舐めた者達であった。

また戦犯・戦犯家族への経済支援を行うということで財界人からの参加者も多い。一方、実際の政治への影響力を計るという意味で指標と言える国会議員の数であるが、設立時の理事で国会議員であった者は〇人である（設立時の理事で後に国会議員に就任した者は一六名）。これはこの理事達の多くが、占領期に公職追放されていたが故である。そのこともあって吉田自由党からの参加者が結成時においてはおらず、どちらかというと弱体化しつつあった吉田政権を倒すことを標榜していた者や、政界再編を謳う論者、具体的に言えば重光葵や岸信介周辺の者が世話会の中心であった。特に岸が中心となって設立された日本再建連盟からの加入が多く、三好英之、重光葵、岸信介、井野碩哉、正力松太郎、藤山愛一郎、小林躋造、高石真五郎、沢田廉三、野村吉三郎、清瀬一郎は四月一九日に発会式を迎えたばかりであった日本再建連盟のメンバーでもあった（岸信介『岸信介回顧録』広済堂出版、一九八三年、六三頁）。緒方竹虎のように、後に吉田総裁の自由党から議員になった者もおり、岸も後に自由党から初当選している。しかし、総じて占領下で行われた連合国・GHQの施策（特に初期の）に反発心を感じ、なおかつ吉田から距離をとる、またはその打倒を叫ぶ保守陣営の者たちが多かったのが世話会の特徴である。

また一方で、一九五〇年の朝鮮戦争勃発後から進められていた政府内の再軍備の議論に加わっていた旧軍人メンバーも多い。特に山梨勝之進元海軍大将などは吉田の信を得ており、政府上層部と独自に対話できるパイプを持っていたと考えられ、その人的繋がりは後述するように、戦犯の全面赦免勧告に至る道程においても活きてくることになる。

（4）日暮吉延氏も日本の関係者たちが「勧告権限」に突破口を見出していたことを指摘しているが、本稿では当時関係者の間で意識されていた仮釈放勧告と赦免勧告の違いと、全面赦免勧告をめぐる国内の攻防に注目しながら分析を進める

(前掲日暮『東京裁判』三四七―三四八頁)。

(5) 前掲佐治「対日講和条約直後における戦犯釈放問題」にこの問題に関する説明がある。

(6) ただし、フランスに対しては後述するように一九五二年七月に特別に行っている。

(7) 前掲佐治「対日講和条約直後における戦犯釈放問題」。佐治氏の言う「妥当性」の「是正」とは、「戦犯裁判の妥当性」についてはそもそも戦犯裁判が正当な国際法の根拠を有する有効な裁判であったのかという疑義と、「量刑の妥当性」については各々の裁判審理における証拠の不十分さ、明らかに被告側にとって不利な審議のあり方、他の裁判に比しても著しく不均衡な判決・科刑があったのではないのかという疑義から発する裁判結果に対する修正志向を指すものと考えられる。

(8) また本稿は、前掲拙稿「愛の運動戦犯受刑者助命減刑内還嘆願署名運動」において不十分な分析で終わった、戦犯釈放署名運動・愛の運動の政治的影響力について考察することも狙いの一つである。

(9) サンフランシスコ講和条約の研究については、細谷千博『サンフランシスコ講和への道』(中央公論社、一九八四年)、渡辺昭夫・宮里政玄編『サンフランシスコ講和』(東京大学出版会、一九八六年)、五十嵐武士『対日講和と冷戦：戦後日米関係の形成』(東京大学出版会、一九八六年)、三浦陽一『吉田茂とサンフランシスコ講和　上巻・下巻』(大月書店、一九九六年)、外務省編纂『日本外交文書：平和条約の締結に関する調書．第一冊―第五冊』(外務省、二〇〇二年)などがある。細谷氏などの研究で米英交渉において英側が戦争犯罪人の刑期を守らせることを米側に打診していたこと等が言及されているが、戦犯の処置や条約第一一条の狙いについて詳細な検討は為されていない。

(10) 前掲日暮『東京裁判』三三二―三四八頁。

(11) 前掲日暮『東京裁判』三四三頁。

(12) 法務府は一九五二年八月一日の機構改革により法務省に、内局の矯正保護局は矯正局と保護局に分割され、中央更生保護委員会は中央更生保護審査会となった。

(13) 前掲内海『スガモプリズン』一一九頁の図を参照した。『第十三回国会衆議院法務委員会議事録第三一号』昭和二七年四月一二日が大元の出典である。

(14)豊田隈雄『戦争裁判余録』(泰生社、一九八六年)四〇八頁。
(15)『読売新聞』一九五二年三月一四日朝刊。
(16)『朝日新聞』一九五二年四月三〇日夕刊。『さきがけ』二六号、一九五二年五月一五日。
(17)『第十三回国会海外同胞引揚及び遺家族援護に関する調査特別委員会議事録第一五号』昭和二七年五月二七日。
(18)戦犯釈放問題とフィリピン賠償問題の連関性については、前掲永井『フィリピンと対日戦犯裁判』、同『フィリピンBC級戦犯裁判』に詳しい。
(19)『読売新聞』一九五二年四月一〇日朝刊。
(20)川上悍「巣鴨プリズン報告書」『文芸春秋』一九五五年二月号。
(21)これら組織の概要については本稿脚注(3)を参照されたい。
(22)前掲拙稿「愛の運動戦犯受刑者助命減刑内還嘆願署名運動」を参照されたい。
(23)『福島民報』一九五二年六月一四日。『熊本日日新聞』一九五二年六月一五日。『長崎民友』一九五二年六月一七日。日本遺族厚生連盟は六月一〇日に理事会を、一一日に評議会を開き、「戦犯処刑者の遺族を遺族会に入れること」、「戦犯処刑者、学徒、国民義勇隊員の霊を出来得れば靖国神社に、少くとも各地方の護国神社に祭るよう努力すること」を決定したという(『日本遺族通信』三七号、昭和二七年七月一日)。
(24)佐藤誠三郎『笹川良一研究』(中央公論社、一九九八年)二六四—二六五頁。伊藤隆『評伝笹川良一』(中央公論新社、二〇一一年)二五一—二五二頁。
(25)例えば、五月二三日に巣鴨在所の戦犯が、国会へ戦犯即時釈放決議の要望をしたとの報道がされている(『佐賀新聞』一九五二年五月二六日)。また世話会に関しては、一九五三年五月に纏められた世話会の年次報告、「事業報告並に会計報告(戦争受刑者世話会第一回業務報告)」(『鮎川義介関係文書』憲政資料室所蔵)に拠れば、「服役者の赦免促進に関し衆参両院議長に陳情し又両院法務委員会に歎願し、昨年二回に亘り、両院の釈放促進決議を見るに至った」とされている。地方自治体も国会に陳情書を提出していた(『新潟日報』一九五二年六月六日)。
(26)『神戸新聞』一九五二年六月六日。『佐賀新聞』一九五二年六月六日。『南日本新聞』一九五二年六月六日。当時巣鴨

在所戦犯であった加藤哲太郎は、噂で与党は最初極力この決議案を上程させない方針だったが、骨抜きの決議として譲歩し、可決させたと聞いていた。加藤は与党が「大勢を察知した故」であったと分析している（加藤哲太郎「私達は再軍備の引換え切符ではない」『私は貝になりたい』春秋社、二〇〇五年）。

(27)『高知新聞』一九五二年六月六日朝刊。この左派社会党の声明についての報道は、管見の限り全国紙ではされていなかった。『高知新聞』の報道を資料として記載することに批判はあるであろうが、当時の時代雰囲気を示すものとして挙げる。

(28)『朝日新聞』一九五二年六月六日朝刊。『読売新聞』一九五二年六月六日朝刊。

(29) この決議は政府への要請の決議であるが、参議院は六月二六日に、佐藤尚武議長から関係国の上院議長に宛てて次のような手紙を出している。この関係国とは米国、英国、カナダ、フランス、インド、ニュージーランド、フィリピン、濠州、オランダである。手紙は「本月九日参議院は戦犯在所者の釈放等に関する決議を可決いたしました。関係諸国の同情ある理解に依り、出来る限り早急に本決議案の趣旨が実現されることを心から念願いたします。就いては、右決議を送付致します。これが実現方につき格別の御配慮と御援助を賜われば本院議員は云ふに及ばず、同胞一同等しく感謝する所で御座居ます」という内容であった。決議は直接的に関係国に戦犯釈放を要請するといった内容ではなかったが、関係国に対する暗黙の要望を含んでいたとみるのが妥当である（『第十三回国会参議院法務委員議事録会議事録第六四号』昭和二七年七月三〇日）。

(30)『朝日新聞』一九五二年六月一一日夕刊。『読売新聞』一九五二年六月一一日夕刊。

(31) 日弁連には戦犯裁判で弁護人を務めた者が所属しており、林逸郎をはじめとする弁護人の活躍については、清永聡『戦犯を救え　BC級「横浜裁判」秘録』（新潮社、二〇一五年）に詳しい。

(32)『朝日新聞』一九五二年六月七日朝刊。『読売新聞』一九五二年六月七日朝刊。両紙記事中に記載されている「戦犯世話会」は、戦争受刑者世話会を指すものと考えられる。

(33)『愛の光』第三七号、昭和二七年七月一日。

(34)『秋田魁新報』一九五二年六月一七日朝刊。『山形新聞』一九五二年六月一七日朝刊。『福島民報』一九五二年六月一七日。『熊本日日新聞』一九五二年六月一七日。

(35) 豊田隈雄（一九〇一・一二・一三〜一九九五・二・二三）は元海軍軍人。大分県生まれ。海軍兵学校51期（一九二三年一二月卒）。敗戦時の階級は大佐。少尉（一九二四年）、中尉（一九二六年）、大尉（一九二八年）、少佐（一九三五年）、海大卒（一九三六年）、航空本部総務部員（一九三七年）、兼軍務局一課局員（一九三七年）、第一連空参謀（一九三八年）、人事局一課局員（一九三八年）、中佐・ドイツ大使館付武官補任官（一九四〇年）、大佐（一九四四年）、米国経由で帰国・予備役（一九四五年）。その後、第二復員省勤務（一九四六年）、総理庁第二復員局調査部長（一九四七年）、厚生省復員局第二復員局残務処理部法務調査課長（一九四八年）、厚生省引揚援護庁復員局第二復員局残務処理部庶務課法務調査班長（一九四九年）、厚生省を退官（一九五五年）。法務省大臣官房司法法制調査部参与（一九五五〜七三年）。日独協会事務局長（一九七四〜八三年）（以上秦郁彦編『日本陸海軍総合事典第二版』東京大学出版会、二〇〇五年、に拠る。ただし、正式組織名称に誤認等があったため、一部筆者が訂正している）。

一九五二年当時は、豊田は戦犯釈放のために部下の市来崎秀丸（元海軍中佐）などとともに奔走していた。またY委員会委員補佐でもあり、上司格の二復庶務課長・長沢浩（元海軍大佐）、二復部長・初見盈五郎（元海軍大佐）などとともに、当時第二復員局残務処理部内で進められていた再軍備議論にも加わっていた（大岳秀夫編・解説『戦後日本防衛問題資料集』第二巻、三一書房、一九九二年、五四一頁参照）。

(36) 「所謂「戦犯」の釈放、減刑等に対する一般勧告の重要緊急性についての意見」『戦犯事務資料（昭二七年）その八』国立公文書館所蔵、［請求番号］本館–4B–023–00・平11法務06342100。「所謂「戦犯」の釈放、減刑等に対する一般勧告の重要緊急性についての意見」『講和条約発効後における本邦人戦犯取扱関係雑件』第一巻、外務省外交史料館所蔵、D'1.3.0.3。

(37) 日弁連『自由と正義』vol 3 No 7、一九五二年七月。『読売新聞』一九五二年六月二二日朝刊。

(38) 「外務省、法務府、巣鴨服役者懇談会覚」『受刑者世話会・戦争受刑者世話会関係綴』国立公文書館所蔵、［請求番号］本館–4B–024–00・平11法務07314100。

(39) 「速報　第二号」『速報綴・釈放委員会』国立公文書館所蔵、［請求番号］本館–4B–021–00・平11法務01854100。

(40) 「週報 No3」(茶園義男編『日本占領スガモプリズン資料一(全定期発刊紙 上)』日本図書センター、一九九二年)。
(41) 『読売新聞』一九五二年七月八日夕刊に拠る。ただし、七月一一日に巣鴨に来所した岡崎は、巣鴨側に閣議における戦犯問題の取り決めについて尋ねられた際、「度々閣議で話は出ているが、取り決めなどということはしていない」と述べている(前掲「私達は再軍備の引換え切符ではない」)。だが取り決めというほどの決定は無かったにせよ、申し合わせがあったのは確かであろうと考えられる。閣内において戦犯問題が話題になっていたことは、後述する八月七日の保利の話にも出ている。
(42) 『愛の光』第三八号、昭和二七年八月一日。「個人としては!! 法務総裁との一問一答」前掲茶園『日本占領スガモプリズン資料一』。
(43) 前掲「私達は再軍備の引換え切符ではない」、前掲「個人としては!! 法務総裁との一問一答」。「引換え切符ではない」と「一問一答」では懇談上の文言が少し違うが、ほぼ同じ内容である。ここでは「一問一答」から引用した。
(44) 畑俊六著、小見山登編著『元帥畑俊六獄中獄外の日誌 前篇(巣鴨日記)』(日本人道主義協会、一九九二年)一九五二年七月一〇日の記述に拠る。
(45) 『朝日新聞』一九五二年七月一一日夕刊。『読売新聞』一九五二年七月一一日夕刊。
(46) 『愛の光』第三八号、昭和二七年八月一日。『毎日新聞』一九五二年七月一一日夕刊。この岡崎訪問には世話会の井野のほか、原忠一、山梨勝之進、それに榎本重治と山本善雄らも随行している(「山本善雄日記」一九五二年七月一一日条、防衛研究所戦史研究センター所蔵)。
(47) 『愛の光』第三八号、昭和二七年八月一日。
(48) 前掲「私達は再軍備の引換え切符ではない」。
(49) 前掲『元帥畑俊六獄中獄外の日誌 前篇』一九五二年七月一一日の記述に拠る。
(50) 前掲「私達は再軍備の引換え切符ではない」。ただ岡崎もかなり甘い情勢認識を持っていたようで、この時、戦犯問題は今年中にある程度の形がつくと思うと述べたそうである。

(51)『朝日新聞』一九五二年七月一八日夕刊。
(52)ただし、六月末に平和条約により日本国籍を完全に消失した台湾、朝鮮人戦犯の三〇名については、特別に赦免勧告を行っている。
(53)『読売新聞』一九五二年七月一五日夕刊。
(54)「週報 No4」前掲茶園『日本占領スガモプリズン資料一』。
(55)「速報 第二号」前掲『速報綴・釈放委員会』。
(56)「速報 第二号」、「速報 第十八号」前掲『速報綴・釈放委員会』。『毎日新聞』一九五二年七月三一日朝刊。
(57)「速報 第二号」前掲『速報綴・釈放委員会』。
(58)「週報 No4」前掲茶園『日本占領スガモプリズン資料一』。
(59)「速報 第十八号」前掲『速報綴・釈放委員会』。
(60)『第十三回国会参議院外務・法務連合委員会議事録第六号』昭和二十七年七月三十一日。
(61)前掲「山本善雄日記」一九五二年八月四日条。「速報 第二十一号」前掲『速報綴・釈放委員会』。
(62)「外務省及び戦犯者代表懇談要旨(二七、八、四 於巣鴨)」寺脇隆夫編『戦後創設期/社会福祉制度・援護制度史資料集成 マイクロフィルム版木村忠二郎文書資料 第一期』(柏書房、二〇一〇年)、リール三二コマ番号四五五―四五七。前掲「速報 第二十一号」にもこの時の懇談要旨が記載されているが、巣鴨側は懇談内容を記録していなかったため、「速報」の懇談要旨が不確かなものであった(「速報 第二十一号」で編集側もこれを認めている)。そのためここでは、当時引揚援護庁長官であった木村忠二郎のもとに残っていたこの時の懇談資料に依拠した。
(63)前掲「外務省及び戦犯者代表懇談要旨(二七、八、四 於巣鴨)」。外務省側は「但し相手国は個別審査を立前として居るようである」とし、そのため全面赦免が不可能な場合に備えて、個別審査の準備を行っていることも合わせて巣鴨側に伝えている。
(64)『朝日新聞』一九五二年八月五日朝刊。『毎日新聞』一九五二年八月五日朝刊。『読売新聞』一九五二年八月五日朝刊。
(65)「速報 第二十二号」前掲『速報綴・釈放委員会』。

(66)「昭和二七年八月五日　戦犯仮出所促進の件」前掲『講和条約発効後における本邦人戦犯取扱関係雑件』第一巻。
(67)「保利内閣官房長官と巣鴨服役者懇談要旨」前掲『戦犯事務資料（昭二七年）その八』。『愛の光』第三九号、昭和二七年九月一日。『朝日新聞』一九五二年八月八日朝刊。『毎日新聞』一九五二年八月八日朝刊。
(68)「速報　第二十三号」前掲『速報綴・釈放委員会』。「週報　No６」（前掲茶園『日本占領スガモプリズン資料一』）にも大体この旨が記載されている。
(69)前掲「速報　第二十三号」。前掲「週報　No６」にも大体この旨が記載されている。
(70)前掲「速報　第二十三号」。前掲「週報　No６」にも大体この旨が記載されている。
(71)前掲「保利内閣官房長官と巣鴨服役者懇談要旨」。前掲『愛の光』第三九号。
(72)前掲『戦後日本防衛問題資料集』第二巻、五二四—五二九頁の解説を参照。
(73)前掲「山本善雄日記」一九五二年七月七日条。
(74)前掲「山本善雄日記」一九五二年七月八日、九日、一〇日の記述を参照。
(75)前掲「山本善雄日記」一九五二年七月二五日条。
(76)前掲「山本善雄日記」一九五二年八月二日条。
(77)前掲「山本善雄日記」一九五二年八月五日条。
(78)『読売新聞』一九五二年八月七日夕刊に拠れば、保利の訪問は「世話人会（会長藤原銀次郎氏）の要請」によるものだったとされている。山本は世話会のメンバーではなかったが、岡崎・保利の巣鴨訪問以降、たびたび世話会の理事会や会合にオブザーバーとして参加している（前掲「山本善雄日記」一九五二年九月九日、一〇月八日、一〇月二三日の記述を参照）。保利訪問はおそらく世話会で訪問の話が構想され、政府上層部と話ができる山梨がその任を引き受け、山本にも協力を求め実現したという経緯だったと考えられる。
(79)『戦争裁判関係事項年表（案）（戦争裁判の記録（仮称）附表）』（防衛研究所戦史研究センター所蔵、「請求番号」中央—終戦処理九一一）の昭和二七年七月一日の記述に拠る。この『年表』は、一九六四年（昭和三九年）に法務省大臣官房司法法制調査部が作成したと考えられる史料である。作成者は調査部参与であった井上忠男、豊田隈雄らと考えられ、『戦犯釈放史要』など戦犯裁判史に関する司法法制調査部作成物の土台になったものと推察される。

この『年表』によると、二復はこの時期、五月二三日に高松宮、五月二八日に重光葵とも戦犯問題について懇談しており、水面下で戦犯釈放のための政治環境の整備を進めていたと考えられる。なお「二復関係官」とはおそらく法務調査班の豊田隈雄、もしくは豊田の部下である市来崎秀丸ではないかと筆者は推察している。

(80)『朝日新聞』一九五二年八月五日朝刊。

(81)『朝日新聞』一九五二年八月八日朝刊。『読売新聞』一九五二年八月八日朝刊。

(82)「速報　第二十五号」前掲『速報綴・釈放委員会』。

(83)「法務月報　第一号」『受刑者世話会・法務調査関係（その一）（昭和二七～三三年）』国立公文書館所蔵、［請求番号］本館–4B–024–00・平11法務07300100。「第二七九号　英国関係戦犯の赦免申入の件」『講和条約発効後における本邦人戦犯取扱関係雑件　各国の態度並びに措置関係　英連邦諸国の部　英国』第一巻、外務省外交史料館所蔵、D'1.3.0.3–1–2–1。「口頭」で勧告したのは、関係国をできるだけ刺激させないようにするための外務省の配慮であるとともに、反応を窺うためであったと考えられる。

(84)「英国関係戦犯の赦免申入の件」前掲『講和条約発効後における本邦人戦犯取扱関係雑件　各国の態度並びに措置関係　英連邦諸国の部　英国』第一巻。

(85)「BC級戦犯一般赦免に関する件」『講和条約発効後における本邦人戦犯取扱関係雑件　各国の態度並びに措置関係　オランダの部』第一巻、外務省外交史料館所蔵、D'1.3.0.3–1–2–1。

(86)オランダは戦犯問題と補償問題を密接に関連付けて処理しようとしていたが、この点については前掲内海「平和条約と戦犯の釈放」に詳しい。

(87)「昭和二七年八月九日　B、C級戦犯赦免の件」前掲『講和条約発効後における本邦人戦犯取扱関係雑件』第一巻。

(88)前掲「法務月報　第一号」。戦犯を内地送還していなかった両国に対しては、内地送還をしてはじめて赦免勧告ができるという解釈から、先ずは内地送還を申し込んだ（『読売新聞』一九五二年八月一一日朝刊、木村法相の説明）。

(89)前掲「速報　第二十五号」、「速報　第二十六号」前掲『速報綴・釈放委員会』。八月一三日の各紙朝刊が、政府が赦

免勧告を見送ったという誤報を出し、巣鴨所内は騒然とした雰囲気となっていた。世話会の原と額田は、この日正午に外務・法務の関係官及び山本善雄とともに会食を行っており、その後、原と額田が午後に巣鴨を訪問し、赦免勧告がなされたことを巣鴨の戦犯に伝えることに決まった。原の一喝により所内の騒ぎは収まったという（前掲「山本善雄日記」一九五二年八月一三日、一四日の記述に拠る）。

(90)「昭和二七年八月九日　B・C級戦犯の釈放に関する件」前掲『講和条約発効後における本邦人戦犯取扱関係雑件』第一巻。

(91)「昭和二七年八月十四日　戦犯仮出所促進に関する件」前掲『講和条約発効後における本邦人戦犯取扱関係雑件』第一巻。

(92)「昭和二七年八月二七日　BC級戦犯全面釈放に関する件」前掲『講和条約発効後における本邦人戦犯取扱関係雑件』第一巻。

(93)「戦犯問題に関する件」前掲『講和条約発効後における本邦人戦犯取扱関係雑件　各国の態度並びに措置関係　英連邦諸国の部　英国』第一巻。

(94)『読売新聞』一九五二年八月一七日夕刊。この後、米国政府は日本人戦犯減刑保釈委員会を設置する。

(95)『第十五回国会本会議議事録第五号』昭和二十七年十一月二十四日。

〔付記〕本稿は二〇一五年度科学研究費補助金（特別研究員奨励費）による研究成果の一部である。

原稿募集

『年報日本現代史』第22号（二〇一七年五月刊行予定）の原稿を募集します。

応募資格は問いません。

内容は日本現代史にかかわる論文で、四〇〇字七〇枚以内（図表・注を含む）。

応募者は一一月三〇日までに完成原稿をお送りください。編集委員による審査を行い、その後に結果をお知らせします。なお、審査の結果、研究ノートとして採用する場合もあります。

ワープロ原稿は、原則としてＡ４判、四〇字×四〇行を一枚とし、プリントアウトした原稿を一部とＣＤなどを左記までお送りください。

採否にかかわらず、原稿は返却しません。ご了承ください。

原稿送り先

〒171-0021　東京都豊島区西池袋2-36-11

株式会社　現代史料出版内

「年報日本現代史」編集委員会

『年報日本現代史』執筆規定

1. **原稿の種類**　論文・研究ノート、及び編集委員が特に執筆を依頼したもの。

2. **原稿枚数**　論文四〇〇字七〇枚程度、研究ノート四〇〇字五〇枚程度、その他は編集委員の依頼による。

3. **原稿提出**　原稿は、完全原稿を提出する。ワープロ原稿は、Ａ４判、四〇字×四〇行を一枚とし、プリントアウトしたもの一部とＣＤなどを提出する。
注は全体での通し番号とし、文末に一括する。
図版・写真などを転載する場合は、執筆者が許可を得ることとする。

4. **論文審査**　編集委員による審査を行い、場合によっては、訂正・加筆を求めることがある。

5. **校正について**　執筆者校正は原則として二回までとする。

編集後記

▼本年五月、立教大院生の中村陵君と私と二人の共編で『総力戦研究所関係資料集』の第一集を刊行した（全九巻、二〇一八年完結予定）。本資料は国際検察局の証拠用資料の各所に所蔵されている第一次資料を収集、編集したもので、日本の総力戦体制構想の特長と挫折を分析するうえで、今後とも中核となる資料であると確信している。中村君の頑張りがあったので、刊行にこぎつけた。

悲しいニュースは、日本の新聞でも報道された中国の歴史家、保平さんの訃報だ。保平さんが日中関係の近現代史研究の第一人者であり、多くの日本人研究者が中国に行って、彼のお世話になった。心から哀悼の意を表します。（粟屋憲太郎）

▼史学系の大学院博士後期課程の院生が、減少し続けている。数年前から進行している事態で、一九九二年に比較して約七割という数字が出ている。一方で、戦後歴史学を支えてきた大家の先生方が、大学を定年で退職されている。こうしたことから、最近、学問の継承に関して、強い危機感を覚えている。研究者が厳しい就職状況や不安定な就労契約のもとに置かれてしまうようになった現状では、才能ある院生が後期課程まで進学することに二の足を踏むのは当然だ。しかし、歴史学の訓練を受けた日本近現代史の研究者が、現在の社会において果たす役割は大きいし、今後はますます必要とされるであろう。研究者の育成に対して、組織的な対策が必要であるが、個人でできることも考えていきたい。（安達宏昭）

▼去る八月三日、北朝鮮の発射した弾道ミサイルが秋田県沖の排他的経済水域内に落下した。移動式発射機から発射されたため、政府は事前に兆候を掴めず全く対応できなかった。さらに同月二四日には、潜水艦からのミサイル発射に「成功」したことが確認された。安倍首相は「いかなる事態にも万全の態勢で臨む」と繰り返すが、これだけ北朝鮮のミサイルの脅威が切迫しているにもかかわらず、なぜか原発の再稼働を推し進めている。「いかなる事態」の中には、原発へのミサイル攻撃という「事態」は想定されていないのであろうか。憲法改正で緊急事態条項の導入が論じられているが、ミサイルによる原発破壊という未曽有の「緊急事態」への対応は皆無である。支離滅裂と言う以外にない。（豊下楢彦）

▼私の勤務先では、秋になると、学部一年生がゼミを選ぶための研究室訪問を始め、ゼミの内容を質問しに来る。その際に、日本現代史の魅力や可能な研究テーマなどについて話をするが、これがなかなか難しい。現代史研究の一つの魅力は、現状の諸問題との緊張関係（あるいは直接的連続性）にあると思うが、戦後七〇年以上経過した現在、学生にとって、たとえば高度経済成長という出来事は、現状から遠く離れた歴史に感じられるようだ。時代のスピード感が増すなかで、世代による現代史の捉え方に関するギャップは益々大きくなっているのではないか。二一世紀の現状との緊張関係が感じられる現代史研究が、今改めて求められているように思われる。（沼尻晃伸）

東京裁判開廷七〇年
年報・日本現代史　第21号　2016

2016年９月30日　第１刷発行

編　者　「年報日本現代史」編集委員会

発行者　赤川博昭
宮本文明

発行所　株式会社 現代史料出版
〒171‐0021　東京都豊島区西池袋2‐36‐11　TEL(03)3590‐5038　FAX(03)3590‐5039
発　売　東出版株式会社

Printed in Japan　　印刷・製本　亜細亜印刷
落丁本・乱丁本はお取替えいたします
ISBN978‐4‐87785‐328‐0

「年報日本現代史」バックナンバー

創刊号　戦後五〇年の史的検証　本体価格二、九一三円

第2号　現代史と民主主義　本体価格三、一〇七円

第3号　総力戦・ファシズムと現代史　（品切）

第4号　アジアの激変と戦後日本　本体価格三、二〇〇円

第5号　講和問題とアジア　本体価格三、二〇〇円

第6号　「軍事の論理」の史的検証　本体価格三、二〇〇円

第7号　戦時下の宣伝と文化　本体価格三、二〇〇円

Ⅰ　戦後体制と国民化／有山輝雄　Ⅱ　大日本産業報国会と「勤労文化」／高岡裕之　Ⅲ　「国家宣伝技術者」の誕生／井上祐子　Ⅳ　電波に乗った歌声／戸ノ下達也　Ⅴ　大東亜教育論とは何か／佐藤広美　Ⅵ　戦時期朝鮮における「文化」問題／宮本正明　Ⅶ　戦時下の農村保健運動／下西陽子

◆現代史の扉（木坂順一郎）

第8号　戦後日本の民衆意識と知識人　本体価格三、二〇〇円

Ⅰ　「戦争体験」と平和運動／赤澤史朗　Ⅱ　大牟羅良と「岩手の保健」／北河賢三　Ⅲ　山本茂実と地域「葦会」／大串潤児　Ⅳ　戦後知識人と平和運動の出発／黒川みどり　Ⅴ　開高健とヴェトナム戦争／矢崎彰　Ⅵ　戦後初期沖縄における自治の希求と屈折／鳥山淳　◆現代史の扉（犬丸義一）

第9号　象徴天皇制と現代史　本体価格三、二〇〇円

【座談会】日本近現代史のなかの昭和天皇／中村政則・高橋紘・安田浩　Ⅰ　再軍備と統帥権問題／冨永望　Ⅱ　明仁皇太子の教育に関する一考察／瀬畑源　Ⅲ　「新生日本」の出発と皇太子外遊／河西秀哉　【小特集】1　歴史史料と情報公開法／佐藤宏治　2　情報公開法の不服審査／瀬畑源

◆現代史の扉（升味準之輔）

第10号「帝国」と植民地—「大日本帝国」崩壊六〇年—　本体価格三、六〇〇円

◆「帝国」論への提言　1　「帝国のはざま」から考える／駒込武　2　帝国後史への痛覚／戸邉秀明　3　帝国論によせて／岡部牧夫　◆特集論文　Ⅰ　「帝国」と「独立」／河西晃祐　Ⅱ　「移民」から「拓士」へ／大久保由理　Ⅲ　引揚者援護事業の推移／木村健二　Ⅳ　満州開拓地跡を訪ねて考える／森武麿

◆現代史の扉（大森とく子）

第11号　歴史としての日本国憲法　本体価格三、六〇〇円

Ⅰ　中曽根康弘からみた戦後の改憲史／渡辺治　Ⅱ　沖縄と「平和」憲法についての断章／明田川融　Ⅲ　戦後社会主義勢力と象徴天皇制／冨永望　Ⅳ　日本国憲法成立の世界史的・民衆的文脈／河上暁弘　◆現代史の扉（中村政則）

第12号　現代歴史学とナショナリズム　本体価格三、六〇〇円

Ⅰ　近衛新体制期における自由主義批判の展開／源川真希　Ⅱ　「皇国史観」考／昆野伸幸　Ⅲ　敗戦後の皇居／河西秀哉　Ⅳ　一九五〇年代の反基地闘争とナショナリズム／松田圭介　Ⅴ　戦争の記憶とナショナリズム／吉田俊　Ⅵ　宗教右翼と現代日本のナショナリズム／上杉聰　◆現代史の扉（由井正臣）

第13号　戦後体制の形成—一九五〇年代の歴史像再考—　本体価格三、六〇〇円

Ⅰ　自由党型政治の定着／中北浩爾　Ⅱ　地方政治における戦後体制の成立／功刀俊洋　Ⅲ　一九五〇年代における経済自立と開発／浅井良夫　Ⅳ　一九五〇年代の農業諸制度と政府—農民関係／岩本純明　Ⅴ　鳩山政権期の日米関係とジュネーブ会談／吉次公介　【小特集】連合国戦争犯罪政策の再検討／林博史　手紙の中の「東京裁判」／川島高峰　◆現代史の扉（原朗）

第14号　高度成長の史的検証　（品切）

第15号　六〇年安保改定とは何だったのか　本体価格三、二〇〇円

Ⅰ　「核密約」と日米安保体制／菅英輝　Ⅱ　戦後米国の情報戦と六〇年安保／加藤哲郎　Ⅲ　ゆれる運動主体と空前の大闘争／道場親信　Ⅳ　日米安保条約改定と沖縄／滝本匠　Ⅴ　被爆地からみた「六〇年安保」／大島香織　◆現代史の扉（暉峻衆三）

第16号　検証　アジア・太平洋戦争　本体価格三、二〇〇円

Ⅰ　日本外務省の対外戦略の競合とその帰結　一九三三～一九三八／武田知己　Ⅱ　日独伊三国同盟をめぐる蔣介石の多角外交／鹿錫俊　Ⅲ　海軍の対米開戦決意／手嶋泰伸　Ⅳ　戦争と財閥／春日豊　Ⅴ　音楽のアジア・太平洋戦争／戸ノ下達也　◆現代史の扉（粟屋憲太郎）

第17号　軍隊と地域　本体価格三、二〇〇円

Ⅰ　日本陸軍の典範令に見る秋季演習／中野良　Ⅱ　軍隊の「災害出動」制度の展開／吉田律人　Ⅲ　軍港都市呉における海軍受容／林美和　Ⅳ　〝基地の街〟岩国の戦後史／池田慎太郎　Ⅴ　一九五〇年代沖縄における「基地経済」と「自立経済」の相剋／櫻澤誠　Ⅵ　米軍基地売買春と地域／平井和子　◆現代史の扉（笠原十九司）

第18号　戦後地域女性史再考　本体価格三、二〇〇円

Ⅰ　〈はじめの一歩〉のために—山代巴の課題意識／牧原憲夫　Ⅱ　戦後農村女性の生活と生活記録／北河賢三　Ⅲ　米軍統治下沖縄における性産業と女性たち／小野沢あかね　Ⅳ　戦後思想史における森崎和江／小林瑞乃　Ⅴ　戦後農村における地域婦人会活動の軌跡／高木重治　Ⅵ　戦後女性史研究の動向と課題／早川紀代　◆現代史の扉（永原和子）

第19号　ビキニ事件の現代史　本体価格三、二〇〇円

Ⅰ　第五福竜丸事件と日米関係／黒崎輝　Ⅱ　第五福竜丸事件の政治経済学／山本義彦　Ⅲ　ビキニ事件六〇年、今ふりかえる一九五三～五四年／丸浜江里子　Ⅳ　「ビキニ事件」と安保改定／中西哲也　Ⅴ　第五福竜丸事件からビキニ事件へ／山本昭宏　Ⅵ　放射能汚染からの地域再生／中原聖乃

第20号　戦後システムの転形　本体価格三、二〇〇円

Ⅰ　戦時体制再考／米山忠寛　Ⅱ　「戦後法学」の形成／出口雄一　Ⅲ　都市・自治体政治における「戦後体制」とその変容／源川真希　Ⅳ　沖縄の米軍基地問題と「吉田ドクトリン」論／植村秀樹　Ⅴ　戦後七〇年の日本とアジア／宮城大蔵　Ⅵ　ドイツ連邦共和国における戦後システムと歴史認識／中田潤　◆現代史の扉（天川晃）